조선을
이끈
명문가
지도

조선을
이끈
명문가
지도

이성무 외 지음

글항아리

고구려, 백제가 멸망한 이후 한국은 중국의 대륙문화에 예속되어 중국화의 길을 걸어왔습니다. 문자도 한문을 썼고, 문화도 중국 것을 본떴습니다. 세종대왕이 한글을 만들었다고는 하지만, 우리 역사는 그늘에 가려졌고 중국 역사만 우뚝이 서서 그 중심 줄기가 되곤 했습니다. 이른바 중국화의 길을 걸어온 것입니다.

그러던 중 17세기로 접어들면서 서세동점의 물결을 타고 서양의 해양문화가 닥쳐오자 대륙문명은 폐기되기 시작했습니다. 이에 따라 이른바 전통적인 가치인 중화주의는 버려야 할 것으로 치부되었고, 양반 유학자들도 나라를 망친 자들로 매도되곤 했습니다.

오늘날에는 서구적 가치가 보편적 가치로 자리잡게 되었는데, 이런 상황에서 동양적 가치를 재발견해 제3의 체제를 참조할 방법은 없겠는가 하는 고민에서부터 '뿌리회'가 만들어졌습니다. 즉 우리의 오랜 역사와 문화를 바탕으로 전통에서 현대에 맞는 좋은 것은 재창조하고 나쁜 부분은 과감하게 고쳐나자가는 취지에서 출발한 것입니다. 그리고 이런 역사적 운동에는 한국 명가名家의 지도자들부터 동참시켜야 한다는 뜻을 세웠습니다.

이렇게 2004년 5월 첫발을 내디딘 뿌리회에서는 한 해도 거르지 않고 매년 네 차례씩 조선의 명문가들을 찾아 그들이 이어온 역사의 맥을 짚고, 그들을 창窓으로 삼아 역사를 읽는 작업을 해왔습니다. 그렇게 시작한 것이 여태껏 스물일곱 가문이 되며, 이로써 문중의 역사를 통해 조선의 역사를 읽는 작업을 진전시킬 수 있었습니다.

그런데 답사 때마다 자료를 찾고 글로 남긴 것들을 우리끼리만 나누기에는 너무 아쉽다는 생각이 들어 이를 '조선의 양반문화'라는 시리즈로 펴내게 되었습니다. 이 작업의 첫 번째 권으로 서울, 경기, 영남, 호서 등 조선의 전 지역을 망라하며 그들 가운데 우뚝 솟았던 가문들 열 곳을 먼저 지도로 그리는 작업을 한 것입니다.

그동안 연구와 답사를 병행해온 필자들이 가진 생각은 가문을 제대로 알아야만 조선의 역사를 남김없이 꿰뚫어볼 수 있다는 것이었습니다. 그리하여 역사 답사기행집들이 넘쳐나는 시대임에도 이 시리즈가 남다른 의미를 가질 수 있을 거라 생각합니다.

이 시리즈는 앞으로 여러 명문가들을 찾아다니는 작업으로 좀더 심도 있게 이뤄질 것이므로, 독자 여러분들의 많은 관심과 질정을 바랍니다.

2011년 6월
뿌리회 회장 이성무

왜 가문인가?
조선을 이끈 가문과 족보의 내밀한 이야기들

문치의 나라 조선, 그리고 양반

'문文으로 빚고 예禮로 다듬은 나라' 조선은 이 땅에 문치文治의 꽃을 만개시킨 역사적 무대였다. 조선의 설계자들은 반듯한 나라, 학문을 좋아하고 예의를 숭상하는 나라를 만들기 위해 주자학의 이론과 가치를 국가 경영에 적용·주입시켰고, 이런 가치는 양반들에 의해 생명력을 지속했다.

조선은 양반의 나라였다. 양반은 국가 경영의 주체였고, 주자학을 떠받드는 이념의 수호자였으며, 문치를 앞장 서 이끄는 향도嚮導와 같은 존재였다. 이 점에서 양반은 관료이자 학자였으며, 격조 높은 문화를 디자인하고 다듬는 문화예술인이었다. 그리고 이들은 지식을 독점하며 정치권력을 오로지했고, 사회·문화 전반에서 양질의 삶을 향유했다. 지식과 권력의 독점, 사회문화 영역에서의 배타적인 삶의 품격은 양반에게 결코 양보할 수 없는 기득권이었다.

전통시대 한국에는 혈통을 근간으로 하는 다양한 '집안'이 존재했다. 신라시대에는 세습적 특권층인 성골·진골이 있었고, 고려 귀족사회에는 재상지종宰相之宗이라 불리는 권력 가문이 있었다. 성골·진골은 사회신분적인 속성이 강한 게 분명하지만, 넓은 의미에서 '집안'이나 '가문'과 별개의 것은 아니었다. 재상지종은 왕실과 혼인할 만한 격을 갖춘 집안이라는 점에서 고려시대 권력 가문의 실체였다. 성골과 진골의 존엄이 신이 내린 신분에 가깝고, 재상지종의 위세가 하늘을 찔렀어도 사가史家들은 이들을 명가라 평하지 않았다.

　이성계의 조선왕조 개창은 단순히 왕조의 주인이 바뀌는 역성혁명에 그치지 않았다. 불교에서 유교로 이념과 사상이 바뀌었고, 귀족에서 양반으로 지배층이 교체되었다. 이 과정에서 양반은 주자학으로 무장한 지식인, 국가 경영에 참여하는 관료, 탄탄한 사회경제적 기반을 지닌 재력가로서 역사의 전면에 나서 자신들의 시대를 열어갔다. 세계 역사상 정치권력과 부를 가진 지배층은 수없이 존재했지만 지식까지 독점한 정치권력 집단은 동서고금을 막론하고 조선의 양반이 유일했다. 이 점에서 조선시대와 양반은 한국사는 물론이고 세계사적으로도 매우 독특한 시대와 존재였다.

『입학도설入學圖說』, 권근, 22.7×34.1cm, 보물 제1136호, 1425, 한국학중앙연구원 장서각. 조선시대 지배 사상의 근간이 되었던 성리학의 기본을 담은 입문서.

조선 사회에는 가통家統, 학통學統, 대통大統이라 하여 이른바 3통統이 존재했다. 학문 전수의 계통과 질서를 담은 학통이 '학문권력'을, 왕통의 계승을 뜻하는 대통이 '정치권력'을 상징한다면, 가계의 계승을 뜻하는 가통은 '가문권력'의 상징이었다. 가문권력은 다시 혼인을 매개로 여러 문벌이 결합된 '혈연권력'으로 확장되어갔다. 조선의 양반들은 이를 세의世誼 또는 세교世交로 순화시켜 표현했지만, 혈연권력은 조선조 양반의 정치사회적 존재 원리 또는 양태를 설명하는 핵심어의 하나임에 분명했다.

우리는 '집안' 또는 '가문'을 쉽게 말하는 경향이 있는데, 가家의 의미는 생각보다 법제적이다. 제후에게 나라가 있는 것처럼 원래 '가'는 대부가 되어야 형성할 권리가 주어졌다. 엄격히 적용하면 가문은 조선의 양반 중에서도 고급관료들에게만 해당되는 것이며, 원칙적으로 '선비 가문' '중인 가문' '평민 가문과 같은 용어는 설정될 수가 없다.

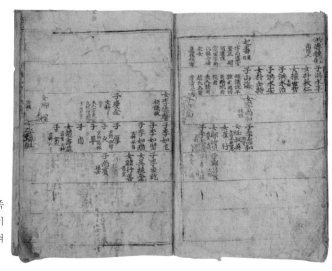

『한산이씨족보』, 1643.
조선의 대표적인 가문의 족보로, 이산해-경전으로 이어지는 가계가 자세히 적혀있다.

조선의 양반사회에서 가문의 존재가 부각되고 그 영향력이 강화된 것은 17세기 이후였다. 17세기를 기점으로 이런 변화가 나타난 것은 혼인 및 상속제도의 변화와 관련이 깊었다. 혼인에 있어서는 남귀여가혼男歸女嫁婚을 제한하는 대신 친영親迎이 강조되고, 상속에 있어서는 자녀균분에서 봉사조의 강화를 통한 장자 중심으로의 변화가 일어났다. 특히 왜란 이후 예학에 대한 이해가 심화되고, 『소학小學』『가례家禮』등 주자학적 실천 윤리나 예제가 사회 전반에 깊이 뿌리내리면서 세상의 모습도 크게 달라질 수밖에 없었다. 이른바 '예학禮學의 시대' '종법宗法의 시대'가 그 서막을 열었으니, 그것은 곧 부계친 중심의 '남자의 시대' '가문의 시대'를 뜻했다.

16세기 이전의 조선사회가 인재를 평가하고 등용함에 있어 집안보다는 당자當者의 역량과 성취를 중시한 측면이 강했다면, 그 이후는 개인의 가치와 존재성도 가문의 틀 속에서 계량화하고 평가하는 경향을 보였다. 전자가 현실주의 혹은 국가주의적 발상의 적용이라면 후자는 집안이라는 창을 통해 그 구성원을 바라보고 등위를 규정했다는 점에서 관념주의나 가족주의적 사고의 산물로 지적할 수 있다. 이것이 17세기 이후를 문벌의 시대로 규정하는 배경이고, 또 이 시기의 조선을 이해하기 위해서는 가문을 먼저 알아야 한다는 주장이 힘을 얻는 이유이다.

양반 문화의 창, 가문

가문을 아는 것과 어떤 집안을 칭송하는 것은 별개의 문제이다. 가문을 아는 것은 그들의 존재 양태와 인적 네트워크, 사상과 문화의 성향을 파악하는 것이고, 궁극적으로는 그것이 사회와 국가에 어떤 영향을 미쳤는가를 진단하는 것이다. 『조선왕조실록』에 실린 양반 기록이 누군가에 의해 걸러지고 축약된 결과를 담은 것이라면 그 원인이나 전개의 적나라한 모습은 개인과 가문, 가문 상호간의 관계에서 찾아야 할 것이 많다. 이런 요소를 망각한 역사 연구라면 참신한 결론을 도출하기 어렵고, 이런 면모를 도외시한 이해 방식은 당대인의 삶과는 동떨어진 것일 뿐이다.

가문에 대한 이해는 족보를 아는 것에서부터 시작된다. 족보를 죽은 자의 명첩일 뿐이라고 빈정대는 사람도 있지만, '사자死者의 명첩'에서 생동하는 역사적 정보를 채집하는 일은 결코 쉽지 않다. 그렇다고 족보와 보학이 사랑방 이야기가 되어서는 안 될 것이다. '누구는 누구의 외외증손인데, 무슨 벼슬을 지냈고, 그 아버지는 어디 현감 시절에 무슨 비리를 저질러 비난의 대상이 되었으며, 또 서자를 몇이나 두었는데 지금 아무개가 그 자손이다'라는 식의 언급은 호사가의 재담일 뿐 보학의 본질일 수 없다. 우리가 관심을 둘 것은 양반들이 어떤 대상과 어떤 방식으로 피를 나누었는지 아는 것이고, 그런 방식을 통해 구축된 가문이나 혈연권력이 양반의 정치·사회·문화적 삶에 어떤 영향을 미쳤는가를 진단하는 것이다.

『황산계첩』. 장인 집안의 의성김씨 청계 가문과 사위 집안인
전주유씨 유성 가문이 중심이 되어 결성한 황산계의 계안.

11

예컨대 동래정씨 임당林塘 정유길鄭惟吉 가문과 안동김씨 청음淸陰 김상헌金尙憲 가문의 400년간의 세교는 장인과 사위의 관계에서 비롯된 것이었다. 역시 장인과 사위 관계였던 안동의 의성김씨 김진金璡 가문과 전주유씨 유성柳城 가문은 혈연적 유대를 학문사회적 연대로 발전시키면서 양가 모두 영남의 양반사회에서 굳건한 지위를 확보할 수 있었다. 이들은 '천금수류川金水柳'로 불리며 주변 양반들의 경외의 대상이 되었다.

가문 간의 연대는 정치·학문·사회 등의 분야에서 다양한 방식으로 이루어졌다. 숙종대 소론의 3대 영수인 남구만南九萬·박세당朴世堂·윤증尹拯은 서로 혼맥으로 얽혀 있었는데, 남구만과 박세당은 처남-매부 사이였고, 윤증은 박세당의 아들 박태보의 외삼촌이었다. 혼맥에 기반한 양반의 세교는 내외 자손의 벼슬길로의 진출과 더불어 벌열성을 드러냈다. 예를 들어 양주조씨 출신 조방좌趙邦佐의 내외 자손 중에는 정승 6명(이산해·이덕형·유성룡·최석정·서문중·최석항), 판서 6명(조언수·조사수·송언신·김신국·이경전·조존성)을 비롯하여 1명의 부원군까지 배출되었으며, 해주오씨 오희문吳希文의 내외 자손 중에서도 정승 5명(오윤겸·신익상·오명항·신완·심수현), 대제학 1명(오도일), 판서 6명(오도일·오명준·오언유·이기조·이규령·정제두), 감사 4명(구봉서·심연·김시걸·김몽신)이 배출되었는데, 이것이 바로 혈연권력의 실체였다.

학문 영역에서의 가문적 연대 양상 또한 이채로운 것이 많다. 조광조의 문인으로 16세기 사림파에서 중요한 위상을 점한 이연경은 사위 셋을 문인 가운데서 골랐다. 노수신盧守愼, 강유선康惟善, 심건沈鍵이 바로 그 주인공인데, 이들과 그 자손들은 혈연과 학연의 중첩관계를 바탕으로 탄수학맥灘叟學脈의 요체로 활약한다. 그리고 남명학파의 종사 조식曺植은 애제자 곽재우郭再祐와 김우옹金宇顒을 외손녀 사위로 맞았고, 한려학파의 두 거두 정구鄭逑와 장현광張顯光은 질서와 처삼촌의 관계였으며, 낙론학파의 모태를 이룬 이단상李端相과 김창협金昌協은 사제 간인 동시에 옹서관계였다. 특히 이황李滉—김성일金誠—장흥효張興孝—이현일李玄逸—이재李栽—이상정李象靖—유치명柳致明—김흥락金興洛으로 이어지는 영남학통은 피와

12

학문의 교차성을 너무도 선명하게 보여주어 눈길을 끈다. 이현일은 장흥효의 외손자, 이재는 이현일의 아들, 이상정은 이재의 외손, 유치명은 이상정의 외증손이고, 김흥락은 김성일의 11세손이었다.

　가문을 알면 역사를 바라보는 시각이 달라지고, 사료를 해석하는 맛도 달라진다. 송시열이 한 살 터울의 13촌 아저씨인 송준길을 형으로 부른 것은 사계 문하 동문으로서의 평칭일 수도 있지만 선외가 쪽으로 6촌 형제간이라는 점이 고려되었기 때문이다. 영조연간 영남남인 우복 정경세의 집안에 송사가 있었을 때 기호학파의 명유 도암陶庵 이재가 진정서에 연명한 것 또한 그가 정경세의 외현손이란 점과 결코 무관하지 않고, 단양군수가 한산이씨 집안에 대해 면세조처 한 것은 이 집안이 숙종비 인원왕후의 외외가였기 때문이다. 사료 어디에도 서로간의 척분을 언급한 대목이 없지만 가문을 알고 혼맥을 꿰뚫어보면 쉽게 풀릴 수 있는 문제들이다. 양

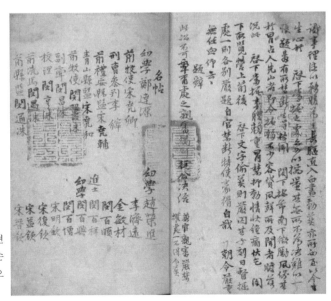

정경세 집안의 송사와 관련된 진정서. 정경세의 외현손인 이재는 형조참판 직함으로 이 진정서에 서명했다.

『허주부군산수유첩』, 이종악, 1763. 이종악이 친척들과 사빈서원 앞 강물에서 뱃놀이를 하는 장면. 사빈서원은 김진 및 그의 다섯 아들을 제향하는 서원이며, 이종악 일행은 모두 그의 내외 자손이다.(위)
『학봉선생연시제명첩발』, 의성김씨 학봉종택 소장. 1679년 김성일에게 문충공의 시호를 내리는 행사의 취지와 참여한 인사들에 대한 기록.(아래)

반 가문들 상호간의 유대관계가 이러한 것을 보면, 가문을 모르며 족보를 따지지 않고서 어찌 조선시대를 제대로 이해할 수 있겠는가.

한편 양반들은 가문의 전통과 사회적 지위를 유지하기 위해 많은 조직을 운영했고, 다양한 행사를 통해 가문의식을 고양시켜나갔다. 문계門契나 종계宗契를 조직하여 친족 간의 결속을 도모한 것은 물론이고, 의성김씨 청계 가문의 경우처럼 내외 자손들을 아우르는 황산계黃山契를 조직하여 혈연적 유대를 강화한 예도 많았다. 특히 서울 및 경기지역에서는 정치 및 사회결사체적인 계모임도 적지 않았다. 예컨대 반남박씨 박세당 가문, 전주이씨 이경직·경석 가문, 달성서씨 서종태 가문, 연안이씨 이만상 가문이 중심이 된 세강계世講契는 이른바 '근기소론 13가문'의 결속체라는 점에서 그 의미가 특별했다.

양반들에게는 놀이와 행사도 중요한 교류와 단결의 장이 되었다. 안동 고성이씨 집안의 이종악李宗岳이 남긴 그림첩에는 뱃놀이라는 유람을 통해 선조의 유적을 돌아보며 혈족 간에 친목을 다지는 모습이 생생하게 담겨 있고, 1679년(숙종 5) 김성일의 '시호잔치延諡宴'에는 내외 자손 수백 명이 참여하여 성황을 이루었다고 한다. 특히 불천위를 모신 가문의 종족의식은 더욱 특별했다. 흔히 '큰제사'로 일컬어지는 불천위 제사는 집안의 가장 중요한 행사였고, 종손은 흡사 군주와 같은 존재로 추앙되었다. 종손의 상을 당하면 온 지손이 상복을 입은 것도 이런 인식의 반영이었다. 이것은 무엇을 뜻하는가? 양반에게는 놀이조차 집안과 별개인 것이 없었고, 선조와 관련한 뜻 깊은 행사에 참여하는 것보다 더 긴요한 일이 없었다. 그것이야말로 자신의 인간적 가치와 사회적 입지를 향상시키는 가장 본질적이고도 확실한 방법이었기 때문이다.

조선을 이끈 명문가의 면면들

조선왕조 500년은 한 나라의 성쇠의 과정인 동시에 수많은 가문이 명멸을 거듭하는 역사적 시간이기도 했다. 잦은 정변은 한 가문의 운명을 하루아침에 송두리째 바꿔놓기도 했고, 뛰어난 능력 하나만으로 교목세가의 발판을 다진 경우도 적지 않았다. 태조를 도와 조선을 세운 집안도 태종에게 숙청을 당하는 것이 현실의 냉혹함이었고, 왕조 초기의 문물제도를 정비하는 데 공을 세웠던 훈구 가문은 사림파의 끈질긴 도전 속에 끝내 역사의 뒤안길로 사라졌다. 가문의 명운도 시대를 비껴갈 수 없음을 뜻한다.

가문을 보전하기란 참으로 힘든 일이었지만 조선의 명가들은 슬기로움과 지혜를 바탕으로 집안을 유지·발전시켰고, 저마다의 가풍을 이어주며 역사의 주역으로 활동했다. 그러면 명가의 기준은 무엇인가? 양반 사대부에 있어 왕조 500년을 관통하는 최고의 가치는 역시 벼슬이었다. 양반이라는 용어 자체가 벼슬에서 기인함은 다 아는 사실이다. 때문에 학자보다는 관료의 사회적 지위가 높기 마련이었고, 16세기 이후 도학을 숭상하여 학자를 존중하는 시대에 이르러서도 양반들은 벼슬에 대한 집착을 버릴 수 없었던 것이다. 그렇다면 명가의 일차적 요건은 벼슬이라 하겠지만, 벼슬만 이어진다고 그 조건이 충족된 것은 아니었다. 명가가 되려면 가풍과 저력이 있어야 했고, 그것은 당대인에게 모범이 되거나 역사 발전에 기여하는 것이어야 했다. 가령 청백이나 효열이 그런 예일 수 있고, 도학이나 문한 혹은 절개나 의리를 생각해볼 수도 있다.

이 책에 소개된 가문 열 곳은 이러한 경향을 망라하는 조선의 대표적 명문가들이다. 용인에 기반을 둔 포은 가문은 충절의 상징이자 동방 이학理學의 비조로 추앙된 정몽주 후손답게 절의와 학문의 전통을 지키며 사림사회의 본보기가 되었고, 학문과 경세經世를 강조했던 동고 가문의 가풍은 공직자의 올바른 도리는 어떤 것이고 공직자 가문이 지향해야 할 가치는 무엇인가를 분명히 제시하고 있다. 동방의 주자로 일컬어지는 퇴계 가문은 학문의 위대함과 생명력을 다시금 일깨우고 있고, 호서의 명가 사계 가문에서는 지행합일, 즉 배움(학문)과 실천(벼슬)의 조화를 추구하며 시대를 헤쳐가는 힘을 느끼게 한다. 근기남인의 명가 분봉 가문에서는 위기를 극복하는 저력, 청신淸愼과 중용中庸에 바탕한 너그러움의 리더십을 읽을 수 있고, 남명·퇴계학을 절충한 각재·송정 가문은 행신行身과 치가治家 그리고 학문에 힘쓰며 선비정신을 꼿꼿하게 지켜나가는 영남 양반의 전범을 보여주고 있다. 호서를 대표하는 학자관료 집안인 탄옹·유회당 가문은 초당적 학맥과 혼맥을 지향하면서도 예학, 출처, 경세, 효우에 있어 독특한 가학 및 가풍을 창조하며 정체성을 확립해가는 힘을 발견할 수 있고, 양명학자 하곡 가문에서는 자신의 학문에 대한 신념과 열정을 바탕으로 진실한 학문을 갈망했던 학자정신이 읽힌다. 외암 가문에서는 보수의 땅에서 싹튼 진보적 사고 및 학술과 문화의 전통을 소담스럽게 이어가는 호서 양반의 아정한 정서가 생동하고, 화서 가문에서는 학문에 대한 무서운 열정과 진지함을 바탕으로 세상을 걱정하고 나라를 사랑할 줄 아는 참된 유자 가문의 깊은 내면이 느껴진다.

이들 가문은 서울 및 경기, 호서, 영남 등 그 터전이 서로 달랐고, 학파나 정파 그리고 가치와 지향도 한결같지 않았다. 하지만 이들은 사림시대를 살며 정치·학술·문화계의 리더로 활약하며 시대정신에 충실했고, 자기 가문의 번영을 넘어 세상의 발전을 함께 고민했다는 점에서 역사의 주역이자 선각자들이었다. 그리고 자신들에게 주어진 시간과 공간, 삶의 환경과 조건들을 조화롭게 용해시켜 여느 가문과는 차별되는 가풍을 창조하고 또 지켜옴으로써 전통시대 우리의 역사와 문화를 더욱 풍요롭게 했다. 그래서 이들이 남긴 삶의 자취는 특별한 집안의 이채로운 이야기가 아니라 우리 모두가 공유하고 공감해야 할 역사적 자산이 된다. 이것이 이들 가문의 역사와 전통 그리고 삶의 흔적을 이 한 책에 담아 펴내는 이유이다.

2011년 6월
저자들을 대신하여 김학수 씀

차례

1장

오직 한 임금만 모셔 양반의 전범이 되다

— 영일정씨 포은 가문 이근호

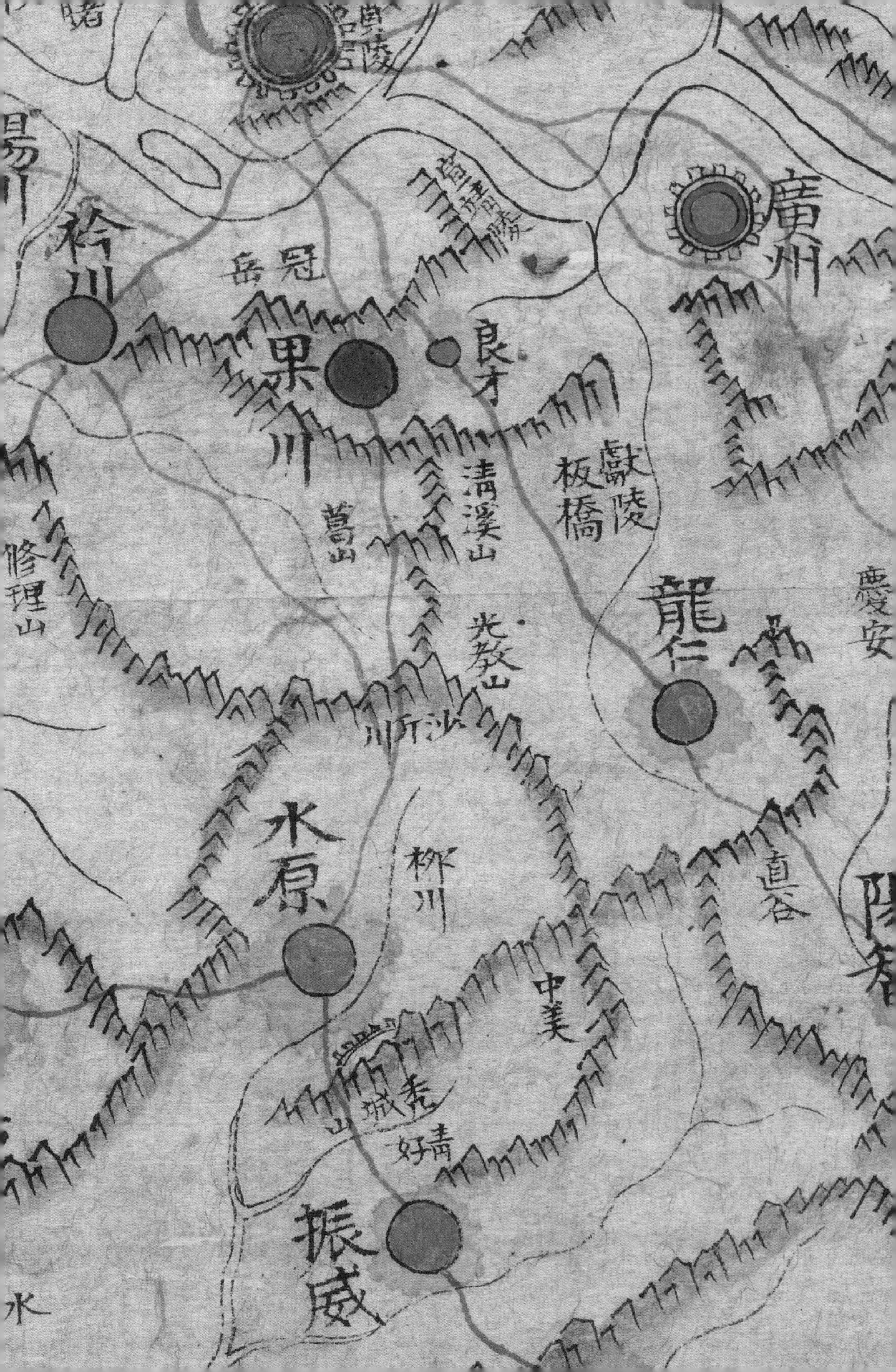

晴

易川

學陵

廣州

衿川

冠岳

果川

良才

獻陵

板橋

清溪山

慶安

葛山

龍仁

修理山

光敎山

川沙

水原

柳川

直谷

陽春

中美

城山

秀

青好

振威

水

조선시대의 용인은 용구龍駒와 처인處仁이 합쳐진 이름으로, 조선초기의 『세종실록』지리지에 따르면, 이 지역의 토착 성씨로 용구에 진秦·이李·송宋·용龍·엄嚴씨 등이, 처인 지역에 이·서徐·지池·섭葉·김金·강康 등이 있었다. 그렇지만 이들 가운데 대부분은 고려 말 조선 초 중앙집권화를 비롯한 사회의 지각변동이 일어나는 와중에 이족吏族으로 전락했으며, 용인이씨만 토성사족으로 활동해 용인 지역은 주로 이거移居 성씨들의 터전이 되었다. 조선시대 이 지역을 기반으로 삼았던 이거 성씨는 여럿 있지만, 그중 영일정씨는 포은 정몽주라는 걸출한 인물을 낳은 집안으로 꼽을 수 있다.

충절 가문으로 자리매김하다

오늘날까지 맥을 잇고 있는 영일정씨는 시조를 달리하는 두 개의 분파가 있다. 하

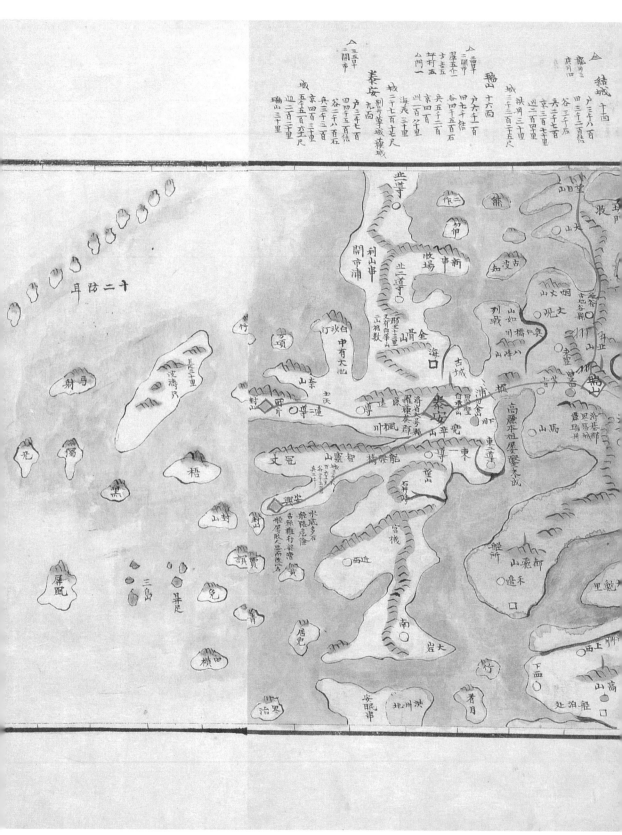

영일정씨 포은 가문의 중시조인 정습명은 인종 12년에 태안에 대형 선박이 운항할 수 있도록 운하 공사를 주관하는 등 수많은 업적을 남겼다. 위의 자료는 조선시대의 태안지도, 한국학중앙연구원 장서각.

나는 고려 인종연간에 추밀원 지주사知奏事를 역임한 정습명鄭襲明이 시조로, 지주사공파라 한다. 다른 하나는 감무監務를 역임한 정극유鄭克儒가 시조로, 감무공파라 한다. 이 두 계파 가운데 용인에 정착한 것은 정습명을 중시조中始祖(가문을 중흥시킨 조상)로 하는 가계이다. 정습명은 『고려사』 열전에 오른 인물인데, 향공鄕貢으로 과거에 급제해 두루 간직諫職을 지냈고, 의종조에는 한림학사로 추밀원 지주사에 올랐다. 인종 때는 낭사郎舍 최자를 비롯해 『삼국사기』 편찬을 주관했던 재상 김부식 등과 함께 정치적인 폐해를 시정할 것을 청했다가 받아들여지지 않자 물러났다. 또한 태자 자리에 있던 의종을 끝까지 비호해 왕위에 오르도록 했고, 의종이 왕의 자리에 있을 때에는 선왕의 명에 따라 국왕에게 충간을 아끼지 않았다. 그러나 이를 꺼린 의종과 김존중·정함 등의 모함을 받았고, 급기야 정습명이 병석에 있을 때 의종이 김존중에게 대리 역할을 맡기자 왕의 의중을 파악하고는 독약을 삼켜 자살했다.

한편 훗날 영조연간에 유척기兪拓基가 찬한 제단 비문에 따르면, 정습명은 관직에 있을 때인 1134년(인종 12)에는 군졸 수천 명을 동원해 서해도 소대현蘇大縣(지금의 충남 태안군 일대)의 해로에 대형 선박이 운항할 수 있도록 운하 공사를 주관했고, 1135년(인종 13)에는 묘청의 난이 일어나자 왕명을 받들어 수군 4600여 명과 전함 440척을 징발해 순화현(지금의 평안도 순안 일대) 남강에서 적의 진로를 봉쇄하는 등 전법戰法에도 능했던 인물이다. 뿐만 아니라 1145년에는 김부식이 주관한 『삼국사기』 편찬에도 참여하는 등 문무를 겸비한 인물이었다.

정습명 이후 아들 정섭균鄭燮均은 동정직同正職인 위위주부에, 손자 정겸목鄭謙牧은 내시주부 등에 제수되었다. 동정직이란 실질적인 업무는 주어지지 않는 관직으로, 문반 정6품 이하와 무반 정5품 이하, 남반南班·이속吏屬·향리鄕吏·승관僧官 등에 자리가 만들어졌다. 동정직이 음서蔭敍를 통해 벼슬에 나아간 사람과 과거급제자의 초직初職으로 내려지던 관행이 있었던 점을 고려하면, 후손들에게 동정직이 내려진 것은 정습명이 벼슬을 지낸 경력과 그 활동에 따른 결과이다. 이후의 후손들 역시 『영일정씨족보』에 따르면, 4대 정인신이 태학박사를, 5대 정지태가 전서

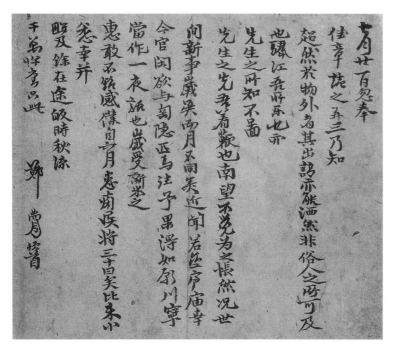

정몽주 서간, 22.5×27cm, 고려시대, 성균관대박물관. 글씨의 결구가 옹골차고 빈틈없어 그의 내면세계를 반영하는 듯하다.

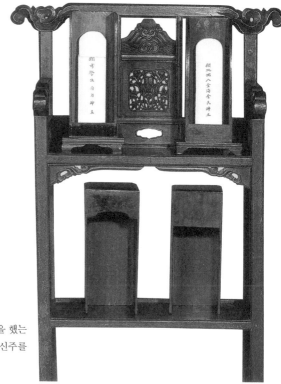

정몽주는 고려 말 성리학 도입 시기에 중요한 역할을 했는데, 특히 상장례를 『가례』에 준하여 사당을 세우고 신주를 만들어 제사를 지낼 것을 청했다.

를, 6대 정종흥이 진현관제학을, 7대 정림이 봉익대부 판도판서를, 8대 정인수가 검교직인 검교군기감을, 정인언이 봉익대부 전공판서 등을 지냈다고 기록되었지만 정치적으로 비범한 업적을 남긴 인물은 없었다. 8대 정인수가 받은 검교직은 동정직과 비슷한데, 동정직이 주로 하위직에 속했던 반면 검교직은 문반 5품 이상, 무반 4품 이상으로 그 위상이 낮지 않았던 듯하다.

그 후 영일정씨가 주목을 받게 된 것은 고려 말 정몽주(1337~1392)대에 이르러서였다. 정몽주는 아버지 정운관鄭云瓘과 어머니 이씨 사이에서 태어났다. 어머니가 임신했을 때 난초 화분을 품에 안고 있다가 땅에 떨어뜨리는 꿈을 꾸고 놀라 깨어나 낳았기 때문에 초명을 몽란이라 했다. 훗날 이를 몽룡으로 바꾸었고, 성인이 되고는 다시 몽주라 고쳤다고 한다. 정몽주는 고려 말 성리학을 받아들이는 데 매우 중요한 인물로, 그는 당시 상장례 풍속이 불교의식에 따라 이뤄졌던 것을 바꾸어『가례』에 근거해 사당을 세우고 신주를 만들어 제사를 받들자고 요청했다. 또한 지방 수령을 청렴하고 물망 있는 사람으로 뽑아 임명하고, 감사를 보내 출척黜陟(못된 사람을 내쫓고 착한 사람을 올려 씀)을 엄격하게 했으며, 도첨의사사에 경력과 도사를 두어 금전과 곡식의 출납을 기록하게 했다. 교육도 일으키고자 서울에는 오부학당五部學堂을 세우고, 지방에는 향교를 두자고 건의했다. 1392년에는『대명률大明律』과『지정조격至正條格』및 중국의 법령을 참고해 새로운 법新律을 만듦으로써 법질서를 확립하는 데 주력했다. 다만 그는 조선 건국 과정에서 건국 주체 세력과 마찰을 일으켜 제거되었고, 이에 가문은 곧 위축되고 말았다.

이후 포은 가문이 재기하는 것은 역시 정몽주의 복권과 궤를 같이했다. 조선이 세워진 태조대에 정몽주는 "국권을 마음대로 농단했다"거나, "왕씨의 뜻에 맞추어 대간을 사주하여" 조준과 정도전을 제거하려 했던 인물로 평가되곤 했다. 그런 까닭에 개국공신에 책록된 민여익이 한때 정몽주의 죽음에 대해 애석해했다는 이유로 대간들은 민여익을 공신 책록에서 삭제해야 한다고 주장하기까지 했다. 그러나 이런 평가는 태종대에 접어들면서 완전히 바뀌었다. 태종이 즉위한 직후인 태종 1년(1401) 1월 권근은 정몽주 등에 대해 절의를 포장褒奬(칭찬하여 장려함)하기를 청했다.

전조前朝의 시중侍中 정몽주가 본래 한미한 선비로 오로지 태상왕太上王(태조 이성계)의 추천과 발탁의 은혜를 입어서 대배大拜(정승)에 제수됨에 이르렀으니, 그 마음이 어찌 태상왕께 후히 갚으려 하지 않았겠으며, 또 재주와 식견의 밝음으로 어찌 천명과 인심이 돌아가는 곳을 알지 못했겠으며, 어찌 왕씨王氏의 위태하고 망하는 형세를 알지 못했겠으며, 어찌 자기 몸이 보전되지 못할 것을 알지 못했겠습니까? 그러나 오히려 섬기던 곳에 마음을 오로지 하고 그 절의와 지조를 변치 않게 해서 생명을 잃는 데에 이르렀으니, 이것이 이른바 대절大節에 임하여 빼앗을 수 없다는 것입니다. 한통韓通이 주周나라를 위하여 죽었는데, 송宋 태조太祖가 추증했고, 문천상文天祥이 송나라를 위하여 죽었는데, 원 세조世祖가 또한 추증했습니다. 정몽주가 고려를 위하여 죽었는데, 오늘에 홀로 추증할 수 없겠습니까?(『태종실록』 권1, 1년 1월 14일(갑술))

권근은 나라를 창업할 때에는 따르는 자에겐 상을 주되 이를 어기는 자에겐 죄를 주는 게 마땅하지만, 수성할 때에는 전 시기에 절의를 다한 신하를 상 주어 신하들의 절의를 장려해야 한다면서, 정몽주를 비롯해 김약항金若恒·길재吉再의 절의를 표창하자고 청했던 것이다. 이러한 주장은 결국 태종에 의해 받아들여져 상소가 올라온 지 사흘 만에 정몽주는 영의정부사에, 김약항은 의정부 찬성사에 추증되었다. 그해 11월에는 또 정몽주에게 문충文忠이라는 시호가 내려졌다. 태종의 이러한 조치는 권근이 주장했듯이, 비록 한때 정적의 위치에 있었지만 이를 표창해 신료들에게 절의를 강조하려는 것이었고, 이를 통해 무력으로 집권한 자신의 정치적 안정을 도모하려는 것이었다. 한편 이로 인해 정몽주는 조선조 사회에서 절의를 상징하는 인물로 추앙되었으며, 그의 가문 역시 충절 가문으로 치켜세워졌다.

『삼강행실도』에 수록된 「충신도-몽주운명夢周殞命」, 고려 말 정몽주가 죽던 순간을 묘사한 그림이다.

「정몽주 초상」, 이한철 모사, 61.5×35cm, 1880, 국립중앙박물관. 이 그림은 고종 17년 화원 이한철이 숭양서원에 있던 초상화를 모사한 것이다.

용인에 뿌리내린 가문, 세조대에 화를 당하다

영일정씨 포은 가문의 중시조인 정습명의 묘는 『영일정씨족보』에 따르면 영일현 구읍 관청 뒤쪽에 있었다고 한다. 현재 이곳에는 단비壇碑가 세워져 있으며, 비문은 영조대에 유척기가 찬술한 것이다. 무덤 아래에는 재실인 남성재가 있다. 그러나 정습명 이하 9대 정유鄭裕까지는 족보 등을 보아도 묘소가 확인되지 않아 세거지나 묘역 등을 알기 어렵다. 다만 고려시대까지 중앙에서의 벼슬살이로 개성에서 생활한 경우를 제외하면 대개 본관지와 거주지가 일치했기에, 이들 역시 상당 기간 영일 일대에서 세거했을 것으로 추정된다. 하지만 이후 10대인 정운관의 묘는 경상도 영천 일대에 있으며, 또한 이 지역에 오늘날 정몽주의 유허비 등이 있는 것으로 미루어, 적어도 정몽주가 중앙에서 벼슬살이를 하기 전까지는 영천 일대를 지역 기반으로 삼았던 집안임을 알 수 있다.

포은 정몽주 유허비. 경북 영천시 임고면 우항리.

31

이렇게 영일과 영천 등으로 지역 기반이 바뀌었던 포은 가문은 고려 말 조선 초를 거치면서 오늘날의 경기도 용인시 모현면 능원리 일대에 정착했다. 그 시작은 포은 정몽주의 묘가 이 지역에 자리잡게 되면서부터였다. 정몽주의 묘는 원래 고려의 수도인 개성 인근의 해풍海豐에 있었지만 훗날 용인의 쇄포촌曬布村으로 옮겼으며, 이후 봉사奉祀를 위해 후손들이 용인에 뿌리를 내렸다.

정몽주의 묘를 용인으로 이장한 것에 대해서는 정몽주 사후 자손들이 고향 영천으로 묘를 옮기던 중 면례緬禮 행렬이 오늘날 수지면 덕천리에 이르렀을 때 앞세웠던 명정銘旌(죽은 사람의 관직과 성명을 적어 영정 앞에 세워놓는 깃발)이 바람에 날려 지금의 묘소 위치에 떨어졌기에 그 자리에 천봉했다는 설화가 전한다. 그렇긴 하지만 이장한 이유는 오히려 정몽주의 첫째 아들 정종성의 처가와 관련이 더 깊은 듯하다. 즉 정종성의 처가는 죽산박씨 박중용朴中容의 가문으로, 원래 박혁거세로부터 시작되는 신라 왕족 가운데 한 성씨였으나, 일세조인 박기오朴奇悟가 고려 초 죽주백竹州伯으로 영지를 옮기면서 시작되었다고 한다. 이를 통해서 본다면 죽산박씨는 당대까지도 이 일대에 전장을 보유했을 것으로 추정된다. 그런데 죽산은 용인과 이웃해 있어, 이러한 지리적인 위치와 당시의 사회 관습인 남귀여가혼 및 자녀균분 상속을 관련지어 본다면 영일정씨 정몽주 후손들이 용인으로 옮겨 정착하고, 또 이후 성장할 수 있었던 데에는 죽산박씨의 경제적인 뒷받침이 있었을 것으로 보인다. 이후 용인 지역에는 정몽주의 첫째 아들인 정종성을 중심으로 세거했으며, 둘째인 정종본은 고양과 한산 일대로 옮겨갔고, 17세기 중반 정유성대에 이르러 강화로 입향했다.

용인에 뿌리를 내리면서 포은의 후손들은 속속 관직으로 나아갔는데, 특히 충신의 후손이라 하여 특혜가 내려졌다. 예를 들어 1435년(세종 17) 판중추원사 허조는 정몽주를 가리켜 "충의지신忠義之臣"이라 하며 그의 후예를 등용해 절의를 권장하도록 하자고 건의했다. 이에 세종은 받아들일 뜻을 드러냈지만, 당시 정몽주의 첫째 정종성은 이미 현관顯官이라는 이유로, 둘째 정종본은 수령이 되었다는 이유로 곧바로 발탁되지는 않았다. 그러나 2년 뒤인 1437년(세종 19) 7월 정종성을 2품

직인 판전농시사判典農寺事에 제수했는데, 이는 정몽주와 같은 명신의 후예는 차례를 무시하고서라도 뽑아 씀으로써 역사에 빛나게 하고 뒷사람들을 권장해야 한다는 승문원 제조 등의 건의에 따른 것이었다.

한편 관직에 나아간 후 정종본은 1430년(세종 12) 7월 중부교수관 자격으로 성균관과 사학 유생들에게 직부고예법直赴考藝法을 적용해 유학을 진흥시킬 것을 건의해 주목된다.

관학館學에 있는 생도들에게 봄가을로 시험을 실시하여, 두세 번 1등을 차지한 자는 관시 초장館試初場에서 1등한 것을 계산하는 전례에 준해 통용하게 하고, 또 오부학당 생도들에게 시를 시험하는 날 의의疑義를 아울러 시험하여 이에 두세 번 수석을 차지한 자는 곧장 생원 회시에 응시하게 하며, 두세 번 1등에 입격한 자는

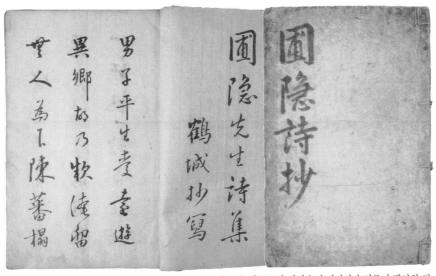

『포은시초』, 18.4×28.5cm, 은진송씨 제월당가. 1823년 포은 정몽주의 시집을 송기정이란 인물이 필사한 것이다.

승보升補시켜 재사齋舍에 기식하는 예에 준하여 입학시키고, 또 각 부 생도들 중에 월강月講에서 통한 것이 많은 자 또한 승보하는 예에 준하면, 학교는 비록 집합을 독려하지 않더라도 사방의 많은 선비들이 운집해와서 그의 연마가 날로 진전하여, 장차 인재의 배출이 저 삼대三代에 비견할 만큼 융성하게 되어 안락하고 밝은 정치를 앉아서 이룰 것이니, 우리의 유교도 이보다 다행한 일이 없을 것입니다.(『세종실록』 권49, 12년 7월 27일(을축))

정종본은 그 이듬해에도 생원 선발 인원을 늘려 초야에 있는 인재가 등용될 수 있는 길을 넓히자고 건의했다.

한편 포은 가문은 충신의 후손이라는 상징성으로 여러 가문으로부터 주목을 받았고 그 결과 당대의 명문가들과 혼인으로 연을 맺게 되었다. 예를 들어 정종성은 부친의 후광을 업고 제2대 국왕 정종의 넷째 아들인 선성군을 비롯해 태종의 장손 순성군을 사위로 맞아 왕실과 혼인관계를 맺었다. 또한 태종대에 충청도 관찰사와 대사헌을 비롯해 예조와 형조 및 호조판서 등을 역임한 해주정씨 정역鄭易의 아들인 정충석鄭忠碩, 태종대에 훗날 승지에 해당되는 대언을 비롯해 강원도 절도사, 판원주 목사 등을 지낸 전주이씨 이승간李承幹의 아들인 이순전李純全을 사위로 맞기도 했다. 특히 이승간은 태종이 즉위하고부터 책사로 불리던 하윤의 사위였다. 뿐만 아니라 정종성은 서녀를 세조대에 천하를 호령했던 훈구 가문 중 대표적인 청주한씨 한명회의 첩으로 들여보냄으로써 가문의 세를 떨쳤다.

이처럼 위상이 높아만 가던 포은 가문은 정종성의 아들 정보鄭保가 세조 집권 후 일어난 사육신 사건을 옹호하는 발언을 함으로써 가산이 적몰되는 등 정치적인 곤경에 처하기도 했다. 이때 세조는 정보를 참형으로 다스리도록 했지만, 얼마 후 충신의 후예라는 이유로 유배에 처해지는 것으로 감형되었다. 이는 물론 정몽주의 손자라는 점이 고려된 것도 있겠지만, 이보다는 서매庶妹의 남편인 한명회와 자신의 사위로 좌리공신에 책록되기도 했던 연안이씨 이석형을 비롯해, 세조대에 강원도 관찰사와 성종연간에는 한성부윤·병조판서 등을 역임한 여주이씨 이계손 등의 관계가 작용했던 듯하다. 정보와 관련된 사건이 가문의 성쇠에 직접적인 영향을 미쳤을 거라고 단정할 순 없지만, 이후 당상관 진출자나 과거급제자가 눈에 띄지 않는 사실로 미루어 이를 부정하기는 어렵다.

충렬서원, 조선 도학 계보의 근간

정보가 사육신 사건에 연루되어 포은 가문은 한때 절체절명의 위기를 맞았다. 하지만 충절을 대표하던 포은 정몽주의 위상으로 그 후에도 후손들의 등용은 끊이지 않았다. 1470년(성종 1) 3월, 왕명으로 정몽주와 길재 후손에게 녹용이 지시되었고, 1476년(성종 7) 9월에는 정몽주의 증손인 정윤정鄭允貞이 통례원인의에 제수되었다. 그러나 정윤정은 1479년(성종 10) 7월 성종이 후궁을 선발하는 것을 비난하는 상소를 올렸다가 의금부에 내려져 국문 위기에 처했는데, 이창신이 정몽주의 봉사손이라는 이유로 사면을 요청하기도 했다. 1497년(연산군 3)에는 정윤정의 아들 정희鄭熹 등이 여러 선왕 때 서용하라는 전교를 받았다면서 관직에 제수해주기를 청한 적도 있다.

한편 1517년(중종 12)은 정몽주 자신뿐만 아니라 그 가문에도 중요한 시기로, 바로 이때 정몽주가 문묘에 종사되었다. 이에 대한 논의는 세조대부터 시작되어 1456년(세조 2) 집현전 직제학 양성지가 정몽주뿐 아니라 권근 등에 대한 문묘종사를 건의했지만 이뤄지지 않았다. 이후 사림 세력이 본격적으로 진출하는 중종연간에 이 문제가 다시 거론되어, 1510년(중종 5) 10월 정언 이여가 정몽주를 "동방 이학理學의 으뜸"이라며 문묘종사를 청했다. 당시 이여의 건의는 삼공을 비롯한 재상들에게 논의에 부쳐졌지만 결국 실행되지 못했다. 그러던 중 1514년(중종 9) 이 문제는 또다시 쟁점으로 떠올랐다. 이후 1517년(중종 12) 성균생원 권전權磌 등이 상소를 올려 김굉필과 함께 문묘종사를 건의했다.

신 등이 우리나라를 생각하건대, 단군 때로 말하면 먼 옛날이라 징험할 수 없으며, 기자가 나라를 세우고서야 겨우 팔조八條를 시행했을 뿐인데, 다행히 하늘이 도와 고려 말에 유종儒宗 정몽주가 태어나 성리를 연구함으로써 학문이 깊고 넓어서 심오한 뜻을 혼자 알되 선유先儒와 절로 맞았으며, 충효의 절개는 당대를 움직이게 했으며, 부모의 상을 입고 사당을 세우는 것을 한결같이 『가례家禮』대로 했으며, 문물文物·의장儀章이 다 그가 다시 정한 것이었으며, 학교를 세워서 유학을 크게 일으켜 사도斯道를 밝혀서 후학에게 열어준 것은 우리나라에 이 한 사람이 있을 뿐이니, 학문은 주자周子·정자程子(정호程顥 또는 정이程頤)에 비해 참으로 차이가 있겠으나 공로는 주자·정자에 비해 거의 같습니다.(『중종실록』 권29, 12년 8월 7일(경술))

당시는 조광조를 필두로 한 사림 세력이 중앙 정치를 주도하던 때로, 사림들의 주자학에 대한 이해가 깊어지면서 조선 도학의 계보를 새롭게 확립하는 일이 급선무였다. 정몽주 등의 문묘종사는 이러한 상황에서 나왔고, 권전의 상소로 인해 논의를 거쳐 결국 정몽주는 설총, 최치원, 안향의 뒤를 이어 문묘에 종사되었다. 이렇게 하여 정몽주는 이전까지 충절을 대표하던 인물에 더해 "동방 이학의 시조"라는 상징성도 부여받았다.

훗날 장유 같은 이는 "우왕과 창왕이 폐위되고 죽임을 당할 때에는 절의를 제대로 세운 일이 있지 않았고, 심지어는 아홉 공신의 반열에 들기까지 했다"며 그의 행적에 의문을 제기하기도 했다. 그러나 우암 송시열은 도통을 재정립하면서 여러 이견에 대해 다음과 같이 천명함으로써 그 위상을 다시 한번 굳혔다.

본조의 모든 선비가 근본을 추구하고 의의를 풀이하여 그 도학 연원과 전장 문물에 대해 낙민洛閩(정자 및 주자를 지칭함)에 소급하고 은주殷周에 젖어드는 이가 다 선생을 조종으로 삼았으니 그 치도를 제재하고 나라를 보존하고 충을 다하고 인을 이룬 것은 사실 선생의 여사이다. (…) 다만 신우辛禑, 신창辛昌 때 사관의 기사

「우암 초상」, 은진송씨 우암종택. 송시열은 정몽주를 둘러싸고 여러 의견이 분분한 가운데, 그를 동방 이학의 시조로 다시금 자리매김했다. 포은의 비문과 시집의 서문도 작성해 그의 위상을 바로 세우는 데 큰 역할을 했다.

가 많이 빠졌기 때문에 선생의 나아가고 물러선 의에 대해 후세에 혹 의심하는 이가 있지만 선생은 의義가 정밀하고 인仁이 성숙하여 정당한 도로써 주선했으니 군자의 처사가 어찌 뭇사람이 알 바이겠는가? (…) 우리나라만은 그 선택이 정밀하고 수지守持가 전일하여 지금까지 여러 갈래로 분열되어 의혹이 없었으니, 이는 아무리 선생 이후 현자들의 공로이기는 하지만 그 근원을 찾아 들어간다면 선생을 제외하고 또 누가 있겠는가. 그러므로 전후 옛일을 논하는 선비가 누구나 선생을 우리나라 이학의 조종으로 추존하고 있으니, 이는 사림의 공론이다.(송시열, 『송자대전』 「포은정선생신도비명」)

송시열은 여기서 정몽주를 둘러싼 논란을 물리치면서 정몽주를 동방 이학의 시조로 바로 세웠다. 송시열은 포은 신도비명을 찬술했을 뿐만 아니라『포은시집』의 서문도 썼다.

정몽주의 위상이 다시 한번 강조되자 그를 향사하는 서원들이 세워지기 시작했다. 그중 가장 이른 것은 1555년(명종 10) 정몽주의 고향인 영천에 노수 등이 설립한 임고서원이다. 이후 정몽주가 활동했던 개성에 숭양서원이 세워졌고, 용인에는 충렬서원이, 그의 관향(시조가 난 곳)인 영일에도 오천서원이 세워지는 등 정몽주의 추모 열기는 높아만 갔다.

개성시 선죽동에 있는 숭양서원. 원래 정몽주가 살던 곳으로 고려 때 처음 짓고, 1753년 새로 지었다. 중심 건물인 사당은 정면 4칸, 측면 2칸으로 지어졌다.

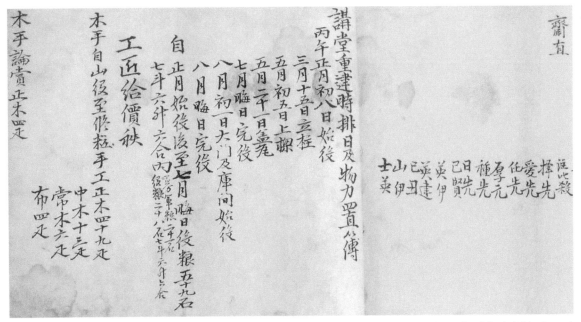

「충렬서원강당중수기」, 24×28.8cm, 조선후기, 용인문화유적전시관. 충렬서원 강당을 중수하던 상황을 적어놓은 자료이다. 이 서원은 정몽주와 조광조의 학덕과 충절을 기리기 위해 세워졌다. 임진왜란 때 서원 건물이 불에 타 선조 38년 외후손 이정구가 경기 관찰사로 있으면서 정몽주의 묘소 아래에 중건했다.

충렬서원,
경기도 용인시 모현면 능원리 118-1 소재.

이 가운데 충렬서원은 1576년(선조 9)에 이계·이지 등이 주도하여 포은 정몽주와 정암 조광조를 향사하기 위해 세워진 사우祠宇(사당)로부터 비롯되었다. 사우를 세울 장소로는 죽전을 택했는데, 이곳이 정몽주와 조광조의 묘소가 위치한 곳의 중간 지점이었기 때문이다. 사우가 건립되자 포은 정몽주를 주향으로 하고, 정암 조광조를 종향으로 하여 신위를 봉안했다.

임진왜란을 거치면서 충렬사는 소실되었다. 이후 정암 조광조의 묘소를 관리하기 위해 그의 묘소 아래에 독립된 사우가 세워졌고(후에 심곡서원으로 사액됨), 그리하여 충렬사는 정몽주를 단독으로 모시는 충렬서원이 되었다. 충렬사의 중수는 1606년(선조 38) 이정구가 경기 관찰사로 부임하면서 전격적으로 이루어졌고, 중건 후 사액이 내려졌다.

정몽주가 문묘종사가 되면서 이후 그의 둘째 아들인 정종본의 후손들 가운데 정유성이 우의정을 지내는 등 활약을 보였지만, 용인 일대에 세거한 첫아들 정종성의 후손들은 주로 음직으로 관직에 진출했다. 즉 정세건은 부사맹에, 아들 정진은 돈녕부 주부에, 정응선은 수성금화사 별좌에, 정준은 종친부 첨정에 제수되었고, 정진의 둘째 아들 정명선과 정희의 둘째 아들 정세웅은 사과에 제수되었다.

한편 이런 상황에서 포은 가문에 중요한 변화가 일어났다. 바로 무과급제자를 배출하기 시작한 것이다. 즉 정명선의 첫째 아들 정탁과 둘째 정척이 무과에 급제한 뒤 정주는 오위도총부 부총관을 역임했고, 정탁의 아들 정사한 역시 급제한 뒤 훈련원 부정을 역임했다. 또한 정척의 두 아들 정창한·정여한도 무과 급제 뒤 용천 부사와 우후를 지냈다. 이외에도 정세건의 셋째 아들인 정담의 후손으로 정호인과 정응성·정해·정여신 등이 모두 무과에 급제했다. 물론 정간의 7대손인 정환익은 문과에 급제했지만 이는 거의 유일한 경우다. 이 시기 포은의 후손들이 무과에 진출한 이유를 현재로서는 단정지을 수 없다. 단, 주로 봉사손奉祀孫을 중심으로 음직이 제수되던 상황에서, 방계 후손들은 문과보다는 무과를 선호하게 되었던 것이 아닌가 여겨진다. 어쨌든 무과로의 진출은 봉사손의 음직 진출과 함께 포은 가문이 명문가로서 명맥을 이어가는 배경이 되었다.

숙종대 정보의 신원과 문호 유지를 위한 노력

17세기 후반 이후 포은 가문은 서인, 그리고 노론계의 정치적인 지원과 후원을 받았다. 이는 주로 음직의 제수나 무과 급제 후 벼슬살이에 대한 지원뿐만 아니라, 포은 가문과 관련된 각종 기록물의 작성 등으로도 나타났다. 그리하여 송시열이 정몽주의 신도비명이나 『포은시집』 서문을 작성하게 된 것이다. 또한 18세기 전반 노론계의 대표적인 인물인 도암陶庵 이재는 정몽주의 묘지를 찬했을 뿐 아니라 충렬서원의 서원기書院記 및 학규를 작성했고, 정찬헌鄭纘憲·정덕징鄭德徵·정규징鄭奎徵·정구징鄭龜徵·정집鄭鍓 등의 묘갈명이나 묘지명을 지었다. 윤봉구가 정찬조鄭纘祖의 묘지를, 남유용이 정덕징의 행장을 짓는 등 서인과 노론계를 대표하던 인물들의 지원이 잇따랐다. 뿐만 아니라 『충렬서원선생안』에 등재된 인물의 면면을 보면, 충렬서원을 포함한 포은 가문은 서인-노론계의 상징적인 본거지였음을 알 수 있다.

이렇게 당대 정치 주도 세력의 후원이 이어지던 숙종대에 이르면, 그동안 정치적으로 금고되었던 정보의 신원이 이루어지면서 이에 따른 포장 작업들이 추진되었다. 정보의 신원은 1699년(숙종 25) 노산군이 단종으로 복위되고 사육신이 포장된 뒤에 이루어진 것으로, 1703년(숙종 29) 정보를 신원하고 그를 이조참의에 추증했다. 이때 용인의 유생 심정희沈鼎熙 등이 상소를 올려 충렬서원에 배향을 청했다.

고故 감찰 정보는 성삼문 등과 서로 의기가 통하는 벗이 되었습니다. 병자년에 옥사가 일어났을 때에 한명회의 첩이 된 그의 서매에게 일러 말하기를, '영공슈公이 만일 이 사람을 죽이면 마땅히 만고의 죄인이 될 것이다' 했는데, 한명회가 이 말을 듣고 곧 대궐에 나아가 고하기를 '정보가 난폭한 말을 했습니다' 하니, 광묘光廟(세조)가 친국(직접 신문함)했습니다. 정보가 말하기를 '일찍이 성삼문·박팽년 등을 정인군자正人君子라 했기 때문에 실제로 이런 말을 했다'고 하니, 광묘가 매우 성

41

이 나서 거열車裂하라고 명하고 이어 그가 어떤 사람인가 물으니, 좌우에서 대답하기를 '정몽주의 손자입니다' 하니, 광묘가 갑자기 말하기를 '충신忠臣의 후손이구나' 하고 인하여 '귀양 보내라' 명했습니다. 유사有司가 법에 의거하여 그 집터에 연못을 팠다고 했으니, 그것은 대개 비사秘史에 쓰여 있는 글입니다. 문충공文忠公 이정귀李廷龜가 일찍이 선조의 실록을 상고하여 그 대략을 기록하고 특별히 충렬서원의 벽기壁記에 붙여두었는데, 이 서원은 곧 정몽주를 향사한 곳입니다. 정보가 그 아름다움을 계승하고 꽃다움을 전함으로써 가성家聲을 떨어뜨리지 않았은즉, 마땅히 배유를 허락하셔야 합니다" 하니, 임금이 해조에 명하여 의논해서 처리하라 했다.(『숙종실록』 권35, 27년 3월 13일(경자))

그러나 이때의 청원은 성사되지 못했다. 이후 1791년(정조 15) 충렬서원 유생을 중심으로 통문이 발송되고, 그해 이구상李衢祥을 소두로 하여 증시贈諡 및 서원에 배향을 청하는 상소를 제출해 정조의 허가를 받았다. 그리고 이듬해(정조 16) 국왕의 치제가 있었다.

이외에 단종의 능이 있던 영월에는 육신사六臣祠와 함께 정보 등을 모시던 팔현사八賢祠가 세워졌다. 팔현사에 제향된 인물은 생육신이라 불리는 김시습·남효온·조려·성담수·이맹전·원호와 함께 권절權節과 정보 등이었다. 팔현사는 1732년경(영조 8) 영월 사람으로 "부자는 돈을 내고 가난한 자는 노력을 내어 근근이 몇 칸 집을 마련하여" 세운 것으로, 1736년(영조 12)에는 영월 유생 등이 사액을 청하기도 했다. 그러나 이때 조정의 허가가 나지 않고 더욱 훼철되었다. 훼철 시기를 추정해보면 영조 17년경 전국적으로 서원 훼철이 일어났던 때에 단행된 듯하다. 이후 1791년(정조 15)과 그 이듬해 영월 유생 정재건丁載建·정재구丁載逑 등이 중심이 되어 팔현사 중건을 위해 상소를 올리고 예조판서에게 청원하기도 했지만, 이 일은 이루어지지 못한 듯하다.

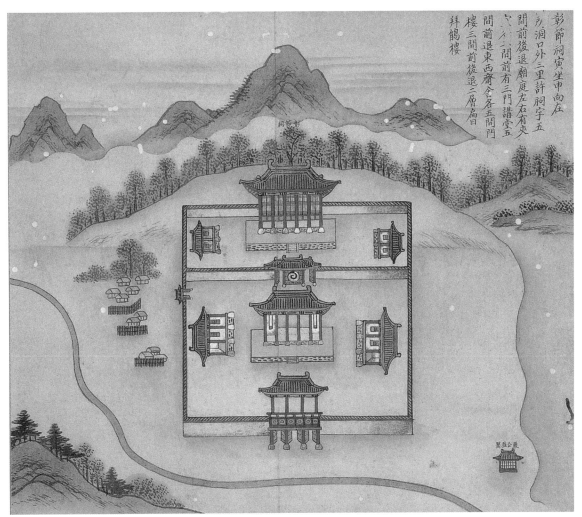

彰節祠寅坐申向在
方洞口外三里許祠宇五
間前後退朝廷左右有夾
穴二間前有三門講堂五
間前退東西齋舍各五間門
樓三間前後退二層扁曰
拜鵑樓

『월중도』 중 「창절사」(제5폭), 36×20.5cm, 종이에 채색, 보물 제1536호, 1820년대, 한국학중앙연구원 장서각.

이렇게 정보의 신원이 이루어지는 등 가문 입장에서 새로운 움직임이 일기 시작했다. 그리고 이를 바탕으로 문중을 일으키려는 여러 노력들이 이어지는 가운데 17세기 후반 이후 가문을 잇기 위한 봉사손의 입후立後 문제와 관련한 논란이 있어 주목된다. 즉, 1676년 11세손 정찬광이 스물일곱 살의 나이로 단명하면서 절사絶祀의 위기 상황에서 입후 문제는 비롯되었다. 당시 송시열은 포은가의 후손이자 문인인 정찬휘에게 보낸 서간에서 이에 대한 대책을 촉구했다. 송시열의 이 같은 태도는 포은 가문의 일이 가문 차원에서 그치지 않고 조정 차원에서 논의될 수 있는 단초가 되었다. 정몽주가 당대에 차지했던 위상 때문에 봉사손 입후 문제가 조정으로까지 확대된 것이다.

이후 봉사손이었던 정호鄭鎬가 아들 없이 사망하자 친동생 정석鄭錫의 아들인 정도제鄭道濟(『승정원일기』에는 정건鄭健으로 기록됨)를 입후했고, 조정에서 입안이 발급되었다. 당시 조정에서는 정도제를 후사로 삼도록 하면서 그에게 관직을 제수하고 은록을 지급하여 제사를 받들도록 했다. 정도제가 봉사손으로 입후된 뒤에도 생부인 정석이 제사를 지냈기에 조정에서는 그에게 봉사손에 준하는 예로 관직을 내리기도 했다. 그러나 정도제 역시 1718년(숙종 44) 스물여덟 살의 나이로 후사 없이 사망했고, 이에 더하여 대신 종사를 주관하던 장석 역시 후사를 결정하지 못한 채 1736년 사망함으로써 다시 한번 입후 문제가 논란되었다. 그리고 그 결과 좌의정 김재로와 예조판서 조현명 등의 논의 및 문장門長인 정제두의 요청에 따라 1736년(영조 12) 정석의 둘째 아들인 정하제를 정호의 후사로 인정했다. 그런데 정하제 역시 1742년(영조 18) 후사 없이 사망해 다시금 조정의 논의를 거치게 되었다. 이 과정에서 정도제의 둘째 딸인 임시오의 처가 앞서 정하제를 입후한 문제점을 지적하는 등 상황은 복잡하게 전개되었다. 이때 당시 낙론계를 이끌던 이재李縡는 정도제와 정하제를 모두 정호의 아들로 보아야 한다는 입장을 피력했다. 이렇게 논란이 이어지다가 결국 이전대로 정도제를 정호의 아들로 삼아 후사를 잇도록 하는

정보의 묘와 묘비, 묘갈.

내용으로 결정되었다. 이제 정도제의 뒤를 누구로 잇게 할 것인가가 새롭게 관심사로 떠올랐다. 그런데 집안에서의 의견은 갈렸고, 이것이 결국 조정의 논의로 이어졌다.

그리하여 1745년경(영조 21) 국왕이 참석한 자리에 입시했던 김재로는 당시의 논란이 종부인 정도제의 처 송씨와 종인宗人들 사이에 일어난 것이라고 하였다. 그의 표현을 빌리자면 이때 종부는 종인들과는 달리 정지식鄭志式의 셋째 아들을 입후하기를 원했는데, 그는 정도제와는 촌수가 멀리 떨어진 30촌뻘이었다. 한편 종인들은 종부와는 다른 인물을 입후 대상자로 지명하고는 회의도 따로 열어 문서를 만들고 각각 착압(사인)했다. 그런데 뒤에 종부가 마음을 바꾸어 종중의 뜻에 따르기로 했다는 것이다. 이에 김재로는 이를 믿고 앞으로 종인과 종부가 다시 협의해서 정한 후에 예조에 입안 신청을 하면 이를 입계해 입안을 발급하자고 건의하였고, 국왕도 이를 전적으로 받아들였다.

그러나 종인과 종부의 합의가 이루어지지 않았던 듯, 다음 해인 영조 22년 7월 5일에 이를 둘러싼 논란이 다시 불거졌다. 이때 종부가 지명한 인물은 앞서와는 달리 정찬술의 증손인 정양채鄭亮采(『승정원일기』에는 팔현八玄(八賢)으로 기록됨)로, 이에 대한 입안을 위해 여러 대신에게 청탁까지 했을 정도다. 이에 김재로를 비롯한 대신들은 종부 송씨가 지명한 열세 살 된 정찬술의 증손을 봉사손으로 정하되, 나이가 어리니 제사는 행하게 하자고 했다. 그리고 이로부터 20여 일이 흐른 뒤인 같은 달 22일 예조에서는 이러한 건의에 따라 본가에 확인한 뒤 정찬술의 증손이자 정익제의 첫째 아들인 정양채를 정도제의 입후로 결정해 입안을 발급하겠다고 보고해 국왕의 허가를 얻었다.

이런 과정을 거쳐 일단락된 듯 보였던 포은 가문의 봉사손 입후 논란은 그로부터 2년 뒤에 또다시 수면 위로 떠올랐다. 용인에 살던 유학 정찬항鄭纘恒 등 45인이 앞서 결정된 내용은 부당하다며 연명상소를 올렸던 것이다. 이들은 우선 상소에서 정도제의 아내 송씨가 봉사손을 결정할 위치에 있지 않음을 역설했다. 이는 정도제가 봉사손이 아니라는 사실이 입증되면 자연스럽게 정리되는 것으로, 정찬항

乾隆元年六月　日 禮曹立案

건륭 원년(1736) 유월일예조입안, 한국학중앙연구원 장서각. 1736년 정석의 둘째 아들 정하제를 정호의 후사로 인정한다는 예조의 입안이다.

등에 따르면 정도제는 사후에 문장門長인 정제두 등이 참석한 종중회의에서 파양되고, 대신 정도제의 친동생인 정하제鄭夏濟가 정호의 봉사손으로 입후되었으므로 종부는 정하제의 처 이씨라고 했다. 이렇게 되면 정도제의 처 송씨는 종부의 위치가 아니므로 봉사손의 입후 과정에 참여할 수 없게 되는 것이다. 이에 정도제의 처 송씨는 자신의 1742년 친딸인 임시오의 처를 시켜 파양의 억울함을 상소했다는 것이다. 그리고 그때 대신들이 이러한 사실을 모르고 정하제를 파양하고 다시 정도제를 봉사손으로 입안했다는 것이다.

아울러 소목昭穆의 위차상 정호의 봉사손이 될 자격은 당시 정진鄭鑛의 아들이 갖추고 있으며, 여기에 해당되는 대상자가 정진의 아들 이갑二甲이므로, 자신들은 종중회의를 통해 이갑을 봉사손으로 결정했다는 것이다. 그런데 송씨가 이갑의 나이는 아홉 살밖에 안 되었고 또 돌림병을 겪지 않아 부당하다며 처음에는 정지식의 아들을, 그 뒤에는 정찬술의 증손을 입후 대상자로 지명했다는 것이다. 이에 대해 조정에서 조사가 있었으며, 자신들은 이때 대신이나 예조 등에 소장을 제출하여 결국 이갑이 봉사손으로 결정되었다며 그 정당성을 주장했다. 아울러 정찬항 등은 이때 이갑이 아닌 정호의 계부인 정찬휘의 손자이자 정이제의 아들인 정귀대를 봉사손으로 지명했다. 그 근거로는 정찬휘가 정석에게 보내는 편지에서 "백형의 자손 중에서 도제를 이을 자가 없으면 선고先考의 자손 중에서 택정함이 옳다"고 한 것을 들었고, 이를 근거로 정귀대를 봉사손으로 하기를 청했다.

정찬항 등의 연명상소가 올라오자, 김재로는 이갑을 봉사손으로 윤허한 적도 없으며, 연명상소에 올라와 있는 상당수가 정도제를 다시 봉사손으로 삼을 때 동조했던 인물들이라면서 크게 불쾌감을 드러냈다. 그러면서 정도제를 다시 봉사손으로 결정했던 것은 이 문제가 불거졌을 때 논의에 참여했던 유자儒者들이 의논한 결과로, 정하제 역시 아들 없이 죽었기 때문에 처음 정했던 정도제를 다시 입후하는 것이 예에 타당하다고 했고, 대신들이 논의하여 결정한 것이므로 하등 문제될 것이 없다고 했다. 그리고 어전에 함께 참석했던 조현명은 입후는 부모가 원하는 대로 해야지 다른 사람이 강제로 정할 수는 없는 것이라고 했으며, 김재로 역시 이

용인에 있는 정몽주의 재실 영모재.

에 동의했다. 결국 몇 년에 걸친 논의 끝에 정도제의 입후는 정찬술의 증손인 정양채로 결정되었다. 논란 속에서 정양채가 결정된 데에는, 그의 증조인 정찬술의 정치·사회적 위상 때문이었던 것으로 보인다. 즉, 정찬술은 영조대에 어영대장과 수어사를 역임하는 한편, 이재를 비롯한 당대 중앙의 노론 정권과 유대가 있었다. 그리고 그 결과 정찬술 가계는 포은 가문을 대표하는 위상을 갖게 되었고, 이 점이 결국 입후 논란에서 우위를 점하게 한 것으로 추정된다. 포은 가문의 입후 논란은 이후에도 계속되었다.

　　봉사손 논란 속에서 문중과 관련된 여러 사업이 진행되었다. 먼저 포은영당圃隱影堂이 다시 세워졌고, 제의祭儀가 수정되었다. 또한 재실인 영모재가 포은의 묘소 아래에 세워졌으며, 영모재 좌우로 숙塾을 두어 종족 자제들의 교육을 맡았다. 족계族契도 정비되었으며 화수회花樹會가 새로 만들어지기도 했다. 제사를 마친 뒤에는 영모재에 모여 종규를 강독했다. 이를 주도했던 인물은 정제두를 비롯해 정찬휘와 정찬헌·정찬조·정찬술 등이다. 이외에도 설곡 정보의 묘표가 새로 세워졌다.

서인의 본거지가 되다

영모재는 포은 정몽주 선생의 묘소에 있는 재실로 후손들에 의해 세워졌으며, 용인시 모현면 능원리에 있다. 영모재의 본채에는 송시열이 1636년(인조 14)에 영모당이라고 쓴 편액이 대청 북쪽에 걸려 있다. 영모당에는 후손들이 지켜야 할 종약 4조가 있는데, 첫째 항상 삼가는 마음으로 조상을 생각하고, 둘째 종법적인 질서를 밝히고, 셋째 은애恩愛를 돈독히 하고, 넷째 가르쳐 이끄는 것을 엄격히 한다는 내용이다.

　　포은영당은 포은 종택의 가묘로서 용인시 모현면 능원리에 있다. 송시열이 민정중에게 많은 선비가 참배하는 것이 구애된다고 말하자, 민정중이 이 말을 숙종

玄石朴先生 世采　　庚午至乙亥

睡村李判書 畬　　丙子至戊寅

閔相國 鎮長　　戊寅至庚寅

睡村李相國 畬　　辛巳至戊戌

遂菴權先生 尚夏　　辛巳至辛丑

艮菴李先生 喜朝　　戊戌至壬寅

丈巖鄭相國 澔　　乙巳

丹巖閔相國 鎮遠　　乙巳至丙辰

陶菴李先生 縡　　丁巳至丙寅

聱溪朴先生 弼周　　丁卯至戊辰

『충렬서원선생안』, 34×24.5cm, 조선후기, 용인문화유적전시관. 충렬서원 역대 선생들의 명단과 그들이 부임한 연대, 재임 기간 등이 기록되어 있다.

용인시 모현면 능원리에
세워진 포은영당.

에게 고했다. 그러자 숙종은 건축에 필요한 물품을 하사하여 사당을 건축하게 된 것이다. 이때가 1679년(숙종 5)이었다. 현재의 영당은 정면 3칸, 측면 2칸으로 되어 있으며, 최근에 중수된 것은 1980년대 중반이다. 영당 안에는 영정이 보관된 감실이 있다. 감실 안에는 1677년(숙종 3) 한시각이 모사한 포은 영정이 있으며 위패와 구본의 초상도 보관되어 있다. 더불어 선생의 친필이 남겨진 고간찰 1점과 숙종어제어필 포은시첩 1점, 1641년(인조 19)에 썼다는 기록이 있는 우암의 포은선생영당이라고 쓴 편액 1점, 숙종이 『포은선생문집』에서 유상遺像을 보고 느낀 점을 바탕으로 지은 어제시를 1727년 정호가 판각한 액자 1점, 해창도위 오태주가 발문을 실은 숙종어제판액 1점 등이 보관되어 있다.

충렬서원은 경기도 용인시 모현면 능원리에 있으며 경기도문화재 제9호로 지정·보호되고 있다. 앞서 말했듯이 처음에는 정몽주와 조광조의 묘소 중간 지점인 죽전에 세워졌다. 그러던 중 조광조를 모시는 사우가 설립되면서 정몽주를 단독으로 모시게 되었다. 그리고 이정구의 요청으로 충렬이라 사액되었다.

중건 후 충렬서원은 인근에 있는 심곡서원과 함께 서인의 본거지로 역할했다. 충렬서원 선생안에 올라 있는 이정구·오윤겸·조익·이경석·김육·송시열·김석주·민정중·박세채·권상하·정호·민진원·이재·김원행 등의 면면을 보면 확인된다. 충렬서원은 이후 1706년(숙종 32) 후손 정제두와 정찬조 등이 논의해 서원의 측면이 비좁다고 하여 약간 서쪽으로 옮겨 세워졌다. 그러던 중 흥선대원군 집정기인 1871년(고종 8) 서원훼철령으로 훼철되었다가 1911년 복원되었다.

〈표 1〉 영일정씨 포은 가문 가계도 초략(10~14대)

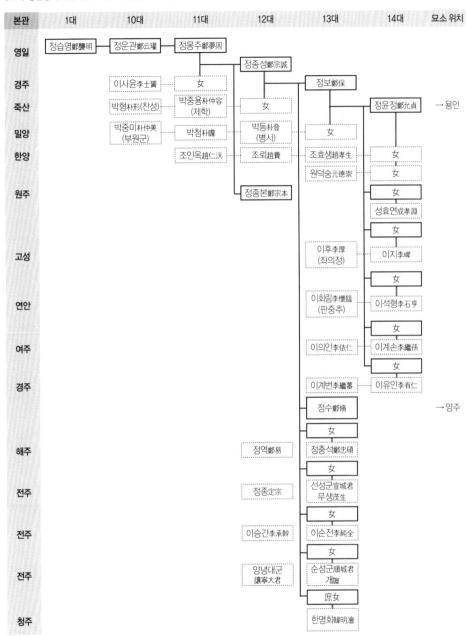

본관	1대	10대	11대	12대	13대	14대	묘소 위치
영일	정습명鄭襲明	정운관鄭云瓘	정몽주鄭夢周	정종성鄭宗誠	정보鄭保	정윤정鄭允貞	→용인
경주		이사윤李士贇	女				
죽산		박형朴形(찬성)	박중용朴仲容 (제학)	女			
밀양		박중미朴仲美 (부원군)	박첨朴瞻	박등朴崟 (병사)	女		
한양			조인옥趙仁沃	조리趙賁	조효생趙孝生	女	
					원덕숭元德崇	女	
원주				정종본鄭宗本		女	
						성효연成孝淵	
						女	
고성					이후李厚 (좌의정)	이지李墀	
						女	
연안					이회림李懷臨 (판중추)	이석형李石亨	
						女	
여주					이의인李依仁	이계손李繼孫	
						女	
경주					이계번李繼蕃	이유인李有仁	
					정수鄭脩		→양주
					女		
해주				정역鄭易	정충석鄭忠碩		
					女		
전주				정종定宗	선성군宣城君 무생茂生		
					女		
전주				이승간李承幹	이순전李純全		
					女		
전주				양녕대군 讓寧大君	순성군順城君 개磑		
					庶女		
청주					한명회韓明澮		

『영일정씨족보』(1981) 참조

〈표 2〉 영일정씨 포은 가문 가계도 초략(13~20대)

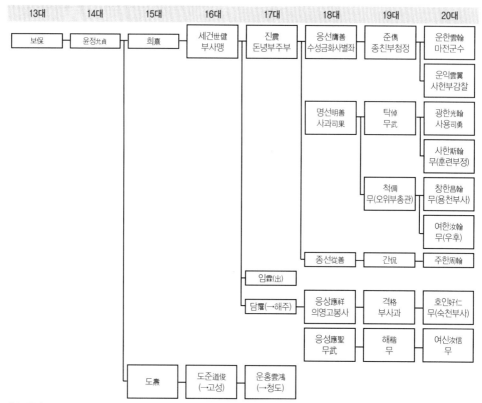

13대	14대	15대	16대	17대	18대	19대	20대
보保	윤정允貞	희熹	세건世健 부사맹	진震 돈녕부주부	응선膺善 수성금화사별좌	준儁 종친부첨정	운한雲翰 마전군수
							운익雲翼 사헌부감찰
					명선明善 사과司果	탁倬 무武	광한光翰 사용司勇
							사한斯翰 무(훈련부정)
						척倜 무(오위부총관)	창한昌翰 무(용천부사)
							여한汝翰 무(우후)
					종선從善	간侃	주한周翰
				임霖(出)			
				담霮(→해주)	응상應祥 의영고봉사	격格 부사과	호인好仁 무(숙천부사)
					응성應聖 무武	해楷 무	여신汝信 무
		도熹	도준道俊 (→고성)	운홍雲鴻 (→청도)			

出出: 출계

무武 : 무과급제자

→ 묘소 이동

〈표 3〉 영일정씨 포은 가문 가계도 초략(17~25대)

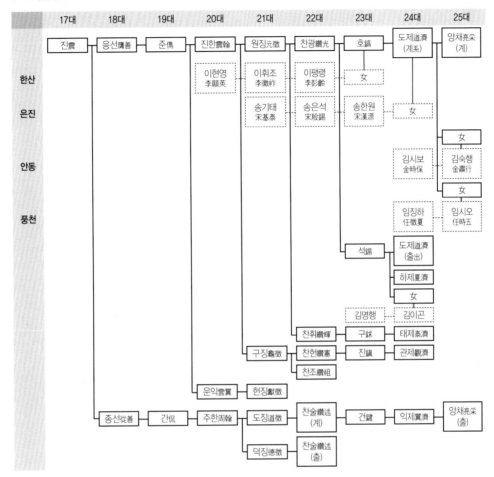

《2장》

훈구파의 핵심 가문이 사림으로 전향한 까닭은?

— 광주이씨 둔고 가문 이성무

北漢 南漢 文殊 通津 光城 水原 鼎足 江華 大興 松都

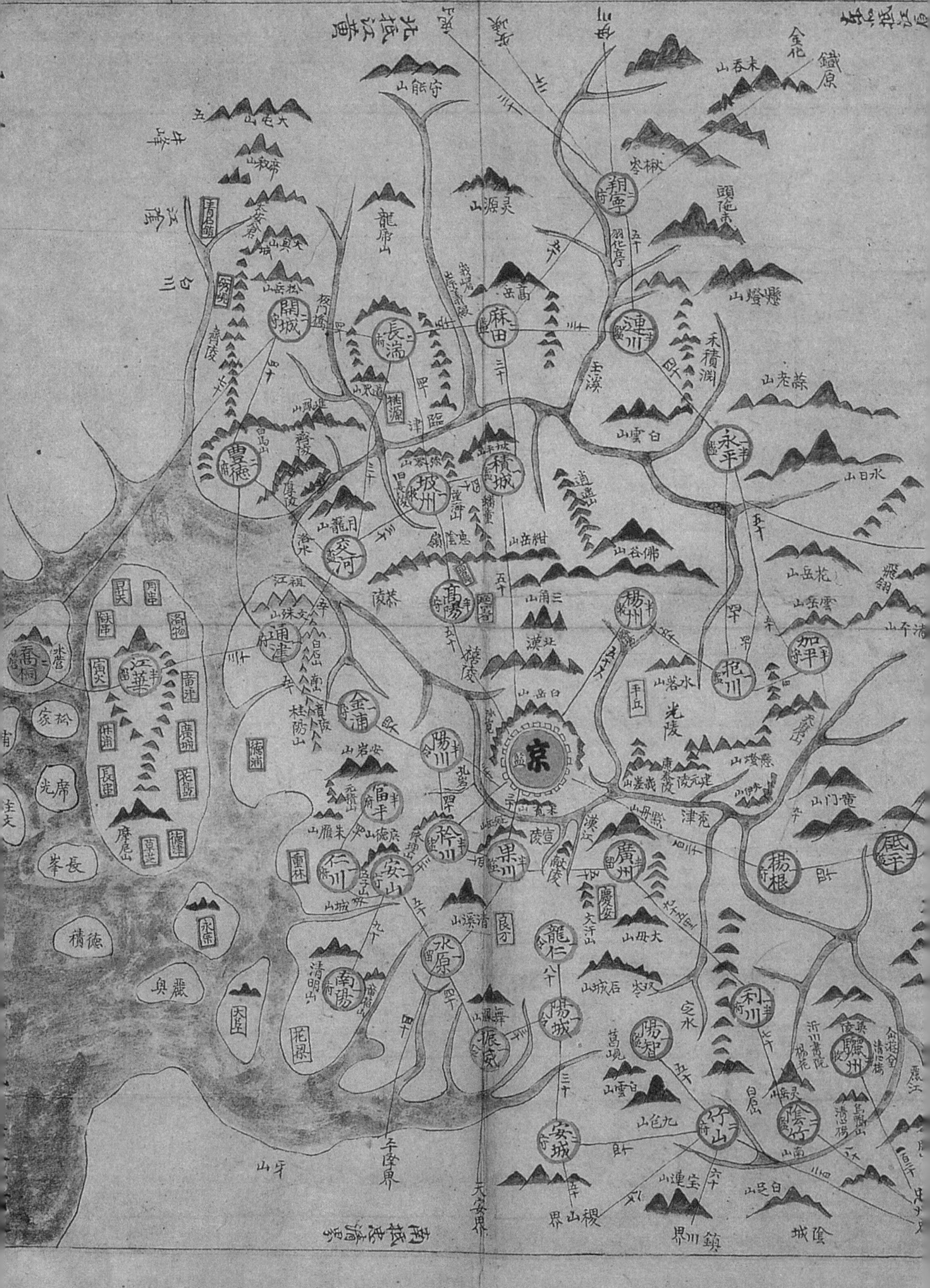

15세기 훈구파의 핵심에는 광주이씨廣州李氏 둔촌계遁村系가 있었다. 고려 말 둔촌 이집李集으로부터 대대로 문과에 급제해 이름을 떨치다가 손자 이인손李仁孫 대에 이르러 세조의 측근 공신으로서 훈구파의 핵심이 된 것이다. 그리하여 다음 대에는 이른바 8극克이 모두 문과에 급제해 고위관직을 역임하거나 공신이 되어, 성현이『용재총화慵齋叢話』에서 "지금 가문의 융성함으로는 광주이씨가 으뜸이다當今門閥之盛 廣州李氏爲最"라고 할 정도로 대표적인 명문이 되었다.

그러나 이러한 광주이씨도 그러나 계속 영달을 누린 것만은 아니다. 연산군이 즉위하면서부터 이 문중에도 풍파가 일기 시작했다. 이인손의 손자 이세좌李世佐가 폐모 윤씨에게 내리는 약사발을 가지고 간 죄로 핍박을 받기 시작했다. 그리고 그 형제와 인척들은 줄줄이 죽임을 당하거나 귀양 갔다. 이준경 형제도 어린 나이에 괴산으로 귀양갔다가, 중종반정 이후에야 겨우 풀려났다. 또한 사화가 일어날 때마다 일가 사람들이 화를 입었고, 이홍윤李洪胤 역모 사건으로 이준경은 또다시 보은으로 귀양 갔다.

이런 과정에서 이준경 가문은 자연스럽게 사림파로 전향하게 되었다. 전향사

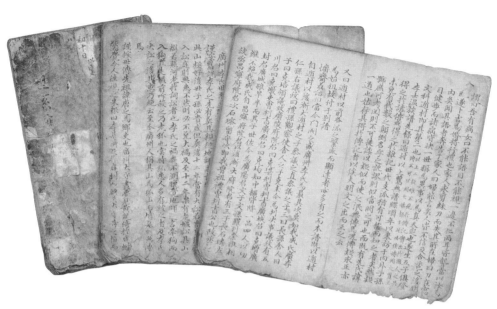

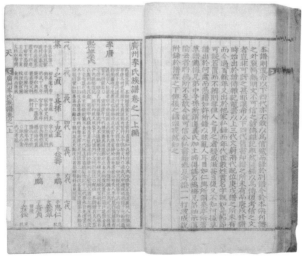

『광주이씨족보』, 37.5×24.5cm,
1724, 서울역사박물관.
『광주이씨세계실록』, 26.2×
16.5cm, 서울역사박물관.

둔촌 이집의 묘소와 그의 위패를 모셔놓은 사당 추모재.

림파가 된 것이다. 그리하여 김안로金安老·이기李芑·이량李樑 등의 핍박을 받아가며, 때로는 문정왕후나 윤원형 같은 독재자들과도 타협하면서 고위관료로 성장할수 있었다. 그가 그럴 수 있었던 데에는 지도자적인 자질을 갖추고 있었고, 행정 능력이 뛰어났으며, 장상將相으로서나 외교관으로서 몸을 아끼지 않고 국가를 위해일했기 때문이었다.

그러나 기회만 오면 사림정치를 활성화하기 위해 자기 목숨을 돌아보지 않고사림파를 지지하는 발언을 했다. 중종이 사림파에 동정하는 태도를 보이자 이준경은 남곤 등 사화의 가해자들을 탄핵해 삭탈관작을 시키는가 하면, 조광조·김굉필 등 피화자들의 원한을 풀어주고 그들을 문묘에 종사하자고까지 했으며, 문정왕후가 죽자 윤원형을 여러 번 탄핵해 권력에서 몰아냈다.

다른 한편으로 윤원형이 권력의 중추에서 물러난 뒤 영의정이 되어서는 정국의조정자를 자임해 이이, 기대승, 정철 등 신진사림의 과도한 주장을 견제하기도 했다. 이것은 그가 죽기 전에 올린 유차遺箚에 잘 나타나 있다. 이들의 주장대로 급진적인 개혁을 하다보면 자칫 또 다른 사화가 일어날 위험이 있기 때문이었다.

이처럼 이준경은 15세기 훈구파의 세상에서 16세기 사림파의 세상으로 이행하는 과도기에 전향사림파 출신의 재상으로서 양쪽을 조율하는 조정자 역할을 했다. 그러다보니 신진사림들의 불만을 사서 그들로부터 숱한 비난을 받았던 것이다. 이글에서는 이러한 영의정 이준경의 생애와 행적을 실증적으로 검토해보려 한다.

광주에 터를 잡은 이준경 가문

─────

이준경은 광주廣州이씨다. 광주이씨의 시조는 신라 내물왕 때 내사령을 지낸 이자성李自成이라 전한다. 광주이씨의 선대는 칠원백漆原伯으로, 그 자손들은 왕건에게신복하지 않아 일부는 회안淮安의 역리가 되었다. 그 후 고려 성종조에 회안을 광주

이지직 묘소.

로 개명해 이곳을 본관으로 했다고 한다.

그러나 광주이씨가 행세하게 된 것은 생원 이울李蔚 때부터였다. 이울은 이한 李漢과 이당李唐 두 아들을 두었으며, 이당은 인령仁齡·원령元齡·희령希齡·자령自齡· 천령天齡 등 다섯 아들을 두었다. 이들은 모두 문과에 급제했다. 이 가운데 원령이 이준경의 조상이다. 이원령(1327~1387)은 훗날 이름을 집集으로 바꾸었는데, 판전 교시사를 지냈으며 광주이씨의 중시조이다. 그는 지직之直·지강之剛·지유之柔 등 세 아들과 옥천부원군 유창劉敞에게 시집간 딸 하나를 두었다. 그의 세 아들은 모두 문과에 급제했고, 사위 유창은 태조 이성계의 스승이었다.

이 가운데 이지직(1354~1419)은 1394년(태조 3)에 처음으로 거처를 광주에서 한양 향교동鄕校洞으로 옮겼으며, 이방원이 제1차 왕자의 난을 일으켜 세자 이방석 을 치려 하자 말고삐를 붙들고 말리다가 자손까지 금고되어 광주 탄천炭川 가에 은 거했다. 그러던 중 세종이 즉위하자 태종이 명해 그에게 벼슬을 주었지만 부임하기 전에 죽고 말았다.

이지직은 장손長孫·인손仁孫·예손禮孫 등 3남과 4녀(김허金虛·우효안禹孝安·류심

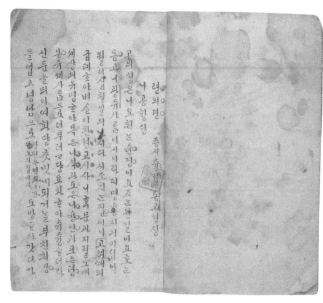

『동고행장』, 31.21×19.8cm,
광주이씨 문경회 종회.

柳深·정오鄭晤에게 출가)를 두었다. 이중 이인손은 이준경의 고조로 세조의 측근이었
다. 그는 1453년(단종 1) 11월 계유정란 이후 호조판서를 거쳐 우의정을 역임한 훈구
파의 핵심 인물이었다. 그는 극배克培·극감克堪·극증克增·극돈克墩·극균克均 등 다
섯 명의 아들과 세 딸(이윤식李允植·김순우金順禹·이돈李墩에게 출가)을 두었는데, 그
의 아들은 모두 문과에 급제했다. 이에 이인손의 부인은 매년 은사미 20석을 받았
다. 그뿐만이 아니었다. 첫째 아들 이극배는 영의정에 광릉부원군을, 둘째 이극감
은 형조판서에 광성군을, 셋째 이극증은 병조판서에 광천군을, 넷째 이극돈은 평안
도 관찰사에 광원군을, 다섯째 이극균은 강원도 관찰사에 광남군을 지냈다.

　　이극감은 이준경의 증조할아버지로 세좌世佐·세우世佑·세걸世傑 등 3남과 6녀
(현분玄賁·이순응李舜膺·박은朴垠·손경조孫景祚·선팽손宣彭孫·송윤은宋胤殷에게 출가)
를 두었다. 세 아들은 모두 문과에 급제했다. 그중 이세좌(1445~1504)는 서거정의
제자로 대사간을 거쳐 광양군에 봉해졌지만 갑자사화 때 폐비 윤씨에게 약사발을
들고 간 죄로 1504년(연산군 10) 귀양가던 도중 자결했다.

이준경의 증조할아버지 이극감의 묘비.

이세좌는 수원守元·수형守亨·수의守義·수정守貞 등 4남 5녀(정홍손鄭弘孫·조영손趙永孫·양윤梁潤·정현鄭鉉·윤여해尹汝海에게 출가)를 두었다. 이수원은 도사를, 수형·수의·수정은 문과에 급제해 각각 사인, 검열, 부수찬을 지냈다. 이들 네 아들은 1504년(연산군 10) 갑자사화가 일어났을 때 아버지의 죄에 연좌되어 참형을 당했다.

이 가운데 이수정이 이준경의 아버지다. 이수정의 자는 간중幹仲이며, 호는 정재貞齋이고, 한훤당 김굉필의 제자로 김안국과 함께 사마시에 합격했다. 그는 1447년(성종 8) 문과에 급제해 관직이 홍문관 부수찬에 이르렀지만, 갑자사화에 연루되어 죽었다. 향년 28세였다. 훗날 중종반정으로 도승지로 추증되었다가 이준경의 출세로 다시 영의정에 추증되었다.

이수정은 윤경潤慶·준경浚慶 등 두 아들을 두었다. 맏이 이윤경(1498~1562)의 자는 중길重吉, 호는 숭덕재崇德齋로 1534년(중종 29) 문과에 급제해 병조판서의 자리까지 올랐다. 특히 그는 문·무를 다 갖추어 1555년(명종 10) 을묘왜변 때 전주부윤으로서 영암성 전투에 참여해 왜적을 무찌르는 데 공로를 세우기도 했다.

이세우의 아들 이자李滋도 문과에 급제했는데, 그는 약수若水·약빙若氷·약해若海 등 세 아들을 두었다. 이 가운데 이약수는 생원에 그쳤지만, 이약빙은 문과에 급제해 벼슬이 좌통례에 이르렀고, 이약해도 직제학까지 올랐다. 한편 이약빙의 아들 이홍남李洪男은 아우 이홍윤의 역모를 고발해 그 공으로 공조참의가 되었다.

이준경은 예열禮悅·선열善悅·덕열德悅 등 세 아들과 딸 하나(이옥李沃)를 두었는데, 예열은 군수를 지냈고, 선열은 18세에 일찍 죽었으며, 덕열은 당숙인 이유경李有慶에게 양자로 입양되어 문과를 거쳐 벼슬이 승지에까지 이르렀다.

이준경의 가계도를 간단히 그려보면 다음과 같다.

〈표 1〉 동고 이준경의 가계도

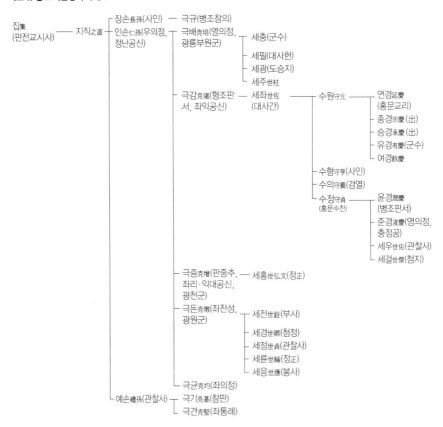

위의 가계도에 의하면 조선초기 50여 년간 광주이씨 둔촌계는 문과 29인, 무과 1인을 배출했다. 가히 당대 최고의 명문가라 할 수 있다. 특히 이인손은 다섯 아들이 모두 과거에 급제했고, 가까운 친척 중에 극규克圭·극기克基·극견克堅을 합쳐 8극이라 일컫는 인물들이 쏟아져 나왔다.

그러나 문벌이 크게 일어난 만큼 정치적인 박해도 많이 받았다. 이세좌의 일뿐 아니라 이홍윤 역모 사건이 일어나자 근친인 이준경 가문에도 불똥이 튀어 많은 사람이 다쳤다. 이런 과정을 거치는 동안 이준경 가문은 자연히 사림파로 전향한다.

이준경은 광주이씨 둔촌계가 훈구파에서 사림파로 전향하는 과도기에 이를 연착륙시키는 역할을 한 것이다. 그러한 역사적 조건 때문에 이준경은 양측을 조율해 충돌과 갈등을 덜 일으키도록 노력한 것이다.

학문과 실무에 능하며 인재들을 길러내다

———

이준경(1499~1579)의 자는 원길原吉, 호는 남당南堂·홍련거사紅蓮居士·연방노인蓮坊老人·동고東皐이다. 광주이씨인 아버지 홍문수찬 이수정과, 판관 신승연申承演의 딸인 어머니 평산신씨와의 사이에서 둘째 아들로 태어났다. 1499년(연산군 5) 12월 27일 축시였다. 태어난 곳은 한양 연화방蓮花坊 연지동蓮池洞이다. 홍련거사, 연방노인이라는 호도 여기서 생겨난 것이다. 어머니는 학문이 깊었을 뿐 아니라 꿋꿋한 여자였다. 갑자사화로 온 집안이 멸문의 화를 당했고, 자신도 내자시 소속의 종으로 있다가 한때 장녹수張祿水의 종으로 예속되는 등 갖은 시련을 겪었지만, 그 와중에 이윤경·이준경 형제를 나라의 재목으로 길러냈다.

다섯 살에는 어머니에게 『소학』을 배웠다. 그러던 중 갑자사화가 일어나자 이준경은 여섯 살의 나이에 형과 함께 괴산으로 귀양을 갔다. 1503년(연산군 9) 9월에 할아버지 이세좌가 연산군의 용포에 술을 쏟아 온성으로 귀양갔다가 풀려났지만 폐비 윤씨에게 사약을 가지고 간 것이 탄로나 아들 넷과 함께 죽었다. 이세좌는 거제도로 귀양가던 중에 곤양군 양포역에서 자살했다. 이때 종증조부 이세걸李世傑, 재증조부 이세광李世匡, 재종숙 이수공李守恭 등 여러 족친이 화를 입었다. 이들은 중종반정으로 신원되어 중종은 어필로 9현문九賢門이라고 써주었다고 한다. 이준경 형제도 귀양에서 풀려나 청안淸安으로 옮겼다. 그러나 의탁할 데가 없어 여덟 살 때부터 열네 살까지는 외가에 맡겨졌다. 외할아버지 신승연은 요행히 화를 당하지 않았고, 또 아들이 없던 터라 이준경 형제가 의탁할 만했다.

어머니는 형제에게 『효경』과 『대학』을 가르쳤다. 아홉 살 때는 외할아버지가 상

동고 이준경의 묘소.

주판관으로 부임해 그를 따라가서 축재蓄齋 황효헌黃孝獻에게 『소학』을 다시 배웠다. 그는 안동부사를 지낸 황희의 후손이었다. 열다섯 살인 1513년(중종 8)에는 유산楢山에서 남명 조식과 함께 글을 읽었다.

열여섯이 되던 1514년(중종 9)에는 공조참판을 지낸 김양진金揚震의 딸 풍산豊山 김씨와 혼인했다. 부인은 시어머니에게 효도하고, 종들을 아끼며, 친척들에게 베풀기를 좋아하는 성품이었다. 이해에 열한 살 위인 종형 탄수灘叟 이연경李延慶에게 성리학을 배웠다. 그는 1519년(중종 14) 두 번째 현량과에 급제한 정암 조광조의 문인으로, 기묘사화 때 유배될 위기에 처했지만 중종의 배려로 파직을 당하는 데에 그쳤다. 이준경 형제는 이연경을 따라 조광조를 만났다. 사림파가 된 것이다. 중종 14년에 일어난 기묘사화 때에는 사촌형 이연경, 재종형 이약수·이약빙, 3종숙 이영부李英符 등이 화를 입었다.

기묘사화 이후 이준경은 과거시험을 포기하려 했지만, 어머니가 간곡히 권해 1522년(중종 17)에 생원시와 진사시에 모두 장원하고 1531년(중종 26) 문과에 급제했다. 어머니는 집안을 다시 일으키기 위해 이준경 형제에게 과거를 권했던 것이

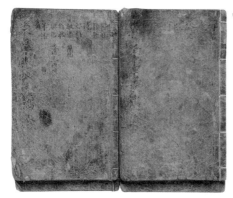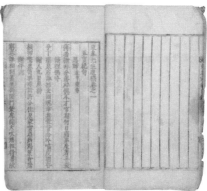

『동고선생유고』, 30.3×19.5cm, 17~18세기, 광주이씨 문경공파 종회.

다. 그러나 어머니는 이준경이 문과에 급제하는 것을 보지 못하고 죽었다. 1524년 이준경은 형편이 좋지 않아 처가살이를 했다. 그러나 형 이윤경과 우애가 좋아 늘 담을 나란히 하고 살았으며 서로 떨어져 있을 때는 편지를 주고받았다.

문과에 급제한 뒤 그는 홍문관 정자 등 여러 관직을 수행했다. 1533년(중종 28)에는 부수찬으로서 야대夜對에 나아가 기묘사화와 안처겸 사건에 화를 입은 사람들을 신원해주어야 한다고 주장했다. 이에 중종은 술 석 잔을 내리면서까지 동조하다가 김안로 등이 반대하자 오히려 이준경을 파직시켰다. 그리하여 이준경은 문을 굳게 닫고 성리학 공부에만 매진했다.

그러나 1538년(중종 33) 김안로가 문정왕후를 폐위시키려다 실패한 탓에 실각하게 되자 이준경도 풀려났다. 39세 때였다. 그는 곧 홍문관 부수찬으로 기용되었다. 1541년(중종 36) 4월 그는 이언적·이황과 함께 1강綱 9목目소를 올렸다. 왕이 도학道學을 실천해야 한다는 내용이었다. 즉 도학을 왕의 상투 끝에 올려놓은 것이었다.

이준경은 국방에 대해서도 조예가 깊었다. 1541년(중종 36) 6월 이준경은 경차관이 되어 제포薺浦의 왜란을 조사하여 보고했다. 이준경은 왜인을 만나면 죽이지 말라는 금령을 고치고, 쾌속선을 많이 만들어 배치해야 한다고 주장했다. 또한 왜인이 강매하려는 유황 등의 물건을 억지로 사주지 말아야 한다고 했다.

　1544년(중종 39) 11월에 중종이 죽자 세자를 즉위하게 했다. 그리고 정사 민제인閔齊仁을 따라 고부청시부사가 되어 명나라에 다녀왔다. 돌아와서는 형조판서가 되었다. 그는 인종에게 후손이 없으니 경원대군을 태제太弟로 정하자고 했지만, 뜻을 이루지는 못했다. 이준경은 3년간 시강원 찬선과 보덕을 겸임했다. 1545년(인종 1) 7월 인종이 죽고 명종이 왕위에 오르자 문정왕후가 수렴청정을 했다.

　명종이 즉위하자 윤원형·이기 등이 을사사화를 일으켰다. 이에 이기의 미움을 받아 이준경은 평안도 관찰사로, 이윤경은 성주부사로 쫓겨갔다. 또 조카 이중열李中悅은 갑산으로 귀양갔으며, 종형 이유경, 재종형 이약빙과 이약해, 3종숙 이영현, 4종제 이수경 등도 파직되거나 귀양 갔다. 1548년(명종 3) 7월에 이준경은 병조판서가 되었다. 그런데 1550년(명종 5) 4월에 이홍윤(윤임尹任의 사위) 역모 사건이 터졌다. 이홍윤은 아버지 이약빙의 원수인 이기·윤원형·정언각鄭彦慤을 죽이기 위해 충주에서 역모를 꾀했다. 형 이홍남은 집안이 멸문되는 것을 막기 위해 이 반역 행위를 고발했다. 이준경은 이약빙의 6촌이요, 이중열의 3촌이었던 까닭에 보은으로 귀양 가게 되었다. 이무강李無彊은 "이모는 재주가 문·무를 겸해 국가에 이롭지 못하다"고 모함하기까지 했지만 심연원沈連源이 반대해 곧 지중추부사와 형조판서로 복귀했다. 반대로 이무강은 관직을 빼앗기고 도성 밖으로 추방당했다. 이준경이 살 수 있었던 것은 대윤과 소윤이 다툴 때 일방적으로 소윤만 처벌할 수 없다고 주장해 윤원형이 돌봐주었기 때문이다.

　1552년(명종 7) 6월 이준경은 북도순변사가 되어 이응거도伊應居島에 침입한 여진족을 다스리는 일을 맡았다. 이준경은 장수가 될 만한 훌륭한 자질을 지니고 있어 북쪽의 오랑캐와 남쪽의 왜적이 침입해올 때마다 발탁되어 이

동고 이준경이 쓰던 옥등과 문진, 16세기, 문경공 종회.

를 군사·외교적으로 해결하는 일을 맡았다. 그러나 그의 해결책은 되도록 외적을 달래어 전란으로 확대되지 않는 방향으로 타협하는 것이었다. 을묘왜변 때 적을 일 망타진하지 못하고 오히려 세견선歲遣船 50척을 다 회복시켜주자고 주장한 것이 그 예이다.

그해 10월 이준경은 네 번째로 대사헌이 되었으며, 11월에는 염근인廉謹人으로 피선되었다. 그는 청백한 관료로 이름이 있었다. 그리고 사람을 볼 줄 알아 이원익·이황·조식·성수침·윤두수·윤근수 등을 기용했다. 반면 심의겸·윤두수·덕흥대원군 등의 인사 청탁을 물리친 것으로 유명하다.

1555년(명종 10) 5월에 이준경은 전라도도순찰사에 임명되어 을묘왜변을 수습하는 일을 맡았다. 이준경은 나주에 주둔하면서 달양진達梁鎭에 쳐들어온 왜적을 진압하지 못하고 있다가 전라좌도방어사 남치근南致勤으로 하여금 녹도에서 전함 60척으로 왜적을 추격해 달아나게 했다. 이에 왜선 28척을 격파하는 전공을 세웠다고 하지만 전쟁에 승리한 것은 아니었다. 오히려 형 이윤경은 전주부윤으로서 달양진에서 왜적을 무찌르는 데 공을 세웠다. 그 때문에 이준경은 승전 축하식에도 참여하지 않았다. 그리하여 이 사실은 두고두고 이준경의 업적에 하자로 거론되기도 했다. 그러나 그해 10월 이준경은 우찬성으로서 병조판서를 겸임하게 되었고, 이윤경은 전라도 관찰사로 승진했다. 이준경이 재상이 된 것이다. 더욱이 병조판서에는 세 번째 임명된 것이었다.

이준경은 1558년(명종 13) 5월에 좌찬성, 11월에 우의정, 1560년(명종 15) 6월에 좌의정으로 승진했다. 이준경은 재상으로서 문정왕후를 도와 중종의 정릉靖陵을 옮기는 산릉도감의 총호사摠護使를 맡기도 했다. 1564년(명종 19) 8월 형 이윤경이 죽었다. 이에 이준경은 상복을 입고 아침저녁으로 곡을 해 거의 실명할 뻔했다. 1564년 4월 별감 옷을 입은 이가 거짓으로 문정왕후의 내지內旨를 이준경에게 전해준 사건이 일어났다. 이 일로 이준경은 판중추부사로 밀려났다가 다시 영중추부사가 되었다.

1565년(명종 20) 8월 이준경은 드디어 영의정이 되었다. 이때 명종은 윤원형을

奉　　戊三念日

札恰慰阻思但此
平安報爲恤小氣
事己送子善雍今而
採擇安保其必郵只
此謹荅　　浚慶

이준경의 친필과
그의 신도비.

견제하기 위해 이량李樑을 기용했다. 이준경은 그를 미워하면서도 비위를 거스르지 않으려고 애썼다. 김안로·이기 등 권신에게 맞서다가 곤혹을 치렀던 경험이 있기 때문이었다. 1563년(명종 18) 3월 이량은 그의 아들 이정빈李廷賓을 알성시에 부정으로 급제시켰다. 이준경이 이를 비판하자 이량은 그에게 앙심을 품었다. 그러나 이량이 곧 실각해 무사할 수 있었다.

1565년(명종 20) 2월에 문정왕후가 죽었다. 이준경은 영의정으로서 백관을 인솔하고 윤원형을 쫓아낼 것을 요구하며 여러 차례 상소를 올렸다. 그리하여 윤원형이 쫓겨났다. 그리고 9월 15일에 명종이 후사 없이 병석에 누웠다.

이준경은 1565년 12월 명종에게 을사사화로 화를 입은 선비들을 풀어줄 것을 청했다. 그렇지만 재상들이 반대해 그 뜻을 이루지 못했다. 1567년(명종 22) 5월에 이준경은 영의정에서 물러났다. 이준경이 후사를 세우자고 주장한 데 대해 명종이 서운하게 생각해서였다. 그러나 홍문관에서 반대해 그대로 자리를 유지했다. 6월 28일 명종이 위독해졌다. 이준경은 영의정으로서 중전 심씨의 명을 받아 덕흥군德興君의 셋째 아들 하성군河城君을 옹립했다. 그가 바로 선조이다. 10월에 이준경은 을사사화, 이홍윤 역모 사건에 연루되어 처벌되었던 선비들을 풀어줄 것을 강력히 요구했다. 노수신·유희춘·백인걸 등을 기용하고, 조광조·이언적·권벌 등에게 시호를 내려주는 반면, 남곤·이기·정언각·정순붕·임백령 등의 관작을 삭탈해달라고 요청한 것이다. 3사는 이들 가해자의 위훈僞勳을 삭제하라고 했다. 그러나 이준경은 재상으로서 명종과 왕비가 관련되어 있고, 사화를 일으킨 무리와 그 자손들이 살아 있으니 잘못하면 사화가 일어날 위험이 있기에 너무 과격하게 밀어붙이면 안 된다고 주장했다. 실제로 김개金鎧 등 구세력이 사림을 박해하려는 것을 억제하기도 했다. 영의정으로서 가해자와 피해자를 잘 조정해 사림정치를 연착륙시키자는 것이었다. 이 때문에 이이, 기대승, 정철 등 사림들에게 미움을 산 것이다.

1568년(선조 2) 4월 이준경에게 궤장이 내려졌지만 귀장연은 하지 않았다. 1570년(선조 3) 겨울에 이준경은 영의정에서 물러나 영중추부사가 되었다. 그는 물러나 동고정사東皐精舍에서 지내다가 청안면 구계龜溪에서 살았다.

이준경은 1572년(선조 5) 6월부터 병이 심해지자 7월 7일에 유차遺箚를 올리고 죽었다. 그의 나이 74세였다. 이 유차에서 장차 조정에 붕당이 일어날 것이라고 예언했다. 이에 이이·정철 등 신진사림들이 크게 반발했다. 그러나 당시에 이미 노당老黨과 소당少黨설이 있었다. 그리고 1580년(선조 8)에 동서분당이 일어나 그의 예언은 적중했다.

전향 사림파로서 균형을 갖추다

이준경은 광주이씨 둔촌계이다. 둔촌遁村 이집李集은 고려 말에 문과에 급제해 이색, 정몽주 등과 사귀던 명사였다. 이집의 세 아들 이지직·이지강·이지유가 모두 문과에 급제했고, 이지직의 세 아들도 그러했다. 그중 특히 이인손은 세조의 공신

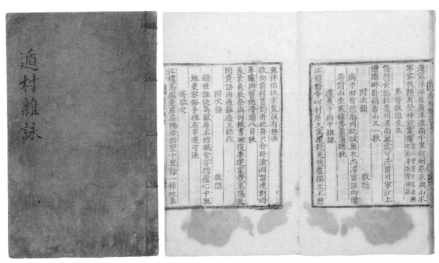

『둔촌잡영』, 31.5×19.8cm, 조선후기, 광주이씨 기증, 서울역사박물관.

으로서 우의정에 올라 광주이씨 둔촌계가 훈구파의 핵심 세력으로 자리를 굳히도록 했다.

하지만 그다음 세대부터는 시련을 겪었다. 1498년(연산군 4) 무오사화 때 이극배의 손자 이수공李守恭이 유배된 것을 비롯해, 1504년(연산군 10) 갑자사화 때 이극감의 아들 이세좌와 손자 이수원·이수형·이수의·이수정이 몰살당했고, 이수정의 두 아들 이윤경과 이준경도 괴산으로 귀양가는 사태가 벌어졌다.

광주이씨 둔촌계의 불행은 여기서 끝나지 않았다. 1519년(중종 14) 기묘사화 때 이준경의 사촌형 이연경과 이약빙이 파직되었고, 1545년(인종 1)의 을사사화와 1550년(명종 5)의 이홍윤(이약빙의 둘째 아들)의 역모 사건으로 이약빙·이약해(이약빙의 동생)·이중열(이윤경의 첫째 아들)이 모두 유배되거나 사사되었다. 또 이준경은 보은으로 유배 갔고 이윤경은 관직을 삭탈당하고 한양 밖으로 쫓겨났으며, 이유경(이연경의 동생)·이수경(이극견의 증손) 등은 파직되거나 귀양 갔다.

이후 이준경 가문은 사림파로 돌아섰다. 우선 사촌형 이연경은 조광조를 추종해 현량과 병과에 급제한 사림파이고, 이윤경·이준경 형제는 조광조를 만나보고 이연경에게서 성리학을 배웠으니 역시 사림파에 속했다고 할 수 있다. 실상 이준경 형제는 스승인 이연경을 따라 조광조를 만나보았다. 그리고 이영부李英符(이예손의 4대손), 이수경의 아버지는 조광조를 구하려다 25세의 젊은 나이로 장살당하기도 했다.

이로 미루어보아 이준경 가문은 16세기에 들어서면서 이미 훈구파에서 사림파로 전향하고 있었음을 알 수 있다. 그러나 사림파의 주장은 정제되어 있지 않고 과격해 여러 차례 사화가 일어났다. 이에 이준경은 사림파로서 주장할 것은 주장하지만 재상으로서 기득권층인 재상들과 신진사림 사이를 잘 조정해 사화가 일어나지 않도록 하려고 노력했다.

1533년(중종 28)에 이준경은 검토관 구수담과 함께 안처겸 옥사에 연루된 사림 중 억울한 이가 많으니 풀어줄 것을 청해 중종이 술까지 내려주었다. 그러나 김안로 등 대신들이 이준경이 자기의 측근인 이연경·이약수·이약빙 등을 풀어주려는 것이라고 반대해 파직되었다. 어쨌든 결과적으로 기묘사화 이후 파직된 사림 60여 명이 풀려 나왔다. 1541년(중종 36) 4월에 이준경은 당대의 석학 이언적·이황과 함께 유명한 1강 9목 소를 올려 중종에게 사림정치를 실시할 것을 주장했다. 또한 1565년(명종 20) 문정왕후가 죽자 영의정으로 앞장서서 윤원형을 여러 차례 탄핵해 쫓아냈다. 나아가 이황·조식·성수침·서경덕·성운·이항·임훈·한수·남언경·김범 등 도학자들과도 일정한 연계를 가지고 이들을 불러들이도록 추천하기도 했다.

반면 이이나 기대승 등 과격한 개혁파의 주장에 대해서는 일정한 견제를 가해 사화를 방지하고자 했다. 이에 대해 이이는 이준경이 식견이 짧고, 재기가 부족하며 거만해 사림에게 인심을 많이 잃었다고 했다. 특히 이준경이 죽기 전에 올린 유차에 대해 "이준경이 죽을 때 그 말이 악하다"고까지 하며 맹렬히 비난했다. 이 유차가 심의겸을 견양한 것이라고 하나 사실은 신진사림들의 과격한 언론을 견제한 것이라 해야 할 것이다.

이황이 우찬성으로 불려 올라왔을 때도 이준경은 매우 호통을 친 적이 있다. 조광조처럼 되고 싶냐는 것이었다. 이미 당시에 이황을 필두로 하는 신진사림들을 "소기묘小己卯"라고 지목해 위험시하는 분위기였다. 이때 이황은 이를 받아들여 곧 물러나 무사했지만, 이이와 기대승이 과격한 언론을 할 때에는 김개金鎧 등 윤원형·이량의 잔당들이 들고일어나 자칫하면 사화가 일어날 뻔했다. 이준경은 오히려 김개를 실각시켰다. 이이와 기대승이 일찍 죽은 것도 이러한 반대 세력의 위협으로 인한 스트레스 때문이 아닌가 생각된다.

훈신 세력과 신진사림 세력 사이를 조정하려면 스스로 흠이 없고 인망이 있어야 했다. 이준경은 우선 키가 커서 일찍부터 장재將才가 있다는 말을 들었고, 청렴결백해 남에게 흠을 잡힐 일을 하지 않았다. 뿐만 아니라 인사에 공정하고 권력자들의 청탁을 과감히 물리쳤다.

그리고 능력도 있었다. 그는 국가가 어려울 때 외국에 사신으로 다녀왔고, 명종이 죽어 명나라 사신 허국許國이 왔을 때 막후에서 종계宗系를 바로잡아주도록 로비를 해 종계무변宗系誣辨을 해결하는 데 공헌했다. 뿐만 아니라 외적이 쳐들어올 때는 병조판서로서, 아니면 대신으로서 국방에 관한 건의를 많이 했고, 을묘왜변 때에는 직접 전라도도순찰사로 나가 왜적을 물리치기도 했다. 그러나 그의 국방 사상은 되도록 강적과 마찰을 피해 생령을 도탄에 빠지지 않게 하는 것이었다. 이는 비단 이준경의 국방 사상일 뿐 아니라 문치주의 국가인 조선의 국방 사상이기도 했다.

〈3장〉

조선 성리학의 뿌리를 내리다

―진성이씨 퇴계 가문 김문택

경북 안동을 대표하는 가문을 들자면 진성이씨眞城李氏를 첫손에 꼽을 수 있다. 그 이유는 이 집안에서 퇴계 이황을 배출했기 때문이다. 진성이씨는 고려 말 안동 지역에 정착했는데, 조선전기에 이르러 안동 일대와 주변 지역으로 분파가 이루어졌다. 그중에서 퇴계의 조상은 예안으로 이주해 또 다른 계파를 형성했다. 예안은 오늘날에는 안동시에 속하지만 조선시대에는 독립된 군현으로 안동과는 다른 지역이었다.

퇴계 가문은 오늘날 안동시 도산면의 토계라는 골짜기를 근거로 하는 상계파上溪派와 여기서 갈려나간 여러 계파를 아우른다. 상계파는 이전에 안동의 주촌, 예안의 온혜파로부터 갈래를 이룬 가문이다. 그리고 퇴계의 후손들은 상계에서 의인, 하계, 단사, 원촌으로 자리잡아 각각 파를 이루었다.

이 글은 진성이씨 퇴계 가문을 알기에 앞서 먼저 종파부터 퇴계가 소속되었던 계파에 이르기까지 그 분파 과정과 관련된 인물을 소개한다. 그리고 퇴계의 학문 인생과 그를 둘러싼 인물들을 다루고, 마지막으로 퇴계 종택과 묘소를 소개하려 한다.

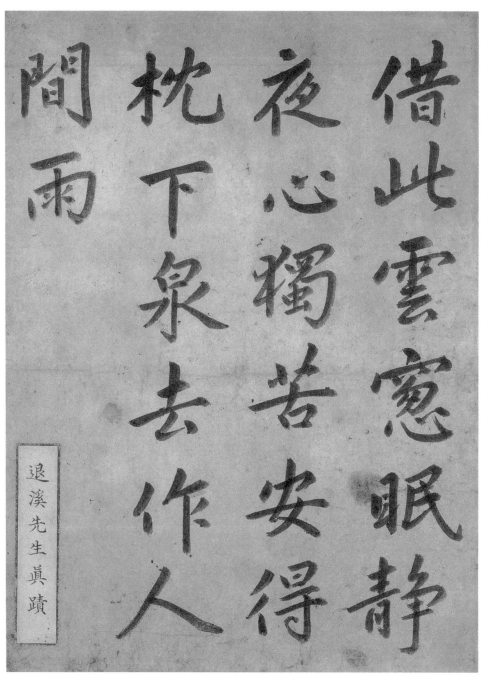

借此雲窓眠靜
夜心獨苦安得
枕下泉去作
人
間雨

退溪先生眞蹟

「퇴계 이황의 글씨」, 이황, 종이에 먹, 27×37cm, 숙명여대박물관. "이 운창을 빌려서 잠을 청하지만 고요한 밤 마음만 외롭고 피곤하다네 / 어찌하여 침상 아래의 샘으로 인간에게 비를 내리게 할까."

가문이 뿌리내린 곳, 안동과 예안

———

진성이씨의 '진성'이란 본관은 그들의 조상이 진보(현재 청송군 진보면)에 살았기 때문에 붙여진 이름이다. 시조로 받들어지는 인물은 이석李碩이다. 그는 진보의 현리縣吏를 지내다가 사마시에 합격한 후에 청기현(현재 영양군 청기면)으로 옮겨와 살았다. 이후 아들 송안군松安君 이자수李子脩가 안동의 마래(현재 안동시 풍산읍 마애리)로 들어왔다. 그리고 그 아들 이운후李云侯가 주촌周村으로 입향하여 뿌리를 내리고 그곳을 중심으로 점차 명문가로 성장했다.

주촌 입향 후 4세 이정李禎은 영변판관과 지한산군사, 선산부사 등을 지냈으며 1455년(세조 1)에 좌익원종공신 3등이 되었다. 이정은 세 명의 아들을 두었는데, 첫째 우양遇陽은 종가를 이어받았고, 셋째 계양繼陽은 예안의 온혜溫惠로 이주했다. 이후 진성이씨는 크게 안동을 근거로 하는 계파와 예안을 중심으로 하는 파로 나뉘었다.

우양의 후손들은 종가를 중심으로 안동의 북부 지역에 거주했다. 그중 일부는 안동 내 일직一直이나 의성義城 등으로 이주해 새로운 파를 이루었다. 반면 계양의 후손들은 예안의 온혜와 토계土溪 등에 널리 터를 잡으면서 명현들을 끊임없이 길러내 진성이씨가 최고의 명가로 성장하는 데 크게 기여했다.

주촌파周村派: 와룡면 주하리 두루마을

진성이씨 중 가장 윗대의 종파이다. 안동시 와룡면 주하리 두루마을에 종택이 있으며, 현재 진성이씨 25세 종손이 살고 있다. 주촌파는 진성이씨 3세 운후云侯로부터 시작되었다. 운후의 부친은 2세 자수子脩인데, 자수는 운구云具와 운후 형제를 두었다. 첫째인 운구의 후손들은 풍기 등지에서 세를 이루었지만 흥성하지는 못했다. 따라서 현재 진성이씨 대종가라고 하면 주촌에 있는 종가를 가리킨다.

운후가 처음 주촌에 정착했고, 그 아들 이정李禎은 세종·세조대에 중앙 정계

와룡면 주하리 두루마을에 있는 진성이씨 주촌종가의 모습.

敎旨紀功行賞有國之令典予以寡德叨承
大位顧念潛邸艱難之時賴同德之臣
左右先後以保寡躬或是予同列或是
子僚佐或屬戚之近或陪從之舊或
朝天共跋涉岩之方式

啓節到付議政府舍人司關內景泰六年
十二月二十日都承旨臣朴元亨敎奉

本曹所

吏曹
中訓大夫前善山都護府使李禎本眞城

「좌익원종공신녹권」, 33×20.5cm, 진성이씨 주촌종가 기증, 서울역사박물관. 이정은
1458년 국가로부터 좌익원종공신녹권을 받았다.

『송간일기松澗日記』, 이정회, 1677~1612, 진성이씨 주촌종가 기증, 서울역사박물관. 임진왜란을 전후한 시기 이 정회는 1577년부터 1612년에 걸쳐 매일 일기를 썼다. 메모 형식으로 짤막하게 기록되어 있는데, 집안의 대소 사, 방문객 등에 대한 내용이 담겨 있다.

에서 활동하면서 1441년(세종 23) 선산부사를 지냈고, 1455년(세조 1)에는 좌익원 종공신에 올랐다. 이후 후손들은 주촌으로부터 점차 인근의 마을로 거주 지역을 넓혀나갔다.

이정의 첫째 아들은 우양遇陽인데, 그의 후손들은 주촌, 즉 두루마을을 지켰다. 이후 16세기에 종손이면서 퇴계의 제자이기도 했던 이정회李庭檜(1542~1642)가 이 가문에서 배출되었다. 그는 중앙에 나아가 사헌부감찰 등을 지냈으며, 1591년에는 중국의 법전인 『대명회전大明會典』에 잘못 기록된 태조의 종계를 바로잡는 일로 공을 세워 광국원종공신이 되었다. 또 임진왜란이 일어났을 때에는 의병을 일으켰으며, 말년에는 고향에 돌아와 종가를 지키며 문중을 보전하는 데 힘을 기울였다.

그 후 한참을 지나 한말에 이르러서는 이긍연李兢淵(1847~1925)이라는 인물이 배출되었는데, 그는 주촌파의 종손이면서 의병운동에도 가담했다. 그는 당시의 행적을 『을미의병일기』로 남겼는데, 이 일기에는 1865년과 그 이듬해에 일어난 의병운동을 자세히 기록했다. 특히 의병운동 과정과 이에 가담한 인물들을 일일이 소개했으며, 일제가 온계 종가나 퇴계 종가를 불태워버렸다는 중요한 사실들도 기록하고 있다.

주촌 종가는 현재까지 잘 운영되어서 한 해에 두 번 치르는 4세 이정의 불천위不遷位 제사가 있을 때면 안동과 서울 등에 거주하는 일가들이 많이 참여한다. 또 종가 앞마당에는 이정이 심은 안동 뚝향나무(천연기념물 314호)가 수백 년의 수령을 간직한 채 우뚝 서 있다.

한편 이정의 아들 중 둘째인 흥양興陽은 풍산의 마래로 이주하였고, 후손들은 이곳을 중심으로 망천파網川派를 이루었다. 이 파가 배출한 인물로는 이회보李回寶(1594~1669)가 대표적인데, 그는 인조대에 문과에 올랐고 병조좌랑, 공조좌랑 등을 지냈으며, 효종대에는 김자점을 탄핵하는 데 앞장서기도 했다.

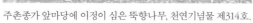

주촌종가 앞마당에 이정이 심은 뚝향나무. 천연기념물 제314호.

온혜파溫惠派: 도산면 온혜리 중마을

진성이씨 4세 이정의 셋째 아들인 계양繼陽(1424~1488)은 주촌을 떠나 예안현 온혜에 이주해 새로운 계파를 이루었다. 현재 도산면 온혜리 604번지에는 온혜파의 종택인 노송정이 수백 년 세월의 흔적을 간직한 채 있는데, 이곳은 바로 퇴계 이황(1501~1570)이 태어난 곳이기도 하다.

계양은 자가 달보達甫, 호가 노송정이다. 단종 원년인 1453년 사마시에 합격했는데 임금이 왕위를 빼앗기자 고향으로 돌아와 유유자적하며 살았다고 한다. 그는 처음에 주촌에 살다가 예안의 부라촌浮羅村으로 옮겼는데, 뒤에 다시 현재의 온혜로 옮겨왔다. 그는 이곳에서 유연히 삶을 잇다가 향년 65세로 생을 마쳤다. 사후에는 아들 우堣(1469~1517) 덕분에 병조참판에, 손자 퇴계로 인해 이조판서에 올랐다.

퇴계가 지은 「선조고사적先祖考事蹟」에는 조부의 입향에 대한 내력이 기록되어 있다. 그에 따르면 "공은 영양김씨를 부인으로 맞이하였는데 김씨의 집은 예안현에 있었다. 공은 처음에는 현縣의 동쪽 부라촌에 살다가, 봉화현훈도奉化縣訓導가 되어 임지로 가다가 온계를 지나면서 산수의 수려함을 좋아하여 이리저리 거닐면서 주

『퇴계선생문집』, 33.2×21.6cm,
19세기경, 진성이씨 주촌종가 기증, 서울역사박물관.

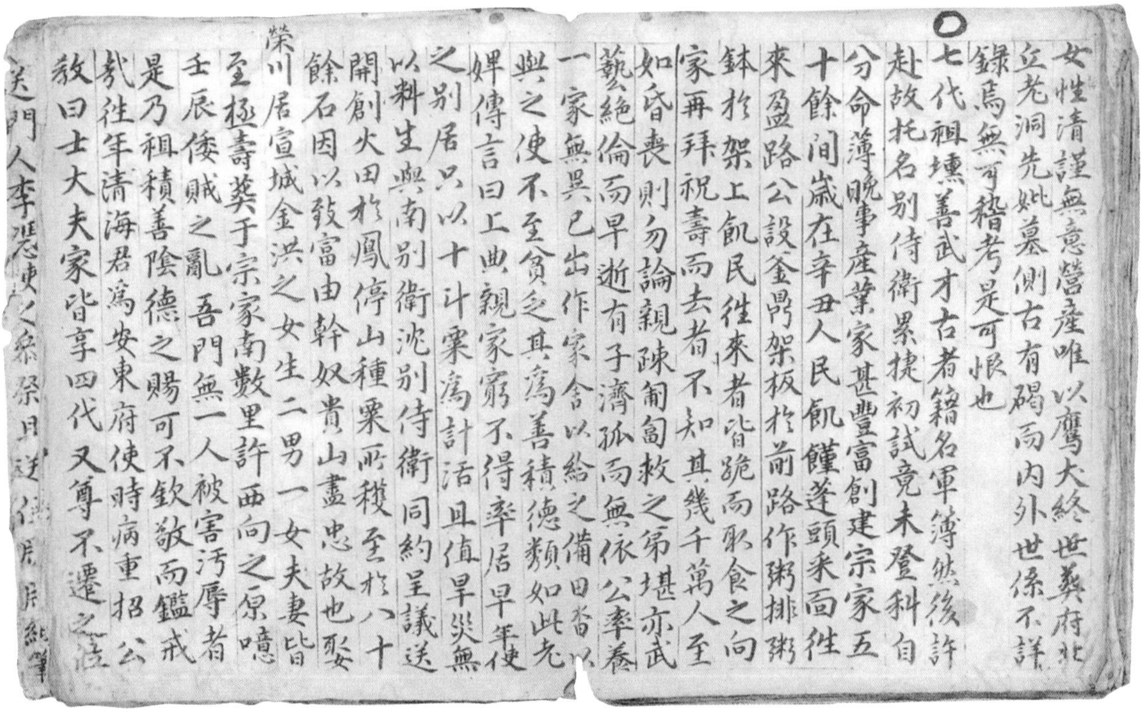

女性淸謹無意營産唯以鷹犬終世藝府北
立羌洞先妣墓側古有碣而内外世係不詳
錄焉無可稽考是可恨也
○七代祖壎善武才古者籍名軍簿然後許
赴故托名別侍衛景捷初試竟未登科自
分命薄晚事産業家甚豊富遂富創建宗家五
十餘間歲在辛丑人民飢饉逢頭釆面徃
來盈路公設釜鬵架板於前路作粥排粥
鉢於架上飢民徃來者皆跪而取食之向
家再拜祝壽而去者不知其幾千萬人至
如昏喪則勿論親疎匍匐救之弟堪亦武
藝絶倫而早逝有子濟孤而無依公率養
一家無異己出作家舍以給之備田畓以
與之使不至貧乏其爲善積德類如此光
媂傳言曰工典親家窮不得率居早年使
之別居只以十斗粟爲計活且値旱災無
以料生與南別衛沈別侍衛同約呈議送
開創火田於鳳停山種粟兩稷至於八十
餘石因以致富由幹奴貴山盡忠故也娶
榮川居宣城金洪之女生二男一女夫妻皆
至極壽葵于宗家南數里許西向之原噫
壬辰倭賊之亂吾門無一人被害汚辱者
是乃祖積善陰德之賜可不欽敬而鑑戒
就往年淸海君爲安東府使時病重招公
敎曰士大夫家皆享四代又尊不遷之位
送門人李滉使之森祭用遷傳﹍﹍照筆

시하고 떠났다. 신라현新羅峴 고개에 이르러 쉬고 있다가 우연히 한 스님을 만났는데, 스님 역시 온계로부터 와서 쉰다고 하였다. 말하는 중에 온계 산수의 아름다움에 이르러 서로 의견이 같아서 함께 도로 온계로 내려왔다. 스님은 오르락내리락하면서 주변을 두루 살피고는 한 택지를 가리키며 '여기에 뿌리를 내리면 귀한 자식을 낳을 것이다'라고 하였다. 공은 이에 결심하고 터전을 옮겼다. 그때에는 온계 시냇가에 다만 한 집만이 살고 있었는데, 논밭이 묵어 있어서 농사를 지을 만했고 수목이 울창하고 동네가 깊으며 시내가 맑아서 고기도 많았다"라고 전하고 있다.(『퇴계선생문집속집』권8 잡저「선조고병조참판휘계양사적先祖考兵曹叅判諱繼陽事蹟」)

한 스님의 말처럼 이곳에서는 훗날 뛰어난 자손들이 나왔다. 공의 아들로 독실하게 학문에 정진한 진사 이식李埴, 참판과 관찰사를 지낸 이우李堣, 그리고 식의 아들로 온계 이해와 퇴계 이황을 비롯한 6형제가 태어났다.

송당파松堂派: 도산면 온혜리 중마을

송당파는 계양의 둘째 아들 송재松齋 이우(1469~1517)로부터 시작되었다. 이우는 자가 명중明仲이며, 호는 송재松齋이다. 그는 온혜리에서 태어나 살았으며 후손들도 이곳에 거주했다. 송재 종택은 옛적에는 노송정 옆에 있었다고 하는데 어느 때인가 소실되고 말았다.

이우는 1498년(연산군 4) 문과에 급제해 중앙에 진출했고 성균관전적, 사간원정언 등을 지냈다. 또한 중종반정 이후에는 정국공신 4등에 녹훈되어 청해군靑海君에 봉해지고 벼슬이 우부승지에 이르렀다. 이어서 진주목사, 형조참판, 강원도 관찰사를 지내다가 노모를 봉양하기 위해 1514년(중종 9) 고향인 안동에 부사로 부임했다. 그는 이해에 성의 서쪽 연못가에 집을 짓고 애련정愛蓮亭이라 이름 지었다. 이우는 그해 겨울에 병으로 관아에서 사망했는데, 그가 지은 애련정은 이후 관아의 부속 건물로 쓰이면서 지금까지 전해오고 있다.

애련정은 얼마 전까지 안동시 옥정동에 있었으며, 1950년대부터 최근까지 송재 종가의 사랑채로 쓰었다. 그러다가 종가에서 이 건물을 안동시에 기증하면서 현

「이우 초상」, 비단에 채색, 167.5×105cm, 1506, 진성이씨 송당종택.

재는 안동민속박물관 근처로 옮겨졌다.

송당파로부터 나온 한 갈래는 안동의 속현인 춘양(현재 봉화군 법전면 녹동)으로 터전을 옮겨 속칭 노루골 이씨, 즉 녹동파鹿洞派를 이루었다. 이들 계파는 송재의 6대손 나은懶隱 이동표李東標(1644~1700)가 입향조이다. 그는 1683년(숙종 9) 문과에 급제한 후 성균관전적, 홍문관부수찬에 제수되었다가 기사환국 때 인현왕후의 폐위를 반대했다가 좌천되기도 했다. 이후 고향에 돌아온 뒤에 몇 차례 관직이 내려졌지만 그때마다 물러났으니, 이로 인해 사람들은 그를 소퇴계小退溪라고 불렀다. 이 지역은 지금은 봉화군 관할이지만 조선조에는 안동에 속했다.

온계파溫溪派 혹은 백당栢堂·삼백당파三栢堂派: 도산면 온혜리 중마을

온계파는 이식의 넷째 아들이자 퇴계의 형인 이해李瀣(1496~1550)의 자손들로 이루어졌다. 온혜리에 있던 종택은 노송정에서 멀지 않은데 퇴계 종택과 함께 1896년 일제에 의해 소실되었다.

이해는 1528년(중종 23) 문과에 급제하여 관직에 발을 들여놓았다. 이후 성균관전적, 사간원정언, 이조좌랑, 이조정랑을 거쳐 사간원대사간, 사헌부대사간이 되었다. 그리고 1545년(인종 원년)에는 이기李芑를 탄핵함으로써 청명하고 절조 있는 인물로 이름을 떨쳤다. 이후 강원도 관찰사, 한성부우윤 등을 지냈다. 그러던 중 충청도 관찰사로 재직하던 때에 사민徙民 최하손崔賀孫이라는 사람이 옥중에서 사망한 일이 있었는데, 뒤에 이 일이 빌미가 되어 갑산甲山으로 유배를 가게 되었고 결국 유배지에 닿기도 전 양주楊州에서 죽고 말았다. 세상에서는 이 일에 대해 그가 모함을 당한 것은 아마도 대사헌 시절 이기를 탄핵한 일 때문이라고 했다.

온계파의 종택은 1896년 안동 의병의 여파로 일제에 의해 소실되었고, 이후 1935년 온혜리 도산중학교 뒤쪽 상촌上村에 취미헌翠微軒이 세워져 종가의 건물로 쓰였다. 그러다가 2009년 3월 원래의 위치에(온혜 초등학교 옆) 종택을 중건하기 시작해 2011년 5월에 완공했다.

상계파上溪派: 도산면 토계리 상계마을

상계파는 퇴계 이황(1501~1570)의 후손들로 구성되는 계파로 진성이씨 중 가장 널리 알려져 있다. 종택은 1896년 일제에 의해 사라졌다가 1926년 전국 문중의 도움으로 중건하여 오늘에 이르고 있다. 이 종가의 주인은 최고의 명예로운 자리로 알려져 있으니, 세간에 "영남 감사보다 퇴계 종손 자리가 낫다"는 말이 있을 정도이다.

이황은 서울에서 관직생활을 하다가 46세에 이 마을에 터를 잡아 서당을 짓고 살았다. 당시 그는 토계兎溪의 아래쪽 동암東巖 옆에 작은 집을 짓고 양진암養眞庵이라 하였다. 그리고 토계라는 이름을 스스로 퇴계退溪로 바꾸어 호로 삼았다고 한다. 이후 단양과 풍기의 군수를 지낸 다음에 50세에 다시 이곳으로 들어와 한서암寒栖庵을 짓고 머물러 살았다.

퇴계의 아들 준寯(1523~1583)은 의흥현감, 군기시첨정 등을 지냈으며, 의성현감으로 재직하던 중 관아에서 사망했다. 준의 큰아들은 안도安道(1541~1584)이다. 호는 몽재蒙齋이고, 목청전참봉·사온서직장에 올랐으며, 저서로 『몽암집蒙庵集』이

2세 송안군 이자수가 사용했던 관모, 대, 관모함. 진성이씨 주촌종가 기탁, 서울역사박물관.

있다. 그런데 이안도는 부친의 상중이던 1584년 바로 밑의 동생 순도純道와 함께 생을 마쳤다. 슬하에는 딸만 셋을 두었으며 아들은 없었다. 그리하여 셋째 영도詠道의 둘째 억巘이 안도의 양자로 들어와 퇴계의 가계를 이었다.

그리고 이후로는 퇴계의 10대 종손 휘녕彙寧(1788~1861)을 들 수 있다. 그는 호가 고계古溪이고, 생부는 승순承淳인데 종가의 양자로 들어갔다. 1816년(순조 16) 생원시에 합격한 후 영릉참봉을 거쳐 호조좌랑, 밀양부사, 청주목사를 지내고 승지에 이르렀다.

퇴계의 후손들이 세거하는 토계는 네 개의 부락으로 나뉘는데, 종택을 중심으로 종파가 사는 곳이 상계上溪(웃토끼), 퇴계의 셋째 손자 영도의 후손들이 정착한 아랫마을이 하계下溪(아랫토끼), 그리고 냇물 건너 남쪽 마을이 계남溪南, 하계에서 동쪽 뒤편으로 원촌遠村이 있다. 이 가운데 계남과 하계마을은 안동호에 수몰되었다.

하계파下溪派: 도산면 토계리 하계마을

하계파는 퇴계의 셋째 손자 영도의 후손들이 그 맥을 이어왔다. 이들이 살았던 하계마을은 영도와 그 맏아들 기岐의 자손들이 정착한 곳이었다. 이 마을은 상계에서 아래쪽으로 낙동강 본류와 만나는 지점에 형성되었는데, 1976년 안동댐 건설로 대부분 물속에 잠겼다. 그렇지만 이 마을은 과거에 뛰어난 인물을 많이 배출한 곳이었다.

파조인 동암東巖 영도詠道(1559~1637)는 음직으로 군자감참봉에 올랐고, 이후 제용감봉사를 거쳐 원주목사에 이르렀다. 임진왜란 때의 공으로 선무원종공신에 녹훈되었으며 이조참판에 추증되었다.

후대로 가서는 광뢰廣瀨 이야순李野淳(1755~1831)이 있다. 그는 성리학에 조예가 깊어 몇몇 저술을 남겼으며 장악원주부를 지냈다. 또 같은 항렬에 하계霞溪 이가순李家淳(1768~1844)이 있다. 그는 1813년 문과에 급제하고 관직에 나아갔으며 이후 사헌부집의, 사간원사간 등을 지냈다. 그는 요직에 있을 때 시폐時弊를 구제하

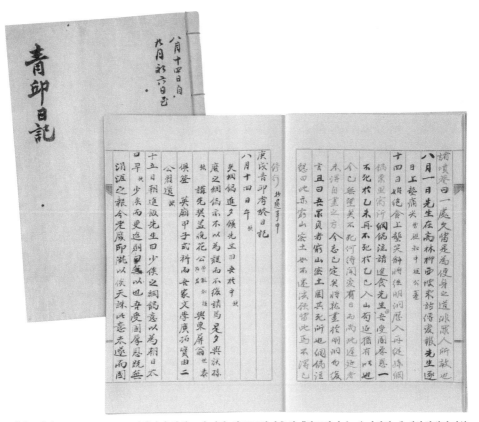

『청구일기』, 28×19cm, 1910, 진성이씨 향산고택 기탁, 한국국학진흥원. 『청구일기』는 을미의병 때 예안의병장이었던 이만도가 예안 삼계리에서 단식으로 순국하는 과정을 주변 사람들이 기록하여 남긴 것이다.

퇴계의 후손인
애국 시인 이육사,
독립기념관.

고자 힘쓴 것으로 알려져 있다.

한말에는 우국지사인 이만도李晩燾(1842~1910)와 아들 이중업李中業(1863~1921)
이 있다. 이만도는 호가 향산響山이고, 1910년 나라를 일제에 빼앗기자 유서를 남
기고 단식하다가 24일 만에 순국했다. 그는 1866년 문과에 장원급제했고 이후 병
조좌랑, 사간원정언 등 요직을 두루 거쳤다. 이후에도 공조참의, 승정원 동부승지
의 직을 받았지만 세상이 어수선하여 나아가지 않았다. 1895년 을미사변이 일어나
자 예안에서 의병장으로 활약했으며, 1905년 을사조약이 체결되자 을사오적의 매
국죄를 통박하는 상소를 올렸다. 1962년 국민훈장 건국장이 추서되었다. 그의 옛
거주지는 안동호에 잠겨 안동시 안막동으로 옮겨졌다.

이중업은 예안에서 3·1 만세운동을 막후에서 지도하고 김창숙 등과 한국유림단 대표로서 파리 세계평화회의에 독립청원서를 냈는데, 군자금을 모아 중국으로 건너가던 중 병사했다.

그 외에 하계파에서 갈려나온 가문으로는 원촌파遠村派가 대표적이다. 원촌은 하계의 뒤편 동쪽으로 나지막한 고개를 넘어 낙동강을 앞에 둔 수려한 구릉 자락에 있는 마을이다. 퇴계의 5대손 원대처사遠臺處士 구榘(1681~1761)가 새롭게 정착한 곳으로 현재 마을에는 원대 종택이 남아 있다. 이 파에서는 관호觀鎬의 아들로 독립운동가였던 이원영李源永(1886~1958)이 배출되었고, 또 이육사李陸史로 널리 알려진 애국 시인 이원록李源祿(1904~1944) 등 유명 인물이 나왔다. 원촌파가 살던 마을도 안동댐의 건설로 일부가 수몰되었으며, 남은 한쪽에 이육사문학관이 세워져 있다.

퇴계의 학문 인생과 그를 둘러싼 사람들

퇴계 이황은 성리학을 체계적으로 이해하고 정리한 조선 최고의 학자였다. 『성리대전』『주자대전』 등의 성리서를 독파한 그는 『주자서절요朱子書節要』와 같은 대작과 『성학십도聖學十圖』 같은 저술로 성리학을 정리해냈다. 그가 이룩한 학문은 '이기설理氣說'로 함축할 수 있다.

그의 업적은 너무나 대단해서 퇴계 이후로는 그만큼 성리학을 이해한 사람이 없다고 할 정도이다. 그래서인지 퇴계 이후 우리나라의 성리학은 한 걸음도 발전하지 못했다고 평가하는 사람도 있다. 또한 어떤 학자는 퇴계의 주자학 일변도의 업적으로 인해 후세인들이 거기에만 몰두한 나머지 다양한 학문을 펼치지 못했다고도 말한다. 그만큼 퇴계의 학문은 전대미문의 것이었다.

그렇지만 이런 퇴계라도 어린 시절이나 성장 과정은 순탄하지 못했다. 태어난

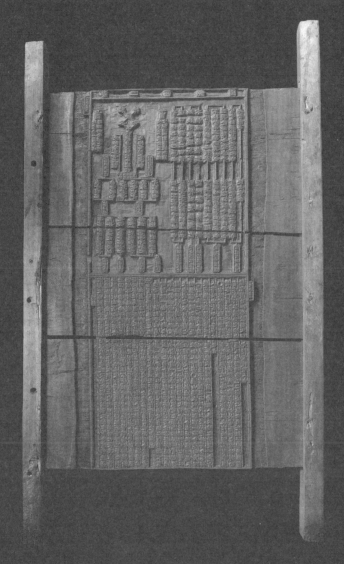

『성학십도』목판. 선조가 성군이 되기를 바라면서 퇴계가 성학의 대강을 강의하고 심법(心法)의 요점을 설명하고자 여러 성리학자의 도설(圖說)에서 골라 책을 엮고, 각 도식 아래에 자신의 의견을 서술하여 왕에게 강론한 것이다.

祖 贈嘉善大夫兵曹參判兼同知義禁府事成均進士

曾祖 贈通政大夫兵曹參議行中直大夫善山郡護府

外祖修義副尉龍驤衛司正朴紹 本春川

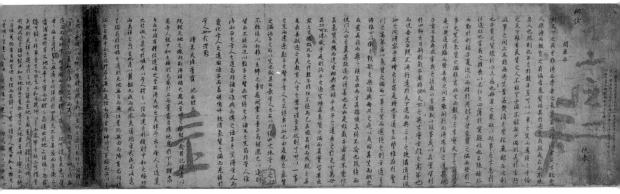

「향시 시권」, 이황, 75×27.3cm, 1527, 경북대박물관. 퇴계가 27세 때 치른 향시 답안지이다. 당시 이황은 진사시 1등과 생원시 2등을 차지했다. 퇴계는 이듬해에 서울에서 치른 회시(2차 시험)에 합격하여 진사가 되었다.

지 7개월 만에 아버지를 여의어서 삼촌과 형들에게 의존하여 살았다. 퇴계는 장성하여 28세에 진사시에 합격하였고, 34세가 되어서야 문과에 급제했다. 보통 사대부라면 문과급제 자체가 대단한 영광이겠지만, 조선 최고의 천재적인 학자였다는 점을 감안하면 때늦은 등과였던 것이다.

퇴계는 40세가 넘어 본격적으로 저술활동에 뛰어들었다. 그리고 50세 이후부터 세상을 떠날 때까지 저술과 제자 교육을 병행했다. 퇴계는 43세이던 1543년 성균관 대사성을 그만두고 고향으로 돌아와 학문에 몰두했는데, 이때가 처음으로 『주자대전』을 손에 넣어 공부하게 된 시기였다. 46세에는 낙동강 상류 토계에 양진암을 짓고 독서에 전념하면서 학문에 매진했다. 그는 이후로는 관직을 하더라도 근처의 단양과 풍기군수를 지냈고 중앙에는 오래 머물지 않았다. 그 결과 56세가 되어서는 『주자대전』을 정리해 20권으로 정리한 방대한 저술 『주자서절요』를 완성했다. 그리고 60세에는 도산서당陶山書堂을 짓고 세상을 떠날 때까지 이곳에서 독서와 저술에 전념하면서 여러 제자들을 길러냈다.

당시 임금인 선조는 이황을 매우 존경했다. 이에 여러 번 관직을 내려 중앙에

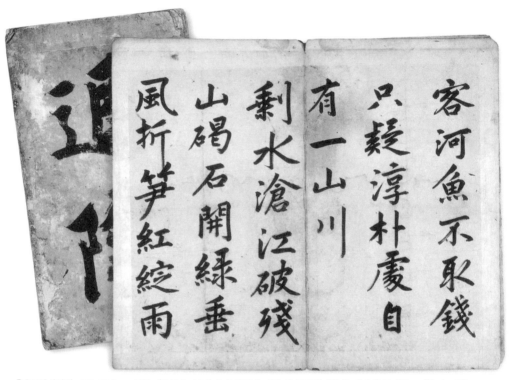

『퇴도선생서법』, 57×33.5cm, 보물 제548호, 16세기, 송암종택 기탁, 한국국학진흥원. 퇴계의 글씨를 모아놓은 서첩.

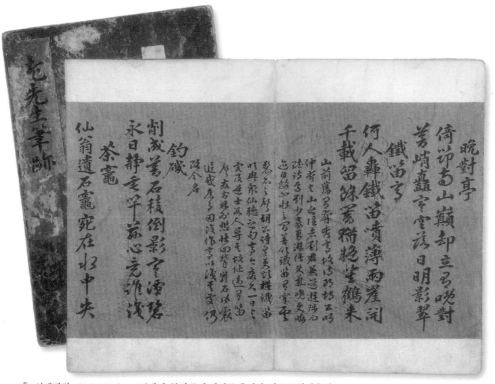

晚對亭
倚節高山巓却立弓晚對
芳靖蠢宇室落日明影翠
鐵笛亭
千載紹珠翳猶招崔鶴來
何人轟鐵笛噴薄兩崖洞
山前屬昌舉峯高坊坊石明
仲春之山台信美劉君無逸遊陽石
清沽暮利少豪易浩佯矣乾晚矣哳
近目鹊如林之宮羹何鐵笛見容至
藝石久彫胡次得至更踪樓鐵苗
訓與家仙德江南高七庫久一日石
寬茂道士遊人尋老妓地遠男苗
彦太方歸分覧性四袋芦前石依載
遲成庚子因源作宇滾喜雲仍
釣磯
削成萬石稜倒影窝潭錳
永日靜垂竿崴心元作凌
茶竈
仙翁遺石竈宛在水中央

『노선생필적』, 31.2×21.4cm, 16세기, 봉화금씨 성재종택 기탁, 한국국학진흥원.

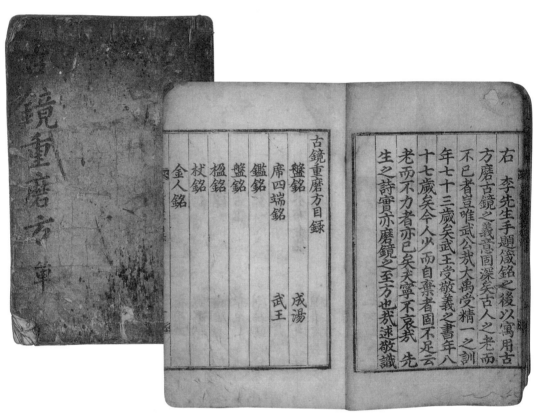

『고경중마방』, 이황 편, 33.1×21.2cm, 1744, 국립중앙박물관. 퇴계가 옛 명銘·잠箴 가운데 수양이 될 만한 것들을 뽑아 엮은 것을 한강 정구가 펴낸 것이다. 은 탕왕의 반명盤銘과 주 무왕의 석사단명席四端銘을 비롯해 당 한유의 오잠五箴, 송 정자의 사물잠四勿箴 등 23명의 명·잠 76편을 수록했다. 이 책은 세자시강원 교재로 쓰였다.

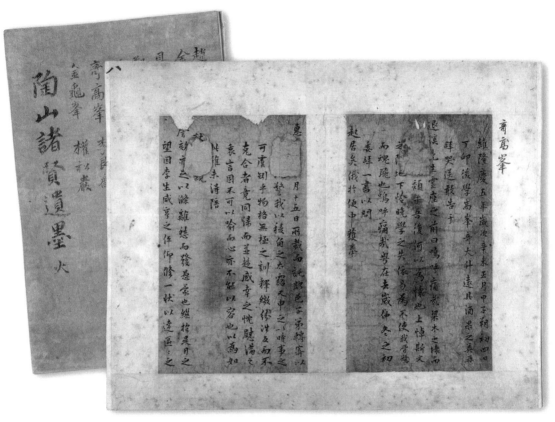

『도산제현유묵』, 40×25.5cm, 진성이씨 상계종택 기탁, 한국국학진흥원. 고봉 기대승 등 퇴계 제자들의 친필이 묶여 있는 서첩이다.

「도산소경도」, 심인섭, 48×20cm, 19세기, 경북대박물관. 도산서원의 풍경을 실경산수화로 담았다.

도산서원의 본당인 전교당.

도산서당 내의 제자들이 살며 공부하던 공간인 농운정사.

머물도록 당부했다. 그렇지만 관직보다는 학문에 뜻이 있던 퇴계는 임금을 곁에서 모시는 대신『성학십도』를 지어 바쳤다. 즉 임금을 위한 맞춤형 교과서를 제작한 것이었다. 이때 퇴계의 나이 68세였다. 그리고 이듬해인 69세에는『대학』『중용』『논어』『맹자』등 사서의 뜻을 한글로 풀이한『사서석의四書釋義』를 저술한 다음 70세에 임종했다.

퇴계의 아버지 식埴(1463~1502)은 시골의 평범한 양반집 소생이었다. 그는 동생 우와 함께 많은 책을 읽으며 학문에 정진했다. 그는 39세에 진사시에 합격했다. 그런데 불행히도 이듬해에 병을 얻어 불과 40세의 나이로 사망했다. 슬하에는 일곱 남매를 두었는데, 이들 중 막내가 바로 퇴계였고 당시 7개월밖에 안 된 갓난아이였다.

식은 두 번 장가들었다. 첫째 부인은 의성김씨 김한철金漢哲의 딸이었는데 처가로부터 많은 책을 물려받아 학문하는 데 큰 도움을 받았다. 김씨부인은 2남 1녀를 낳고 사망했다. 두 번째 부인으로는 춘천박씨가 들어와 아들 넷을 두었다. 첫째 부인 김씨 소생은 잠潛, 하河, 딸 1명이었고, 박씨 소생은 의漪, 해瀣, 징澄, 황滉이었다.

아버지를 일찍 여읜 퇴계에게는 부친을 대신해 숙부인 이우가 있었다. 우는 30세에 문과에 급제하고 벼슬은 참판과 관찰사에 이르렀다. 퇴계는 열다섯에 숙부를 따라 청량산에 들어가 공부했고,『논어』등을 배우면서 학문적인 영향을 크게 받았다.

퇴계에게 커다란 영향을 준 또 다른 인물은 넷째 형인 온계 해瀣이다. 퇴계는 이해와 함께 청량산에 들어가 공부하는 등 어린 시절 학문을 함께했다. 이해는 33세에 문과에 급제한 뒤 벼슬이 사헌부 대사헌에 이르렀다. 이때 권신 이기가 우의정에 임명되자, 그를 탄핵해서 물러나게 했었다. 그 뒤 충청감사로 재직할 때 역모사건에 연루되어 혹독한 심문을 받고 갑산으로 유배가던 중 죽음을 맞았다.

퇴계는 21세에 동갑인 진사 허찬許瓚의 딸과 부부의 연을 맺었다. 허씨부인은 준寯(1523~1583)과 채寀를 낳았다. 하지만 허씨는 둘째 아들을 낳고는 그 후유증으

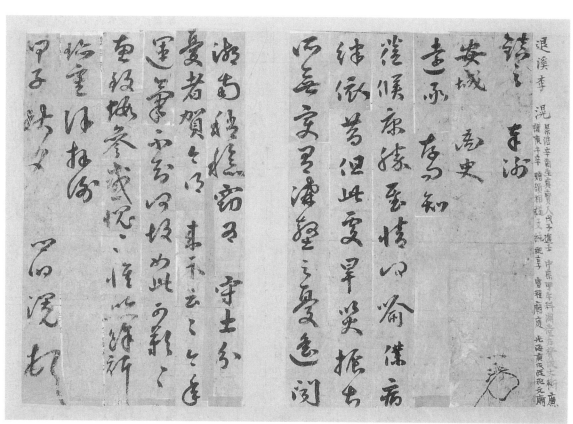

「이황서간李滉書簡」『조선명현필첩』, 이황, 30.5×21cm, 16세기, 국립중앙박물관. 퇴계 이황이 고향 친구에게 보내는 편지. 주변의 사정과 안부를 묻는 말들이 오가는데, 자신의 몸이 좋지 않다는 것과 가뭄이 심해 백성들이 굶어 죽을 지경이라는 소식 등을 전하고 있다.

로 세상을 떠났다. 이때 퇴계의 나이 27세였다. 이후 퇴계는 30세에 다시 장가들었는데, 안동 가일마을에 사는 권질權礩의 딸이었다.

그런데 이 집안사람들은 당시 사화로 인하여 죽거나 귀양간 인물이 많았다. 권질의 아버지는 권주權柱로 갑자사화 때 사사된 인물이었다. 또 아우는 권전權磌인데, 그 역시 기묘사화의 여파로 장살되었고 이 때문에 형인 권질은 예안으로 유배되었다. 권씨부인은 집안사람들의 이러한 풍파로 인해 정신을 잃어버린 사람이었다고 한다.

권씨부인에 대해서는 상식 밖의 행동에 대한 일화가 유명하다. 그중에서 퇴계가 조정에 입고 나갈 관복을 빨간색 헝겊으로 기워주었다는 이야기는 널리 알려져 있다. 권씨부인이 낳은 자식은 없었고, 그녀는 퇴계의 나이 46세 되던 해에 사망했다. 셋째 아들 적寂이 있는데, 그는 첩에게서 태어난 아들이었다.

퇴계의 큰아들 준은 3남 2녀를 두었고, 둘째 채는 혼인을 하지 못한 채 죽어 후사가 없다. 준이 낳은 아들은 안도, 순도, 영도였다. 그런데 안도와 순도는 불행히도 부친의 상중이던 1584년에 모두 생을 마쳤다. 때문에 영도의 둘째 아들 억이 안도의 사후 양자로 들어와 퇴계의 가계를 이었다.

퇴계가 태어나고 머물던 곳들

———

퇴계 이황의 태실은 안동시 도산면 온혜리 604번지에 있으며, 경상북도 민속자료 제60호로 지정되어 있다. 이곳은 퇴계가 태어난 집으로 중앙에 돌출된 방이 있는데, 이곳에서 그가 태어났다 하여 '퇴계태실退溪胎室'이라 부른다. 원래 이 집은 이황의 조부 노송정老松亭 이계양李繼陽이 세운 것이기에 '노송정종택老松亭宗宅'이라고도 한다. 또 이계양이 예안으로 이주한 입향조이기 때문에 예안에 사는 진성이씨의 종가가 되기도 한다.

퇴계선생태실. 퇴계가 태어난 집으로 당호는 노송정이다.

상계 종택. 퇴계 상류에 있는 고택
으로, 퇴계가 살던 그 터에 종손이
대대로 사당을 지키며 살고 있다.

건물의 본채는 ㅁ자형인데 중앙에 태실이 있다. 그리고 동남쪽 모서리에 마루를 두어 큰사랑과 작은사랑을 분리하고 있는데, 마루 위쪽에 온천정사溫泉精舍라는 편액이 걸려 있다. 본채 동쪽에는 一자형으로 '노송정老松亭'이 있고, 그 외 사당채가 더 있다. 종가의 대문은 성림문聖臨門이다. 성림문은 퇴계의 어머니 춘천박씨가 퇴계를 가졌을 때 공자가 문에 들어오는 꿈을 꾸었다 하여 붙인 이름이다.

노송정은 이계양의 당호이다. 그가 이러한 이름을 사용한 것은 부친 이정이 준 소나무 한 그루가 정자 앞에 있었기 때문이다.(「경류정노송기慶流亭老松記」에 의하면 4세 이정이 평안도 약산에 있는 나무 세 그루를 가지고 와서 하나는 종가에 심고 하나는 셋째 아들 계양에게 또 하나는 사위인 박근손朴謹孫에게 주었다고 하는데, 계양이 받은 나무가 바로 이 정자 앞에 있었다.) 노송정 현판의 글씨는 퇴계가 쓴 것이다. 퇴계가 나기 전에 이곳에서는 퇴계의 부친을 비롯하여 삼촌 이우, 형 이해 등 퇴계의 형제들이 태어났다. 종택의 사당에는 계양과 배위로 부인 영양김씨英陽金氏의 불천위 위패를 모시고 있다.

퇴계 종택은 안동시 도산면 토계리 466-2번지이며, 경상북도 기념물 제42호로 지정되어 있다. 종택은 퇴계가 태어난 노송정으로부터 동남쪽으로 10리쯤 떨어진 곳에 자리해 있는데, 용두산龍頭山과 태자동太子洞에서 근원한 시내가 온혜를 지나 굽이쳐 흐르는 지점이다. 이곳을 지나면 얼마 안 되어 낙동강으로 합류하게 된다. 토계마을을 지나는 냇물의 이름은 원래 토계兎溪였는데, 퇴계는 '토兎'자를 음이 비슷한 '퇴退'자로 바꾸어 자신의 호로 삼았으며, 또 뒤에 토兎자를 음이 같은 토土자로 바꾸어 마을 이름을 토계土溪라고 하였다. 종택은 1896년에 일제에 의해 소실되고 현재 건물은 1926년에 13대손 충호忠鎬가 옛 종택의 규모를 따라 새로 지은 것이다.

현재 종택은 3개 동으로 이루어져 있다. 정문에는 '퇴계선생구택退溪先生舊宅'이라는 현판이 걸려 있으며, 정면 6칸 측면 5칸의 ㅁ자형으로 총 34칸으로 이루어져 있다. 오른쪽에는 '추월한수정秋月寒水亭'이 있는데, 정면 5칸 측면 2칸의 팔작지붕이다.

진성이씨 주촌종가에 전해오는 백자연적. 글씨를 쓸 때 이 연적은 필수품이었다. 성벽 등의 풍경이 담긴 것과 태극문양이 그려진 것은 그 자체로도 감상할 만하다.

퇴계는 한때 지산芝山의 북쪽에 살기도 했는데, 1546년에는 이곳에 양진암養眞庵을 짓고 1550년 토계의 서편에다 한서암寒棲庵을 지어 거처하면서 학문에 몰두했다. 그런데 뒤에 후손들이 하계 등에 살면서 이곳을 떠났다고 한다. 그 후 1715년 권두경權斗經(1654~1725)이 도산서원 원장으로 재직할 때 퇴계 선생의 유지遺址를 되찾고 새로 건물을 짓고자 했다. 그리하여 퇴계 선생의 6대 종손 이수겸李守謙(1674~1739)이 후손들과 힘을 합치고 향중 사람들과 예안현의 도움을 받아 퇴계가 살던 부근에 종택과 정자를 새로 짓게 되었다.

권두경은 새롭게 지어진 정자 이름을 '추월한수정秋月寒水亭'이라 했는데, 이는 주자의 「재거감흥齋居感興」이란 시에서 "공손히 천 년의 마음을 생각하니 가을 달이 찬물에 비친 듯하구나恭惟千載心 秋月照寒水"라는 구절을 따고, 또 제자들이 '선생의 마음은 추월한수와 같다'고 한 말을 근거로 지은 것이라 한다. 권두경은 또 이곳을 '도학연원방道學淵源坊'이라 불렀다. 아울러 정자 안에 걸려 있는 '산남궐리山南闕里' '해동고정海東考亭' '이운재理韻齋' '완패당玩佩堂' 등의 현판 이름도 지었다. 도학연원방은 도학의 본산이라는 뜻이다. 산남궐리와 해동고정은 공자가 태어난 곳인 궐리闕里와 주자가 강학한 곳인 고정考亭이라는 명칭을 빌려온 것으로, 퇴계를 기리는 추월한수정이 궐리나 고정과 같다는 뜻을 담고 있다. 이운재는 퇴계가 쓴 『주자서절요』 중에서 '여운을 다스리기 어려움을 탄식한다慨餘韻之難理'라고 하여 주자의 사상을 다 전하지 못해 아쉽다는 뜻에서 빌려왔다고 한다. 또 완패당은 퇴계의 자명自銘에서 '내 생각 아무도 몰라주니, 내 좋은 것을 누가 즐겨줄 것인가我懷伊阻 我佩誰玩'라는 뜻을 담고 있다.

입구 솟을대문 위에는 "열녀통덕랑사온서직장이안도처공인안동권씨지려烈女通德郎司醞署直長李安道妻恭人安東權氏之閭"라고 쓰인 열녀문이 있다. 퇴계 선생의 손부 안동권씨의 덕행을 기리는 정려문이다. 퇴계는 손자 삼형제를 두었는데 맏손자는 안도로 호는 몽재이다. 그는 서울에서 관직생활을 하다가 아버지 준의 상을 당하자 망극한 슬픔을 이기지 못해 이듬해 44세로 사망했다. 갑작스레 시아버지와 남편을 잃은 부인 안동권씨는 울음을 그치지 않고 아침저녁 물만 마시며 다섯 달을 지냈다. 주위에서 건강을 부지해야 시아버지의 제사를 받들지 않겠냐고 하자 비로소 깨닫고 겨우 건강을 회복했다고 한다.

이후 삼년상을 마쳐도 늘 심상하여 쌀밥을 먹지 않고, 솜옷도 입지 않고, 상복 띠도 풀지 않기를 20년을 하루같이 하였다고 한다. 권씨부인에게는 딸 셋만 남은 것이다. 이에 퇴계의 후사가 없음을 걱정하여 문인들이 안도의 동생 영도를 후사로 삼고자 했다. 그러자 부인은 한탄하며 "어찌하여 계절繼絶의 의를 생각지 않는가" 하고, "내가 죽지 않았으니 제사는 내가 대신할 것이며 나의 시숙媤叔이 차남을 두게 될 것이니 그때에 뒤를 이으면 될 것이 아닌가" 하였다. 그 뒤 영도의 둘째 아들 억을 얻어 후사를 잇게 한 후 세상을 뜨니 부인의 정렬貞烈이 나라에 알려져『삼강행실록』에 오르고 정려문이 세워졌다.

장침長枕,
퇴계가 완락재에 앉아서
학문에 정진할 때 팔을 얹거나
기대어 쉴 때 썼던 유품이다.

투호.
일종의 놀이기구이지만,
퇴계의 경우 심신수양과 정신 집중에 사용했기에
일명 정심투호正心投壺라고 한다.

현 종택은 1896년 일본인의 방화로 소실되었는데, 당시 안동의병에 대한 보복으로 일어난 일이었다(이긍연, 『을미의병일기』1896년 4월 20일자 참조). 이후 1926년 전국 450여 개 문중이 나서서 복원을 시작해 2년여에 걸쳐 정침과 사당을 완성했다. 복원 후 정자에 있는 현판 중 산남궐리·해동고정은 해강 김규진이 썼고, 이운재와 완패당은 해강의 제자인 홍낙섭의 글씨이다. 도학연원방은 이원태의 글씨이고, 추월한수정과 퇴계선생구택은 이동흠이 썼다.

종가 근처의 한서암은 퇴계가 태어난 지 500년이 된 것을 기념하여 복원되었다. 퇴계가 살던 당시의 모습에 따라 내실, 마루, 부엌의 조촐한 3칸 집으로 만들었다고 한다. 또 주변에는 퇴계가 말년에 머물면서 제자들을 길러냈던 계상서당溪上書堂도 복원되었다.

종가 옆에도 2만2000여 제곱미터에 퇴계기념공원을 조성했다. 공원에는 『성학십도』와 「도산12곡」을 상징하는 조형물이 있다. 그리고 현대의 유명 서예가들이 퇴계의 시 13편을 각각 돌 위에 써서 전시하고 있다. 퇴계의 시와 함께 당대 최고 서예가들의 작품도 감상할 수 있다. 시의 제목과 작가를 소개하면 다음과 같다.

퇴계退溪: 삼여재三餘齋 김태균金台均

수천修泉(샘을 치다): 도천陶泉 이동렬李東烈

수계修溪(내를 치다): 구당丘堂 여원구呂元九

춘일계상春日溪上(봄날 계상에서): 소헌紹軒 정도준鄭道準

염계애련廉溪愛蓮(주돈이가 연을 사랑하다): 유천攸川 이동익李東益

종매種梅(매화나무를 심다): 초정艸丁 권창륜權昌倫

종송種松(솔을 심다): 근원近園 김양동金洋東

종죽種竹(대나무를 심다): 우죽友竹 양진니楊鎭尼

투호投壺: 남천嵐泉 장종규張鍾圭

춘일春日(봄날): 중관中觀 황재국黃在國

하일夏日(여름날): 일도一濤 박영진朴榮鎭

추일秋日(가을날): 사곡砂曲 이숭호李崇浩

동일冬日(겨울날): 서암舒庵 이장환李長煥

"세상 사람들에게 웃음거리 될까봐 스스로 쓴다"

―――

퇴계는 70세인 1570년 12월 8일 임종했다. 산소는 안동시 도산면 토계리에 있다. 일생을 오직 학문하는 데만 힘썼던 그는 임종 당시의 언행도 인구에 회자되고 있다.

퇴계는 그해 11월에 병이 있어 여러 생도를 돌려보냈다. 그러고는 몸이 매우 불편함에도 불구하고 가묘에서 제사를 지냈다. 12월 3일에는 자식들에게 다른 사람에게서 빌려온 책을 돌려보내게 했으며, 이튿날 조카 영寗에게 다음과 같은 유서를 쓰게 했다.

·예장禮葬을 하지 말라.

·비석을 세우지 말고 조그마한 돌에 '퇴도만은진성이공지묘退陶晚隱眞城李公之墓'라 쓰고, 향리鄕里와 세계世系, 지행志行과 출처 등을 간략히 쓰되 가례에 이른 바대로 해라…

그리고 7일에는 제자 이덕홍에게 서적을 정리하게 했다. 8일 아침에는 평소 사랑하던 매화 화분에 물을 주게 했다. 저녁 5시경에 누운 자리를 정리하도록 하고 부축받아 일어나 앉아 있다가 조용히 숨을 거두었다.

퇴계의 부음을 듣고 선조 임금은 사흘간 정사를 폐하여 애도하고, 퇴계를 대광보국숭록대부의정부영의정 겸兼 영경연·홍문관·예문관·춘추관·관상감사를 추증했다. 장사는 제 일등 영의정의 예에 의하여 집행되었으며 이듬해인 1571년 3월 현재의 묘소에 안장했다. 퇴계의 유언대로라면 예장을 하지 말았어야 했지만,

퇴계 묘소. 상계 종택에서 1킬로미터쯤 떨어진 토계리 건지산 남쪽 산봉우리에 있다.

선조의 명을 거역할 수 없어 예를 갖추어 장례를 치른 것이다.

산소에는 퇴계의 유계遺誡대로 "퇴도만은진성이공지묘退陶晚隱眞城李公之墓(도산에서 물러나 만년에 숨어 산 진성이씨의 묘)"라는 묘비를 세웠다. 묘소는 종택에서 남쪽으로 1킬로미터가량 떨어진 토계동 건지산 남쪽 산봉우리 위에 모셨다.

묘소에는 아담한 봉분과 묘비가 있다. 묘 바로 앞에는 동자석 2기가 자리 잡고 있으며, 망주석 2기가 있고, 문인석이 양쪽으로 있다. 묘소로 오르는 길에는 돌계단이 마련되어 있다. 비석의 글씨는 당대의 명필이었던 매헌梅軒 금보琴輔(1521~1584)가 썼다. 묘비 앞면에는 '퇴도만은진성이공지묘'라고 되어 있고, 뒷면에는 퇴계의 자명과 기대승이 지은 묘비문이 있다. 현재의 묘비는 1905년에 다시 세운 것이다.

퇴계 이황은 사후에 쓰일 명銘을 스스로 지었다. 그리고 유언 중에서 "행적을 다른 사람에게 부탁하여 지으라고 한다면, 서로 아는 기고봉奇高峯 같은 이는 반드시 실지로 없는 일을 장황하게 써서, 세상 사람들에게 웃음거리가 될 것이므로 일찍이 스스로 뜻했던 바를 쓰고자 먼저 명문을 지었다. 남은 것은 머뭇거리다가 마치지 못했는데 초문草文이 어지럽게 섞인 글 속에 간수되어 있으니, 가려내어 명문으로 사용하라"고 했다.

퇴계 사후에 자손과 제자들은 유언에 따라 자명을 묘비에 새겼다. 그렇지만 그 업적을 기록으로 남겨야 한다는 판단에 따라 고봉 기대승이 지은 후서後敍를 자명 뒤에 붙여놓았다. 퇴계가 그토록 꺼렸던 기대승이 명을 쓰지는 않았지만 후서를 남긴 것이다.

퇴계는 유언으로 예장을 하지 말고 비석도 세우지 말며, 다만 조그만 돌에 간단한 표식만을 하라고 당부했다. 그렇지만 그 유언은 그대로 지켜지지 않았다. 퇴계를 흠모했던 선조와 후손, 그리고 제자들은 자신들의 심정에 따라 퇴계의 업적에 걸맞은 장례를 치렀고, 비석에는 퇴계의 일생을 기록하는 데에 소홀하지 않았던 것이다. 퇴계가 지은 자명의 원문을 소개한다.

태어나면서 매우 어리석고, 자라서는 병도 많았는데 　　生而大癡 壯而多疾

중년에는 어쩌다가 학문을 즐겨했고, 만년에는 어찌 벼슬을 하였던고 　中何嗜學 晚何叨爵

학문은 구할수록 아득한데, 벼슬은 사양해도 더욱 얽혔구나 　　學求愈邈 爵辭愈嬰

벼슬로 나아가면 넘어졌는데, 물러나서는 곧게 갈무리하였네 　　進行之跲 退藏之貞

나라의 은혜 심히 부끄럽고, 성현의 말씀 진실로 두려웠다 　　深慙國恩 亶畏聖言

산은 의연하게 높고도 높으며, 물은 끊임없이 흐르는구나 　　有山嶷嶷 有水源源

처음 뜻대로 관복을 벗으니, 뭇사람의 비웃음을 벗었네 　　婆娑初服 脫略衆訕

내 생각 아무도 몰라주니, 내가 좋아한 것을 누가 즐기겠는가 　我懷伊阻 我佩誰玩

옛사람을 생각하니, 진실로 내 마음에 맞는구나 　　我思古人 實獲我心

어찌 오는 세상을 막겠는가, 지금도 알지 못하는 것을 　　寧知來世 不獲今兮

근심 속에 즐거움이 있었고, 즐거움 속에 근심이 있었네 　　憂中有樂 樂中有憂

자연에 따라 목숨을 다하니, 다시 무엇을 구하리오 　　乘化歸盡 復何求兮

진성이씨 주요 계파 분파도

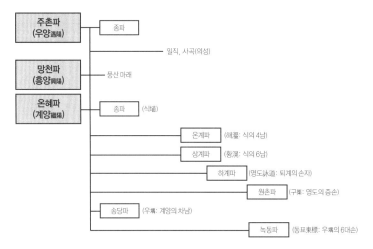

주촌파
(우양愚陽) ─── 종파

─── 일직, 사곡(의성)

망천파
(흥양興陽) ─── 풍산 마래

온혜파
(계양繼陽) ─── 종파 ─── (식埴)

─── 온계파 ─── (해瀣: 식의 4남)

─── 상계파 ─── (황滉: 식의 6남)

─── 하계파 ─── (영도詠道: 퇴계의 손자)

─── 원촌파 ─── (구구: 영도의 증손)

─── 송당파 ─── (우瑀: 계양의 차남)

─── 녹동파 ─── (동표東標: 우瑀의 6대손)

〈4장〉

예학의 근간, 호서 사림의 주축이 되다

— 광산김씨 사계 가문

이영춘 · 한희숙

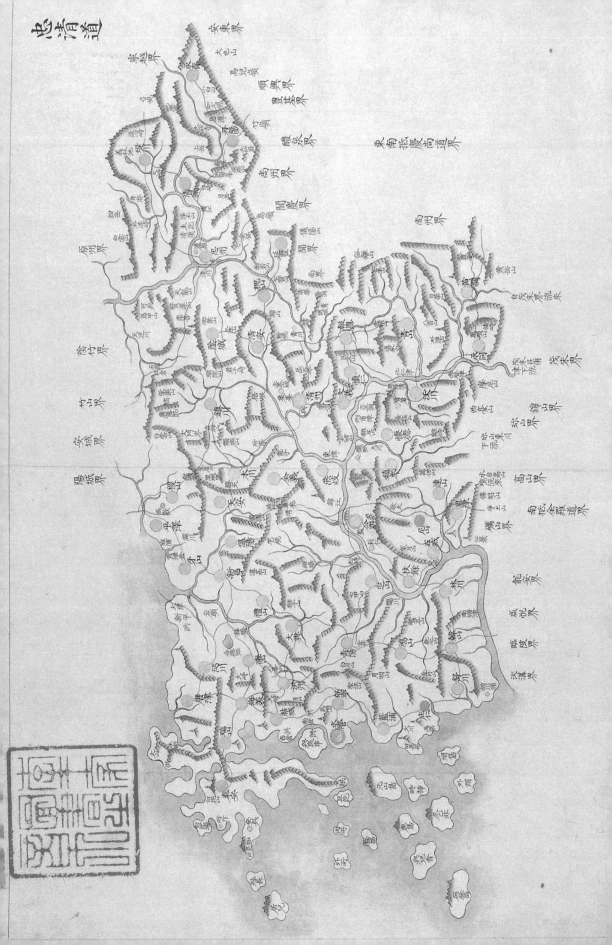

조선시대의 유학은 흔히 영남학파와 기호학파로 나뉜다. 이것은 단순히 학파의 지역적인 분포만이 아니라 그들의 학문적 성격 차이에서 갈린 것이다. 가장 중요한 것은 그들의 성리설性理說이 주리主理와 주기主氣의 경향으로 대비되는 것이다. 기호라는 명칭은 경기와 호서·호남을 아우른 것이지만, 17세기 이후 이 학파의 중심지는 호서지방이었다. 이 때문에 근래에는 기호학파라는 이름 대신 호서학파라 부르기도 한다.

이처럼 학파에 붙이는 지역명은 학문적인 성향과 학맥의 전승에서 지역에 따른 성격과 차이를 구별하기 위한 것일 뿐만 아니라, 그것이 토대를 두고 있는 사회의 성격까지도 보여준다. 즉 호서 성리학은 영남지역은 물론이고 경기지역과도 다른 호서 사림사회의 기반 위에서 이루어졌고, 그 나름의 독특한 사회적 성격을 지니고 있는 것으로 보아야 한다. 호서지방은 영남과 함께 조선후기에 성리학이 가장 번성했던 곳이며, 당시의 정치적인 이념과 윤리적인 기준을 바로 세우고자 노력했던 사족들의 사회였다. 그것은 말할 것도 없이 전통적인 유교 가치를 널리 떨치고 보수적인 질서를 유지하려는 것이었다.

기호학파는 16세기 중반 서울과 그 인근에서 학문활동을 했던 정암 조광조, 율곡 이이, 우계 성혼 등에 의해 세를 이루었다. 그러나 다음 세대인 사계沙溪 김장생金長生(1548~1631), 신독재愼獨齋 김집金集 부자와 잠야潛冶 박지계朴知誡 등이 연산과 아산新昌에서 예학禮學을 주로 하는 성리학을 강학하면서 호서지역에 학풍이 크게 일어났다. 사계와 신독재의 제자인 회덕의 송시열과 송준길, 공주의 이유태, 노성의 윤선거와 유계, 그리고 잠야의 제자였던 공주의 권시 등 일군의 대학자들이 일어나 호서지역은 일약 정통 성리학의 본고장이나 되는 것처럼 성가를 올렸다. 이들은 단순히 성리학에서만이 아닌 정치적으로도 산당山黨이라 불리는 강력한 세력을 이루었다.

이러한 관점에서 호서 사림사회를 이루고 이들이 뻗어나가는 원동력이 되었던 사계와 신독재 가문, 즉 광산김씨光山金氏 문벌에 대해 탐구해볼 필요가 있다. 이 가문은 단지 호서지방의 명문이었던 것만이 아니라 조선후기에 몇 손가락 안에 꼽히는 국가적인 문벌이었다. 지역사회의 전체적인 성격은 결국 그 속에 살고 있었던 개인과 가문의 특성이 종합되어 나타나는 것이다. 이 점에서 김장생 일가를 아는 것은 호서 사림사회를 이해하는 데 중요한 열쇠가 될 것이다.

연산 광김光金으로 불리는 이 가문의 성가는 무엇보다도 사계와 신독재의 학문적인 업적과 권위, 그리고 그들이 후학을 성공적으로 길러낸 데서 기인한 것이었다. 그러나 광김 가문 자체에서는 신독재 이후 성리학이나 예학 방면에서 학통을 이을 만큼 명성을 날린 대학자가 나오지 않았다. 이는 우암과 동춘당의 은진송씨 가문에서 끊임없이 유현儒賢들이 배출된 것과 비교해볼 때 큰 차이가 있다. 이 때문에 18세기 이후 이 집안은 호서 성리학을 이끌고 교육할 만한 학문적인 지도력을 잃었지만, 연산에 있던 돈암서원遯巖書院은 변함없이 호서 사림의 중심축이 되었고, 사족사회에서 그 영향력을 일정하게 유지하고 있었다. 이는 그들 일파의 유례 없는 정치적인 성공과 화려한 관직의 권위 때문이기도 했을 것이다.

여기서는 먼저 이 가문이 연산에 처음 뿌리를 내려 성장하기까지의 과정을 살펴보고, 사계와 신독재 부자의 학문적인 성격과 그 영향력, 나아가 호서학파의 성

「김장생 초상」, 작자미상, 비단에 채색, 101.5×62cm, 조선후기, 국립중앙박물관. 조선에 예학의 기틀을 다지는 데 큰 역할을 했던 사계 김장생의 초상이다. 사모를 쓰고 대례복을 입었으며, 한 마리의 학이 그려진 흉배를 달고 띠를 두른 모습이다.

임리정臨履亭, 충청남도 논산시 강경읍江景邑 황산리 소재. 사계 김장생이 1626년(인조 4)에 설립한 강학 장소이다.

「김집 간찰」『명가필적집』, 25×22cm. 신독재 김집이 쓴 편지 중 하나이다. 그는 18세에 진사가 되고 37세에 천거로 재랑을 제수받았다. 하지만 그의 지파는 이렇다 할 혁신적인 성과를 내진 못했다.

격을 검토해보려 한다. 또한 사계 후손들의 정치적인 성공과 벌열화 과정, 그리고 그것이 호서 사족사회에 미친 영향도 살펴볼 필요가 있을 것이다.

광주에서 호족 세력의 뿌리를 내리다

———

광산김씨 족보에 따르면, 그 시조는 통일신라 제49대 헌강왕의 제3자 흥광興光으로 알려져 있다(일설에는 제45대 신무왕의 왕자라 함). 그는 당시 정권 다툼이 심하던 경주를 떠나 지금의 광주 평장동平章洞으로 은거했다. 그의 후손들은 이 지역에 세거하면서 하나의 호족 세력을 이루었고, 고려시대에는 가끔 과거를 거쳐 중앙정부로 진출하기도 했다. 족보에 따르면 그들 대부분은 좌복야, 한림학사, 문하시랑, 평장사, 문하시중 등의 화려한 관직을 지낸 것으로 되어 있지만, 금석문이나 『고려사』 등에 명시된 경우는 많지 않다.

『고려사』에 보이는 중요한 인물은 14세 연璉이다. 그는 고종 때 형부상서, 찬성사, 판판도사사 등을 지내고 충렬왕 때는 경상도 도지휘사가 되어 일본 원정군 지휘관이 되었지만 곧 스스로 물러났다. 그의 아들 사원士元은 충렬왕 때 경상도 관찰사를 지내고 평양윤, 첨의시랑찬성사 상호군 등을 역임했다. 그의 자손인 진稹-영리英利-정鼎 3대 역시 모두 『고려사』에 보이는데, 김진은 충렬왕 때 문과에 급제하고 충혜왕 때 성균좨주, 정당문학, 예문관 대제학 등을 지냈으며 지공거가 되어 널리 인재를 선발했다. 김영리는 충목왕 때는 전라도 안렴사를, 공민왕 때는 판군기감사 등을 역임했다. 김영리의 아들인 김정은 공민왕 16년(1367)에 양광도(고려의 행정구역으로 양주와 광주에서 한 자씩 따서 만들었음. 지금의 경기도)와 전라도 찰방을 지내면서 공을 세워 추성좌리공신 광성군에 봉해졌다.

김정의 아들인 약채若采는 공민왕 20년(1371)에 문과에 올랐다. 그는 좌사의左司議로 있을 때 조반趙胖의 옥(염흥방의 가노가 전 밀직부사 조반의 땅을 빼앗으려다 살

해된 사건)을 다스리는 데 참여했고, 조선왕조가 세워진 뒤에는 충청도 도관찰출척사를 지냈다. 아마도 이를 계기로 그는 충청도 연산에 근거지를 마련하고 뿌리를 내렸던 듯하다. 따라서 그를 연산 광김의 입향조로 볼 수 있을 것이다. 아들 김문金問은 1392년 문과에 급제하고 예문관 검열에 임용되었지만 이듬해에 요절했다. 그의 부인 양천허씨陽川許氏는 청상과부로서 수절하고 자손들을 잘 키워 가문을 일으킨 여장부로 떠받들어지고 있다. 그녀의 묘가 있는 연산 고정리高井里를 중심으로 연산 일대에 후손들의 묘가 모여 있는 것으로 미루어, 그녀야말로 진정한 입향조라고 할 수 있다.

김문의 아들 철산鐵山은 사헌부 감찰에 머물렀지만 손자 국광國光과 겸광謙光은 문과에 급제하여 각각 좌의정과 우참찬에 올라 가문을 세상에 널리 알렸다. 국광은 세조 때, 겸광은 성종 때 모두 좌리공신에 책록되어 광산부원군과 광성군에 봉해졌고 이때 경제적인 기반을 탄탄히 이루었다. 이때부터 광김은 전국적인 문벌의 대열에 들어선 것으로 보인다. 김국광의 묘는 논산군 두마면에 있고 김겸광의 묘는 연산 고정동에 있다. 이후 그들의 자손은 대부분 이 근처에 터전을 마련했다.

김국광의 아들 극뉴克忸는 문과에 올라 사간원 대사간을 지냈고, 손자 종윤宗胤은 문음으로 진산군수를, 증손자 호鎬는 지례 현감을 지냈다. 이들의 관작은 그다지 높지 않았지만, 김호의 자손들인 계휘繼輝(문과, 사헌부 대사헌)—장생長生(형조참판, 문원공文元公, 문묘배향) 부자와 집集(이조판서·판중추부사·문경공)·반槃(문과, 부제학·이조참판) 형제에 이르러 학문과 벼슬로 한세상을 울렸다. 즉 이들이야말로 연산 광김 문벌의 표상이며 자부심의 원천이기도 했다. 김계휘(1526~1582)는 총명박식한 자질에 행정 능력까지 갖춰 경상도 관찰사와 대사헌 등을 지냈다. 그는 율곡의 동료였고, 선조 때 사림파 명신으로 이름이 높았지만 55세에 죽어 재상의 자리에 오르지는 못했다. 그의 형제인 천안군수 은휘殷輝, 장예원사의 입휘立輝, 파주목사 공휘公輝 등도 모두 관료로 나아갔다.

김계휘의 자손들은 세상에 이름을 크게 드러냈다. 김장생은 율곡의 학통을 이어받아 동방 예학의 종사가 되었고, 산림으로 조정의 부름을 받아 참판의 지위에

김계휘의 묘소와 신도비.

올랐다. 아들인 김집 역시 예학자로서 가학을 이어받아 널리 떨쳤고, 일군의 신진 기예들을 거느린 호서 산당의 영수가 되었다. 동생인 김반(1580~1640)은 문과 출신의 정통 관료로서 홍문관 부제학과 이조참판 등의 요직을 역임한 명관이었다. 김집은 요절한 형을 대신해 선대의 제사를 이어받았지만, 적자가 없었기 때문에 국법인『경국대전』의 봉사조奉祀條* 규정에 따라 제사를 동생 김반의 아들인 익렬益烈(남원부사)에게 넘겨주고, 자신은 첩자와 함께 대종에서 떨어져나와 지파를 만들었다. 이후 김계휘–김장생–김반의 주류 가계는 크게 이름을 날렸지만, 김집의 지파는 서얼이 대를 이었던 까닭에 비교적 미미했다.

연산 광김을 대표하는 것은 바로 김반의 자손들이었는데, 여섯 아들 중 세 명은 문과에 급제했다. 이 가계는 여섯 아들에 의해 세분되고 있는데, 익렬의 남원공파南原公派, 익희益熙(이조판서·대제학, 문정공文貞公, 창주滄洲)의 문정공파文貞公派(창주공파滄洲公派라고도 함), 익겸益兼(병자호란 때 강화도에서 순절)의 충정공파忠正公派, 익훈益勳(형조참판, 충헌공忠獻公, 광남군光南君)의 충헌공파忠獻公派, 익후益煦(문과, 정자)의 정자공파正字公派, 익경益炅(문과, 관찰사, 대사헌)의 도헌공파都憲公派 등이 그들이다. 이들 중 제1·2파인 남원공파와 문정공파의 자손들만 연산과 대전 일대에 대를 이어 살면서 호서 사림의 전통을 이었고, 다른 4파는 사환가로 경화사족이 되면서 근거지를 서울과 그 주변 지역으로 옮겨 안산 반월(충정공파), 광주廣州의 퇴촌면退村面(충헌공파), 수원의 청룡면(정자공파), 팔탄·동탄·장지면 및 평택 일대(도헌공파) 등에 터전을 일구었다.

김계휘에게는 다섯 명의 아들이 있었지만 첫째 김장생 외에는 모두 서얼이었기 때문에 문원공파文元公派(사계 가문) 외에는 별로 드러나지 못했다. 또 김장생은 아홉 명의 아들을 두었지만 첫째 아들 김은金檃은 임진왜란 때 요절했고, 둘째 아

---

*"만약 적장자에게 후사가 없으면 중자衆子가, 중자에게도 후사가 없으면 첩자가 제사를 받는다. 적장자로서 첩자만 있는 사람이 아우의 아들로 후사로 삼고자 하는 자는 허용한다. 스스로 첩자와 더불어 별도로 한 지파가 되고자 하는 자도 역시 허용한다. 양첩자良妾子에게 후사가 없으면 천첩자賤妾子가 승중承重한다. 무릇 첩자로서 승중한 자는 그 생모를 사실에서 제사하되 자기 자신의 대에서 그친다."(『경국대전』권 3, 예전 봉사)

들 김집과 셋째 김반 외에는 모두 서얼이었던 까닭에 역시 이름을 떨치지 못했다. 따라서 연산 광김의 주류는 신독재파와 허주파虛舟派(김반 가문)의 두 계통으로 이루어져 있다고 할 수 있다. 그러나 앞에서 말한 것처럼 신독재는 형이었지만 서자 익형益炯·익련益煉과 함께 갈라져나가 지파가 되었고 서얼이 가계를 이었다. 신독재는 본처 사후 후실을 맞으라는 주변의 권유에도 불구하고 율곡의 서녀였던 측실 덕수이씨와 가정을 이루었으므로 그 자손들은 혈통상 모두 율곡의 외손이 된다. 그러나 적서를 엄격히 구분하던 당시의 사회 통념에 의해 그의 자손들은 내외 계통상으로 명현의 후손이었음에도 불구하고 호서 사족사회에서 가문의 명망을 널리 떨치지 못했던 것으로 보인다. 반면 허주파는 적손으로 사계의 가계를 이었고 자손들이 크게 번창해 이름을 드러내며 대문벌을 이루었다. 이 때문에 그들은 연산 일대에 남은 향파鄕派와 서울 근교로 옮겨간 경파京派로 나뉘었지만, 호서사회와 중앙 정계에 큰 영향을 미칠 수 있었다.

조선에서 예학을 널리 떨치다

———

사계 김장생은 17세기 조선 예학을 대표하는 학자이다. 『상례비요』『가례집람』『의례문해』『전례문답』 등이 바로 그가 남긴 저술로, 이것들은 모두 당시까지의 조선 예학을 집대성한 예서로 평가받는다. 이러한 저술 작업을 통해 그는 예학의 체계를 세우고 또 그 주축이 되는 학파를 이루었다. 그의 둘째 아들 신독재 김집은 사계의 예학을 이어받아 발전시킴으로써 이를 후세에 전하였다. 그는 사계가 착수했던 『의례문해』를 완성해냈다.

먼저 사계 예학의 큰 특징으로는 다양성과 종합성을 들 수 있다. 그의 예학은 너무나 폭이 넓어 한마디로 간추리기 어려우며, 다양한 성격을 보이고 있다. 『의례문해』에는 『의례』『예기』『의례경전통해속儀禮經傳通解續』『통전通典』을 비롯한 수많은

『의례문해疑禮問解』, 김장생, 5권5책, 30.4×19.1cm, 1792, 국립중앙박물관. 김장생이 평소 제자나 벗과 함께 예禮에 관해 문답한 내용을 아들 김집이 정리하여 펴낸 것이다. 예제禮制 연구를 하는 데 좋은 자료가 된다.

『가례집람』, 김장생, 30.5×20.6cm.

見慕德之深於戶四科德行

居十哲之首曾氏三省忠恕得
一貫之傳其方則纘往開來其
化則範世敦俗吳才樂育鉅儒
多出於門墻正道大明後學咸
仰於標準矣但一邦之誦法抑
亦百代之師宗難地贈無以復
加而崇報未稱其實顧聖廡
從享之禮咸田其宜蓋文正致
隆之論宣阿哹好與情久荒於
三紀眾籲彌亟於八方不待廷
議之博詢已有予志之先薇
証賢毗正之習於彼何誅銜道
崇儒之誠在今富畫茲以卿德
祀于　文廟之廡統緒相承於
前哲佐厚差次於文成弄月
呤風㑓然石潭之函丈升堂入
室悅如杏壇之攝齊非威德孰
能與焉殆天意若或相者光儀
莫接樂恨難起於丘原享祀長
存更命不祧於家廟于以彰明
聖化于以慰答眾心於戲勞大
者其報必隆德厚者其及必遠
英靈黙佑底致國脈之延長文
教蔚興行見世道之亨泰故
茲教示想宜知悉

康熙五十六年五月十八日

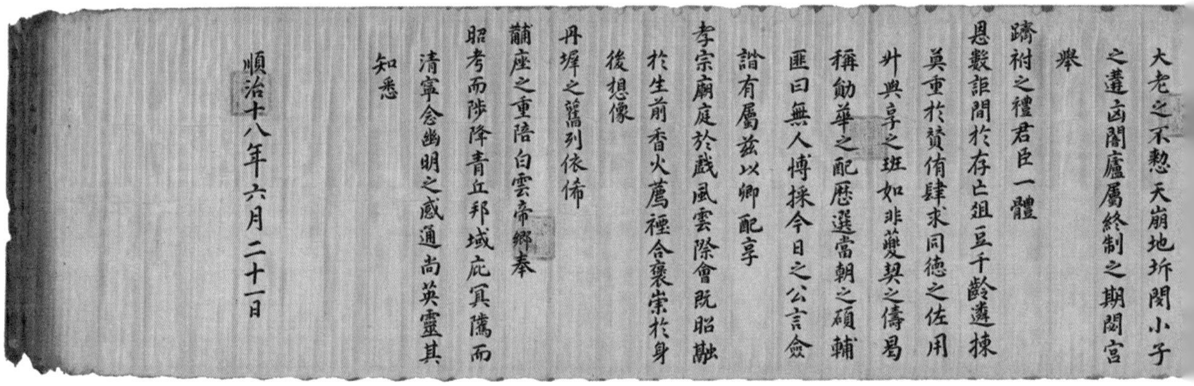

大老之不慭　天崩地坼閔小子
之煢孤閭廬屬終制之期閭宮
舉
蹐祔之禮君臣一體
恩數詎間於存亡俎豆千齡遴揀
英重於賚侑肆求同德之佐用
稱勳華之配歷選當朝之碩輔
匪曰無人博採今日之公言僉
諧有屬茲以卿配享
李宗廟庭於茲風雲際會阮昭融
於生前香火薦禋合襄崇於身
後想像
丹墀之驂列依俙
蕭座之重陰白雲帝鄉奉
昭考而陟降青丘邦域庇冥隲而
清寧念幽明之感通尚英靈其
知悉

順治十八年六月二十日

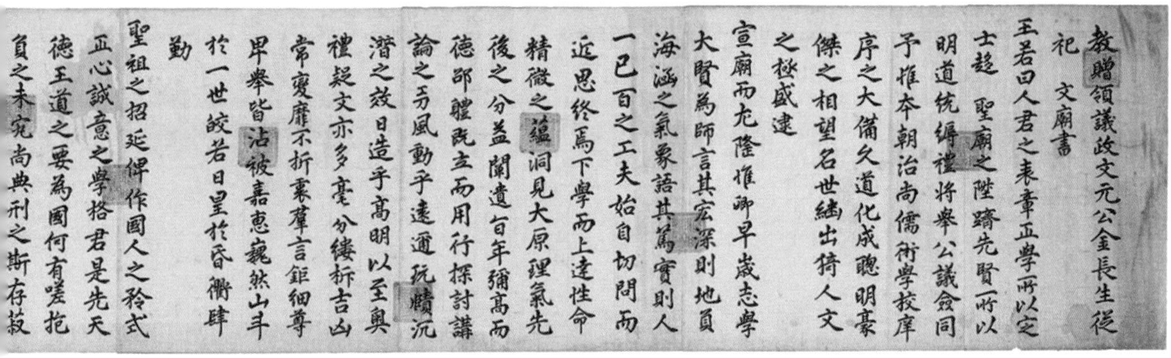

教贈領議政文元公金長生從
祀 文廟書

王若曰人君之表章正學所以定
士趨 聖廟之陞躋先賢所以
明道統編禮將擧公議僉同
予推本朝治尚儒術學校庠
序之大備久道化成聰明豪
傑之相望名世緝出待人文
之挺盛逮

宣廟而尤隆推師早歲志學
大賢爲師言其家深則地負
海涵之氣象語其篤實則人
一己之工夫始自切問而
近思終爲下學而上達性命
精微之蘊洞見大原理氣先
後之分益闡遺百年彌高而
德邵體旣立而用行探討講
論之功風動乎遠道玩賾沉
潛之效日造乎高明以至奧
禮經文亦多意分縷析吉山
常寬靡不折衷葦言鉅細尊
早擧皆沾彼嘉惠巍然山斗
於一世皎若日星於昏衢肆
勤

聖祖之招延俾作國人之矜式
正心誠意之學招君是先天
德王道之要爲國何有曖抱
負之未究尚典刑之斯存故

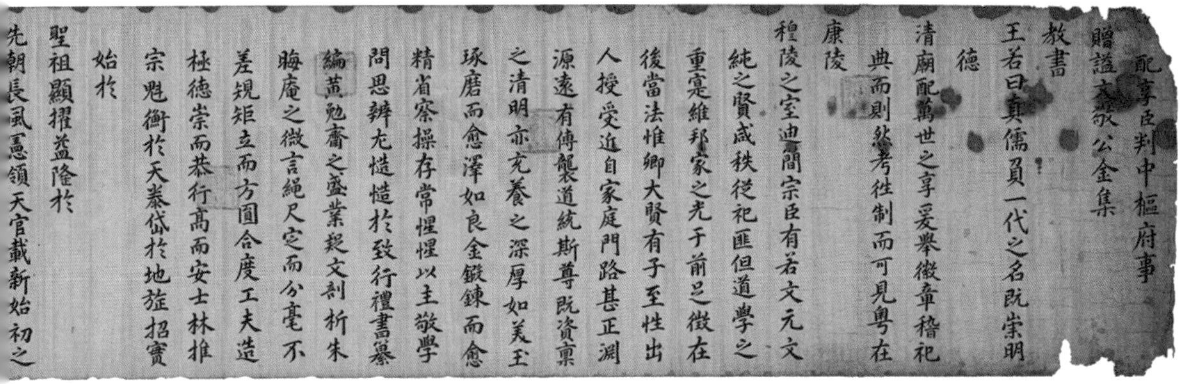

配享臣判中樞府事
贈謚文敬公金集
教書

王若曰真儒寔一代之名旣崇明
德

清廟配萬世之享爰擧徽章稽祀
典而則欽考往制而可見粤在
康陵

穆陵之室迪亶闡宗臣有若文元
純之賢咸秩徑祀匪但道學之
重寔維邦家之光于前旦徵在
後當法惟卿大賢有子至性出
人授受近自家庭門路甚正淵
源遠有傳襲道統斯尊旣資稟
之清明亦克養之深厚如美玉
琢磨而愈澤如良金鍛錬而愈
精審察操存常惺惺以主敬學
問思辨先慥慥於發行禮書纂
編萬勉齋之盛業紹文刊析朱
晦庵之微言繩尺定而分毫不
差規矩立而方圓合度工夫造
極德崇而恭行高而安士林推
宗魁衡於天褒依於地誕招寶
始於

聖祖顯擢盖隆於

先朝長風憙領天官載新始初之

「문원공 김장생 선생 문묘배향 교지」.(위)
「신독재 선생 문묘배향 교지」.(아래)

참고문헌 및 학자들의 예설이 소개되어 있다. 이들 중에서 사계가 중시했던 것은 물론 『가례』와 정자·주자의 예설 및 『의례』 『예기』 등의 고전 예서였지만, 『통전』에 수록된 중국 학자들의 설과 우리나라 선현들의 예설도 광범위하게 인용하고 있다. 즉 그 예학의 연원은 폭이 매우 넓었고, 그러한 다양성에 기반해 당시까지의 예를 집대성할 수 있었던 것이다.

보통 사계 예학은 『가례』 연구에 비중이 두어졌던 것으로 말해진다. 하지만 어떤 면에서 보면 그는 사실 당대 제일의 고례古禮 연구자라고 할 만했다. 그가 『가례』의 원리를 설명하거나 의심스러운 예법疑禮을 판정하는 데 있어 가장 중요한 전거로 들었던 것은 『의례』와 『예기』였다. 그의 예학은 적어도 『가례』 형식에 고례古例를 담은 것이라고도 할 수 있다. 그 외에도 사대부 예법과 왕조 예제에 대한 인식이나, 퇴계의 예설에 대한 태도에서도 그의 예학이 품고 있는 다채로움을 알 수 있다.

사계 예학의 토대는 고례와 『가례』였으며, 그가 가장 신봉하던 정론은 주자의 예설이었다. 『가례』는 장점이 많지만 지나치게 간략해서 아직 완전하지 못한 점이 없지 않았다. 그렇지만 사계는 가능하면 『가례』와 주자를 옹호하려는 태도를 보인다. 그는 또 현행 예법 혹은 법령이라고 할 만한 『국조오례의』 등의 국제國制를 좇아 행하려는 의지도 투철했다. 주자는 고례를 존중했지만 당시의 예법도 준수하려는 의식이 강했던 학자이다. 이 점은 사계 예학에도 큰 영향을 주어 이로써 중요한 성격의 하나를 이루게 했던 것으로 보인다. 사계는 예의 시의성과 합리성에도 깊이 유의했던 듯하다. 고금의 형편이 다르고 중국과 한국의 풍습이 달랐으므로, 그는 비록 주자의 정설이 있다고 하더라도 우리의 전통 관습을 따르는 면모도 보여준 것이다.

사계의 예학은 예의 일방적인 편향성보다는 양면성을 포용하는 면을 갖추고 있다. 신분에 따라 예를 널리 행함에 있어서 나타나는 차별성과 통용성의 문제 역시 그러했다. 사계는 신분의 차별성에 근거해 마련된 예의 정신을 무시하지 않았지만, 신분을 관통하는 통용성에도 주의를 기울였다. 그는 예를 널리 행함에 있어 신분에 따른 차별정신을 중시해 분수에 어긋나는 참람한 경우를 경계했지만, 동시에 신분을 관통하여 적용되는 예의 보편성도 구현하고자 했던 것이다.

사계는 특권 지배층의 전유물이라고 할 수 있었던 사대부 가례를 널리 보급하는 데만 몰두했던 것이 아니라, 사회의 전 계층의 예에 관심을 가졌고, 특히 하천민들의 예속생활에도 깊이 관심을 가졌다. 그는 사대부의 예가 서민들에게도 통용될 수 있다는 원리를 강조했고, 미천하다는 이유만으로 의례생활에서 차별받는 일이 없도록 예의 근본정신을 강조했던 것이다. 이러한 정신은 예를 통한 교화를 강조하는 유교의 기본 정신으로 돌아가려는 의지에서 나온 것이라고도 할 수 있다.

정통주의에 대한 집착과 현실 참여

사계와 신독재는 예학의 종장으로 불릴 만큼 커다란 학문적 업적을 쌓았을 뿐만 아니라 호서지역에 성리학의 학풍을 진작시키는 데도 크게 기여했다. 그들이 길러 낸 송시열과 송준길, 이유태, 윤선거, 유계 등은 호서 5현으로 불리는 대학자가 되어 학문적·정치적인 영향력을 행사했다. 이들 다음 세대인 노성의 윤증, 청풍의 권상하 등이 그 학문을 이어받았고, 다시 권상하의 문하에서 강문江門 8학사로 불리는 남당 한원진, 외암 이간, 병계 윤봉구, 봉암 채지홍, 추담 성만징, 매봉 최징후, 관봉 현상벽, 화암 이이근 등을 비롯한 많은 성리학자들이 배출되었다.(이들 외에 여호 박필주, 기원 어유봉, 도암 이재 등도 권상하의 뛰어난 제자들이다.) 그다음 세대에는 운평 송능상(송시열의 현손), 산수헌 권진응, 늑천 송명흠(송준길의 현손)과 한정당 송문흠 형제, 녹문 임성주·운호 임정주·임윤지당 형제 등이 배출되었다. 특히 권상하의 문인들 사이에 100여 년간에 걸쳐 일어난 인물성동이론人物性同異論의 성리학적 논쟁(호락논쟁湖洛論爭)은 호서 성리학의 극치를 보여주기도 했고, 녹문 임성주는 이를 극복하고자 독특한 주기철학主氣哲學을 제시하기도 했다.

이렇게 학문을 토대로 공동체적 유대관계가 이루어졌고, 이것은 그들의 정치 집단화를 이루어 붕당의 중요한 기반이 되었다. 호서의 붕당은 신독재의 사우관계에서 비롯된 산당山堂의 전통을 이어받은 것이었지만, 후에 송시열과 윤증 사이의 회니懷尼 시비로 말미암아 노·소론으로 분열되었다. 그러나 윤증과 공주의 권시權諰 일가를 제외하면 호서 사림은 대부분 노론으로 활동했다. 그들은 정치 일선에 나서는 일은 드물었지만, 중앙 정계에 적지 않은 영향력을 행사했다. 호서 사림은 조선후기 내내 국가의 정책을 이끌고 정국을 운영함에 있어 지도적인 이념들을 개발해 제공하기도 하고, 양반 사대부 중심의 사회를 지탱하기 위한 보수적 윤리·예속의 보급과 질서 유지에 앞장서기도 했다. 예를 들면 우암 송시열과 그의 제자들은 춘추대의를 기치로 한 존주尊周의 이념을 주창하여 효종대에 북벌론의 이론적 기초를 세웠을 뿐만 아니라, 이후 조선말기까지 하나의 사회정의로 여겨진 숭정학崇正學 벽이단闢異端의 정통주의 이념을 확립하기도 했다. 이처럼 17세기 이후 호서 유림과 사족사회의 동향은 중앙 정계에도 커다란 영향을 미쳤다.

이러한 호서 성리학의 학문 토대를 세운 계기는 바로 사계와 신독재 부자가 학문을 강론하고 연마해 인재를 길러낸 데 있다고 할 수 있다. 그들을 시초로 단단하게 굳어진 인맥과 학문 성향은 이후 호서 성리학과 사림사회의 윤곽을 이루었다. 호서 사림의 중요한 성격 중 하나로 꼽을 수 있는 정치 지향성은 바로 중앙 정계와의 밀접한 관계에서 가능한 것이다. 그런데 여기에도 사계의 광산김씨 가문은 중요한 역할을 한다. 사계는 학자들만 길러낸 것이 아니라 상당수 관료들도 배출했다. 인조반정의 주체 세력으로 유명한 김류(영의정), 이귀(이조판서), 최명길(영의정), 장유(우의정, 부원군), 이후원(우의정), 이시백(영의정) 등의 공신을 비롯하여 강석기(우의정), 정홍명(대제학), 김경여(부제학), 조익(우의정), 이경직(이조판서), 임의백(평안감사) 등 정계의 주도적인 관료들이 모두 그와 뜻을 같이했고, 그의 문하를 드나들었다. 그런 까닭에 그는 당시 정계의 실력자들과 폭넓은 교제를 했고, 이것은 그의 문하생들인 호서 사림을 중앙 정계로 진출시키는 교량 역할을 했다. 이러한 폭넓은 교분은 그가 율곡의 문하에서 학문을 닦은 인연에서 비롯한 것이기도 하다.

호서 성리학의 근간은 사계와 신독재 부자가 학문을 강론하고 연마해 후학들을 길러낸 데 있었다. 사진은 신독재 선생 사당.

신독재 선생 묘.

호서 사림과 중앙 정계의 연결은 사계 자손들이 정치적으로 널리 이름을 날린 것과도 밀접한 관련이 있었다. 그의 둘째 아들인 김집은 비록 짧은 기간이지만 이조판서를 지냈고, 셋째 아들 김반은 문과 출신으로 부제학과 이조참판에 오른 촉망받던 명관이었다. 손자인 창주 김익희도 대제학과 이조판서로서 한때 인사권을 잡은 실력자였다. 그러나 무엇보다 중요한 것은 그의 증손자인 광성부원군 김만기金萬基가 숙종의 장인國舅으로서 강력한 훈척 세력이 되면서 명실상부한 벌열의 지위에 오른 것이었다(김만기는 숙종 초 여흥부원군 민유중, 청성부원군 김석주와 함께 훈척 세력을 형성해 이른바 '삼척三戚'으로 불렸다). 이후 이 가문에서는 정승과 판서를 여럿 길러냈고, 노론의 중심 가문으로서 당쟁의 주도권을 장악함으로써 정치적인 영향력을 행사했다. 그 후 사계의 후손 중에서 정계의 주도권을 잡았던 가계들은 호서를 떠나 서울로 근거지를 옮겼지만, 대부분의 후손은 연산과 대전을 비롯해 호서 일대에 흩어져 살면서 서울과 지방을 연결하는 역할을 했다. 이것이 바로 호서 사림의 중앙 진출과 교류에 기여한 것으로 보인다.

사계의 뛰어난 제자高弟였던 우암 송시열과 동춘당 송준길을 비롯한 제자들의 정치적인 성공도 호서 사림의 정치 세력화에 결정적인 계기가 되었다. 그들이 정계에서 얻었던 명망과 영향력은 다른 제자들과 다음 세대의 호서 사림들에게도 정계로 진출하는 발판이 될 수 있었다. 송시열의 제자들인 권상하(우의정), 정호(영의정), 이단하(우의정), 송규렴(예조판서), 김익경(대사헌), 이상(대사헌), 이익(이조판서) 등은 모두 높은 벼슬자리에 올랐다. 사실상 그의 문인록에는 당시의 서인 고관들이 모두 등재되어 있는 것이나 마찬가지였다. 그리하여 서울의 훈척 가문을 포함한 전통적인 사환 가문과 호서의 사림 세력들 사이에는 하나의 거대한 유대관계가 이루어졌고, 이것이 당시의 치열한 당쟁 속에서 노론의 우위와 최종적인 승리를 가능하게 한 인적 배경이었다고 할 수 있다.

호서 성리학은 대개는 기호학파라고 말하지만 몇 가지 성격을 갖는다. 첫째, 사계와 신독재가 일으킨 예학의 계승과 추구이다. 송시열과 송준길은 자신들의 예서를 남기지 않았지만 당대 제일의 예학자들로서 명성이 있었고, 유계와 윤선거는 후에 분쟁을 일으키게 될『가례원류家禮源流』를 함께 편찬했다(『예기유편禮記類編』은 논란 끝에 유계의 것이 14권8책으로 간행되었고, 윤선거의 것은 18권10책으로 증보되었으나 간행되지 못했다). 이유태도『사례홀기四禮笏記』등의 예서를 썼다. 박세채(1631~1695)는『육례의집六禮疑輯』(33권14책)과『남계선생예설南溪先生禮說』(20권10책) 등을 남겼다. 도암 이재는 권상하의 문인으로서『사례편람四禮便覽』(8권4책)을 저술했다. 예학은 모든 유학자들이 중시하던 것이기는 하지만 특히 호서학파에서 중요한 전통이 되었던 것이다.

둘째, 학문 연구에 있어서나 정치활동에 있어서 정통주의에 대한 집착이 강했던 점을 들 수 있다. 이는 주로 우암과 그 제자들에 의해 크게 강조되었던 것이지만, 이후 한말에 이르기까지 호서 사회 전반에 팽배해 있었다. 그것은 학문에 있어서 정통을 수호하고 이단을 배격하는 형태로 표출되었고, 정치에 있어서는 숭명배청崇明排淸의 존주이념尊周理念으로 나타났다. 그들은 주자학의 전통을 이어 받으려는 뜻이 강했고, 이 때문에 윤휴나 박세당 등이 이룬 새로운 학풍에 대해 맹렬히 공격했다. 이러한 경향은 조선말기에 위정척사 사상으로까지 이어졌다.

셋째, 인물성동이론을 두고 100여 년간 지속된 호락논쟁에서 호서의 유학자들은 대부분 이론(호론)에 가담했는데, 이는 인성의 고유한 가치를 강조하는 성격을 지니고 있었다. 이것은 인간과 사물의 기본적인 속성을 이해하는 데 평등성을 전제로 하는 동론(낙론)에 비해 인간과 자연의 현실 그 자체에 대하여 다소 소홀하기 쉬운 경향이 있었지만, 인간 고유의 윤리와 도덕에 대한 강한 이념적 취향을 보여주는 것이다. 이것은 중화주의적 세계관과 이적·금수에 대한 우월의식에서 비롯된 것이라고도 할 수 있다. 이러한 문화적 자존심이 호서 사림의 의식 속에 뿌리 깊게 맥을 잇고 있었다고 할 수 있다.

넷째, 학문에서의 사회적 실천과 참여주의적 색채가 강한 점이다. 호서 성리학은 일반적으로 보수적이고 이념 지향적인 것으로 여겨지지만, 사회 개혁에 대한 집념과 현실 참여에 대한 동기가 강하게 나타난다는 점을 간과해서는 안 될 것이다. 사창社倉의 운영이나 향약의 시행과 예속의 보급은 성리학자들의 기본적인 사회운

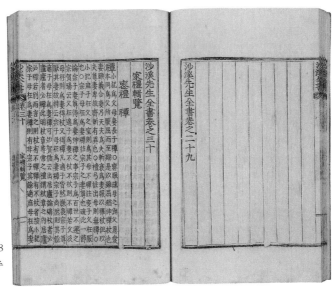

『사계전서』, 김장생, 31.8
×28cm, 1792, 국립진주
박물관.

동의 한 방법이지만, 이것은 호서 유학자들에게 있어서 특별히 중시되었던 것들이
다. 송시열은 전통적인 가치를 고수하고자 했던 사람이지만, 양역良役의 변통變通을
통한 양반의 특권 축소와 태안반도의 운하 건설과 안흥창安興倉의 설립을 주장하
기도 했다. 그의 정책 건의에는 민생의 안정과 국력 강화를 위한 여러 가지 현실적
인 방안들이 포함되어 있었다. 이러한 사회참여 의식은 곧잘 정치적인 진출 동기로
표출되기도 했다. 그들은 영남 유학자들처럼 정치와 완전히 담을 쌓고 학문에 몰두
하지는 않았다. 그래서 재야 학자들의 정치적인 발언권이 축소된 18세기 이후에도
호서에는 항상 산림의 존재가 무시되지 않았고, 그들은 기회가 있을 때마다 조정
에 나아가 일정한 역할을 하려 했던 것이다. 송덕상, 홍직필, 전우, 송병선 등은 그
대표적인 인물들이다.

「각고刻苦」, 송시열 글씨, 유명뢰·권상하·정호 발跋, 종이에 묵서, 164×82cm, 김명성 소장. 송시열이 쓴 글씨에 그 후학자들이 발을 붙였다. '각고'라는 두 글자는 우암의 시대만이 아닌 어느 세상에서든 가슴에 간직할 만한 금언이다. 이는 주자가 제생들에게 '견고각고堅固刻苦(뜻을 굳게 갖고 열심히 노력함)'의 네 글자를 당부한 데서 가져온 것으로, 유명뢰에게 주었다.

위에서 살펴본 것을 통해 우리는 다음과 같은 몇 가지 사실을 정리해볼 수 있다.

첫째, 학문적으로는 사계와 신독재 부자를 중심으로 하여, 정치적으로는 김반의 자손들에 의해 조선후기 뛰어난 국가적 문벌로 성장한 연산의 광김은 호서 사족사회의 독특한 성격을 형성하는 데 크게 기여했다. 그들은 서울 중심의 기호 성리학을 호서 일대에 널리 알리고 발전시키는 데 결정적인 역할을 했고, 예학이라는 분야를 개척해 그것이 호서의 주요한 학문 전통이 되도록 하였다. 그들은 이러한 학문을 매개로 호서 사족사회를 결집시키고 하나로 만드는 데 크게 기여했다. 이는 학문 공동체적 유대를 이루었을 뿐만 아니라 하나의 강력한 정치집단, 즉 이념적 기반을 같이하는 붕당을 결성시키는 계기가 되었다. 그것이 결국 산당山黨이라는 이름으로 나타났고, 후에 노론의 주류를 형성했다.

둘째, 연산의 광김은 호서의 사족들을 중앙 정계로 진출시키는 교두보 역할을 했다. 사계는 율곡의 문하에서 수학한 인연으로 정계의 유력 인사들과 폭넓게 교류했다. 특히 인조반정 이후에는 대부분의 공신과 그들 자제가 그의 문하에 드나들었기 때문에 더욱 유리한 여건을 조성했다. 그리고 그가 가르친 송시열·송준길·김익희 같은 인물이 유력한 관료로 진출함에 따라 같은 권역에 있던 사우 동문들의 정치적 진출에 크게 기여했다. 또한 김반의 자손들이 대거 현직에 진출하고 김만기 형제가 외척으로서 실권을 쥐자 그들 가문의 현달은 말할 것도 없고, 호서 사림사회에도 유리한 정치적인 여건을 조성하게 되었다. 이로 인해 이 지역의 신독재나 우암·동춘당의 많은 제자들이 높은 관직으로 진출할 수 있었다. 또한 두터운 층을 이루고 있던 호서 사림 세력은 중앙의 노론 정권을 지탱해주는 지방 세력으로 역할하기도 했다. 공론이 중시되던 당시의 정국 운영에서 그들은 유림의 여론을 조성하고 그것을 조직하여 정치적 영향력을 끼쳤던 것이다. 이것은 중앙 정권과 지방 사족사회의 교묘한 결합 관계를 보여주는 것이기도 하다.

셋째, 연산의 광김 중 몇몇 파는 유력한 관료 가문으로 자리잡는 데 성공해 근거지를 서울로 옮겼지만, 나머지 가계는 호서 일대에 넓게 분포해 사족사회의 중심적인 역할을 했다. 그들은 18세기 이후 학문적으로 걸출한 대학자를 배출하지 못해 지도적인 위치에 있지는 않았지만, 사계와 신독재의 권위와 상징성으로 인해 호서 사족사회에서 명망을 떨쳤고, 서울 친족들의 정치적인 배경을 후광으로 얻기도 했다. 이로써 그들은 재지사족적 성격에도 불구하고 벼슬이 끊어지지 않았고, 때로는 의정이나 판서 같은 중요 관직에도 나아갔다. 그들 가문의 분화는 조선시대 문벌들의 일반적인 양상을 보여주는 것이기도 하며, 그것이 호서 사족사회에 일정한 영향을 주기도 했다.

광산김씨 사계가의 역사문화 유적

광산김씨 사계 김장생가의 역사문화 유적은 전국에 걸쳐 광범위하게 존재하기에, 여기에서는 사계와 그 아들 신독재 김집과 관련된 대표적인 유물만 살펴보자.

돈암서원

충남 논산시 연산면 임리에 있는 돈암서원遯巖書院은 호서 지방의 대표적인 서원이다. 1634년(인조 12) 김장생의 문인과 제자들이 김장생이 살던 옛터 왼쪽에 세웠으며, 1660년(현종 1)에 사액하여 '돈암'이라 하고 관원을 보내 제사를 했으므로 돈암서원이라 하였다. 1658년(효종 9)에는 김장생의 둘째 아들인 김집이 종향되었다. 이어 1688년(숙종 14) 4월에는 김장생의 문인 동춘당 송준길이 종향 봉안되고, 1695년(숙종 21) 9월에는 김장생의 문인 우암 송시열이 추향되었다. 돈암서원은 기호학파의 대표적인 서원으로 예학의 시대인 17세기에 산림의 산실이자 본거지로 역할했다. 1866년(고종 3) 흥선대원군이 서원철폐령을 내렸을 때도 보존되었다.

돈암서원의 원장은 중앙 정계의 핵심 인물들이 겸했기에 인조반정 이후에 서

돈암서원.

인계 서원으로서 기호학파 사림들의 권세의 부침에 따라 많은 영향을 받을 수밖에 없었다. 이 서원의 초대원장은 좌참찬 겸성균관좨주 송준길이었다. 역대 원장들로는 이조판서 겸대제학 이재李縡, 좌찬성 겸성균관좨주 박필주朴弼周, 이조판서 이기진李箕鎭, 대사헌 겸성균관좨주 민우수閔遇洙, 영중추부사 유척기兪拓基 등이 있다.

　서원 내의 건물로는 사우가 있고, 그 앞에 응도당凝道堂이라는 강당 5칸이 있었다. 강당 양쪽에는 거경재居敬齋와 정의재精義齋가 있는데, 이는 주희의 회당晦堂 양쪽 협실의 의의를 취택한 것이다. 이러한 건물들은 모두 옛날 하옥厦屋(큰집)의 제도를 따라 세워졌다. 돈암서원의 건물 배치와 규모는 김장생이 강경의 죽림서원竹林書院(황산서원)을 창건했던 규례를 이어받은 것이라 한다.

　돈암서원이 세워진 지 140여 년 되는 1880년(고종 17)에 대홍수로 서원 앞을 흐르는 사계천이 범람해 서원의 담장을 침식하자, 돈암서원에서 남쪽으로 1리 정도 떨어진 현재의 위치로 옮겨 세웠다.

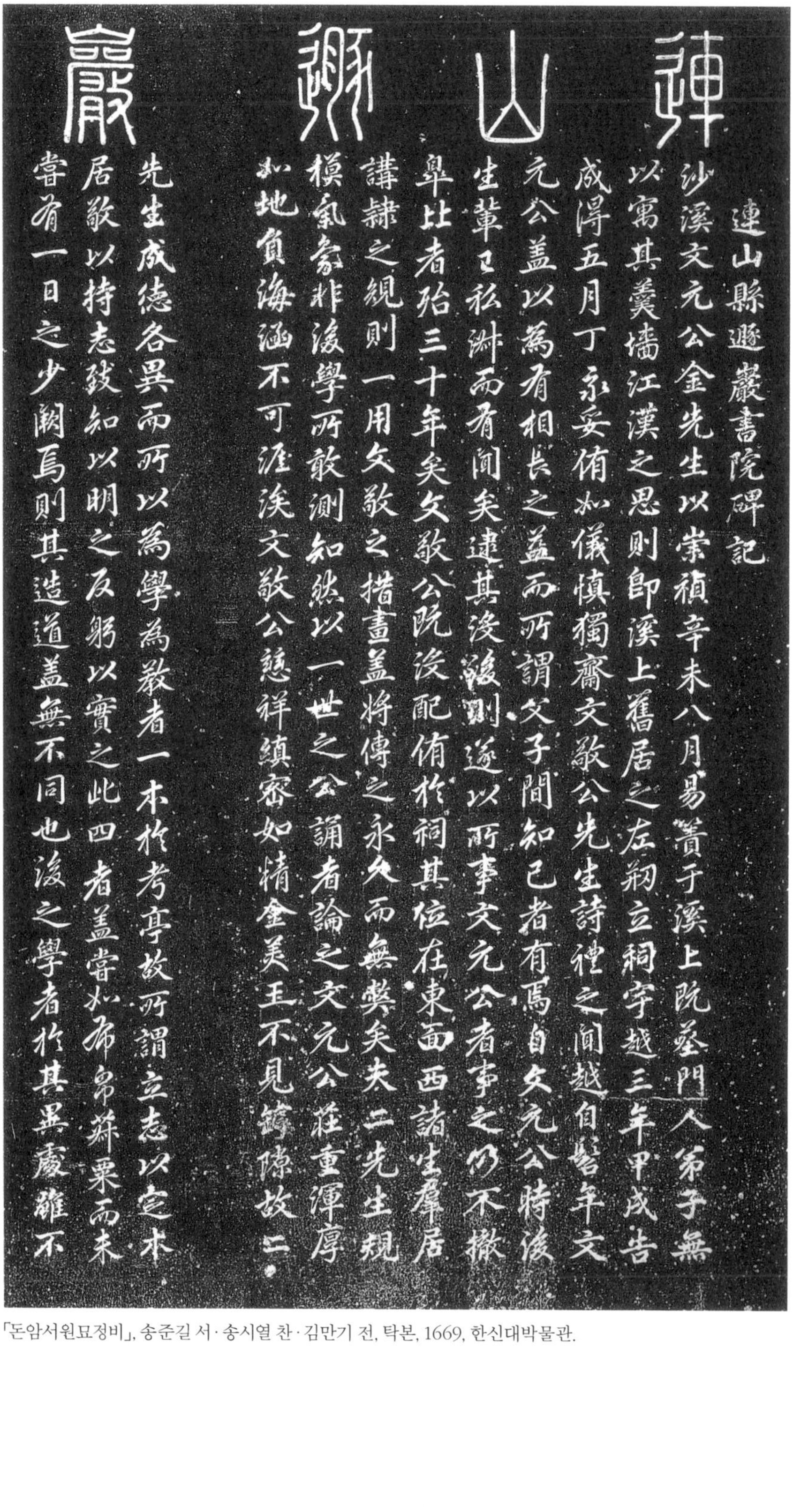

連山縣遯巖書院碑記

沙溪文元公金先生以崇禎辛未八月葬于溪上院墓門人弟子無

以寓其羹墻江漢之思則卽溪上舊居之左剏立祠宇越三年甲戌告

成得五月丁亥妥侑如儀慎獨齋文敬公先生詩禮之間越自昔年文

元公盖以爲有相長之盖而所謂父子間知己者有焉自文元公歿後

生輩已私淵而有聞矣逮其歿贈以所事文元公者事之仍不撤

卑比者始三十年矣文敬公院後配侑於祠其位在東面西諸生群居

講肄之規則一用父敬之措畫盖將傳之永久而無斁矣夫二先生規

模氣象非後學所敢測知然以一世之公誦者論之文敬公莊重渾厚

如地負海涵不可涯涘文敬公慈祥鎭密如精金美玉不見鑄陳故二

先生成德各異而所以爲學爲敎者一本於考亭故所謂立志以定本

居敬以持志致知以明之反躬以實之此四者盖嘗水而帛菽粟而未

嘗有一日之少闕焉則其造道盖無不同也後之學者於其異慶雖不

「돈암서원묘정비」, 송준길 서·송시열 찬·김만기 전, 탁본, 1669, 한신대박물관.

장판각.

사우는 구서원의 재목을 그대로 사용했고 고쳐 지은 건물은 옛 건물의 규례에 따랐다. 돈암서원은 이건 후 1955년에 군수 박유진이 원유사들과 합의하여 중수했으며, 1973년 충청남도 유형문화재 8호로, 1993년 사적 제383호로 지정되었다.

돈암서원 경역 내에는 강당·동재·서재·사우·장판각藏板閣·양성당養性堂 등 건물 10여 동과 돈암서원비·관리사 등이 있다. 주요 유적·유물로는 돈암서원비, 돈암서원 이건비, 숭례사, 유경사惟敬祠, 응도당凝道堂, 전사청典祀廳, 장판각, 원인院印 (돈암서원을 상징하는 도장), 내사연內賜硯(고종 때 돈암서원에 하사한 벼루, 옥등잔(고종 때 옥으로 만든 등잔), 돈암서원 현판 등이 있다.

사계고택, 은농재隱農齋

충남 논산시 두마면 두계리 96에 사계 김장생의 고택인 은농재가 있다. 은농재는 김장생이 말년에 살았던 고택으로 사랑채의 이름이다. 앞으로 구봉산이 바

은농재.

라다보이는 전망 좋은 곳에 자리 잡고 있다. 두마면 남쪽 천호봉 자락에 북으로 길게 흐르다가 이 마을에 이르러 봉긋이 솟아 있는 이름 없는 봉을 배산으로 하여 은농재가 들어서 있다. 좌우로 구릉이 감싸고 있으며 마을 북쪽에 넓은 들이 있고 그 들 가운데로 두계천이 동으로 흐르고 있다. 이러한 지형 조건에 따라 집을 배치하다보니 은농재는 동북향을 하고 있다.

　은농재는 김장생의 제8자인 두계공의 장자로부터 16대손까지 세거해온 곳이다. 2800여 평의 넓은 대지에 지어졌는데 배치는 정면 11칸의 대문채를 두고 그 뒤에 사랑마당을 두었으며, 사랑마당 가운데에 은농재를 중심으로 사면에 건물을 두었다. 은농재 뒤에는 ㄷ자 평면의 안사랑채와 ㄱ자 평면의 안채가 안마당을 사이에 두고 마주보고 있어 ㅁ자 집의 배치를 보여주고 있다. 그리고 안채의 서쪽 후면에는 조상들을 모신 가묘, 즉 사당이 있다. 안채의 왼쪽으로 나가면 별장이 있고 그 앞에 연못이 있는데 이 주위에 회화나무가 우거져 있다. 은농재는 앞면 4칸, 옆

사계 김장생 묘소.

면 2칸으로 이루어졌다. 원래는 초가지붕이었는데 기와지붕으로 바뀌었으며, 원형을 잘 유지하고 있다.

안채 공간에는 또 하나의 안사랑을 만들어, 안마당을 다른 양반집에 비해 크게 만든 것도 이 가옥의 특징이다.

논산시 연산면 고정리 사계 묘소 일원

충남 논산시 연산면 고정리에는 조선시대에 정치 및 군사·학문에 커다란 영향을 끼친 광산김씨 일가의 묘소가 있다. 여기에는 김장생의 묘를 비롯해 광산김씨의 중흥을 이룬 양천허씨부인과 그의 아들 철산과 부인, 김겸광, 김공휘, 김장생, 김선생 등의 묘가 있다. 이 묘역과 그 주변에는 김겸광·김장생의 신도비가 있고, 양천허씨부인의 재실인 영모재永慕齋, 김국광의 종가 및 김장생 사당과 재실인 염수재念修齋가 있다. 이 묘역 일원은 1984년 7월 26일에 충청남도 기념물 제47호로 지정되었다.

신독재 김집 관련 유적·유물

충남 논산시 벌곡면 양산리에는 사계 김장생의 둘째 아들인 김집의 묘소가 있다. 이 묘소 앞에는 김집의 신도비가 있다. 김집은 아버지 김장생의 학문을 계승·발전시켜 예학의 체계를 확립하는 데 크게 기여했다. 성리학, 철학, 사상가로서 명성을 떨쳤으며 특히 예론에 밝았다. 김집은 김장생과 함께 문묘에 배향되어 있으며 시호는 문경공文敬公이다.

①김집의 묘와 신도비

논산시 벌곡면 양산리 35의 3번지 구舊고운사 절터 부근에 김집의 묘소가 있다. 묘소 전면에는 선생의 측실인 덕수이씨의 묘소가 있고 선생의 묘소 전면좌우에는 문인석文人石과 망주석望柱石을 설치했으며 묘소 전방에는 김집 선생의 신도비가 있다.

신독재 김집 신도비.

② 김집의 종택

충남 논산시 연산면 임리에는 김집의 종택과 사당이 있다. 문경공 종택은 솟을 대문과 2칸의 행랑채, ㄱ자 형태로 맞붙어 있는 사랑채와 안채, 사당이 전부로 그 흔한 별채나 누각, 정자 하나 없다. 현재의 모습은 문화재 지정 후 개축 등으로 조선조 때보다는 조금 커진 것이다. 평생을 신독愼獨(홀로 걸을 때에도 그림자에 부끄럽지 않고, 홀로 잠잘 때에도 이불에 부끄럽지 않다)한 선생의 정신이 350년이 지난 지금에도 종가에 그대로 남아 있다.

③ 김집 사당

논산시 연산면 임리 267번지에 있는 이 사당은 종가 후면에 건립되어 신독재 김집의 위패를 모시고 있는 조선조 가묘의 전통적인 양식이다. 본래 돈암서원 옆에 세웠는데 고종 17년에 서원을 옮겨가 현재는 서원과 조금 떨어져 있다. 종가 뒤편에 건립된 이 사당은 조선조 건축 양식으로 된 정면 3칸 측면 2칸의 맞배집 건물이다. 내부는 우물마루를 깔았으며, 후벽 면에는 위패를 놓을 수 있도록 단을 높게 설치했다. 건축 연대는 상량문에 조선 인조 7년(1629)으로 되어 있다.

④ 김집 교지

이 교지는 조선 현종 2년(1661) 6월 21일에 현종이 내린 것으로서 김집을 효종 묘정에 배향하도록 하는 교지이다. 여기에 수록된 내용은 김집의 가문과 인품뿐 아니라 학문의 경지와 지혜 등은 일찍이 볼 수 없었으므로 효종 묘정에 배향함이 합당하다는 것이다.

<5장>

17세기 근기남인의 중심 세력을 형성하다

— 연안이씨 분봉 가문 김학수

연안이씨는 이무李茂를 시조로 하며 원래는 중국에서 귀화한 성씨였다. 『연안이씨 족보』에 따르면, 이무는 나당연합군이 백제를 멸할 때 소정방蘇定方의 막하에서 공을 세워 연안지역을 식읍으로 하사받으면서 정착했다고 한다. 연안이씨는 이후 세 네 개의 파로 나뉘었는데, 그중 가장 저명한 파계는 이석형李石亨—이정구李廷龜로 이어지는 가계, 이호민李好閔의 가계, 그리고 이 글의 주인공인 이말李抹(삼척공三陟公)→이주李澍(분봉盆峯)→이창정李昌庭(북백공北伯公)→이관징李觀徵(근곡芹谷)으로 이어지는 가계였다. 비록 시조는 같지만 이정구의 선대는 이무의 후손 이현여李賢呂를 1세로, 분봉 가문의 선대는 고려 고종조에 활동한 이습홍李襲洪을 1세로 정하였는데, 이는 계파에 따라 계통 인식이 서로 달랐음을 뜻한다.

분봉 가문의 선대는 이습홍 이래로 비록 고관은 아니지만 꾸준히 벼슬살이를 했고, 습홍의 손자 경무景茂는 판도상서를 지내기도 했다. 특히 이경무는 홍유洪侑를 사위로 맞는데, 풍산홍씨 출신의 홍유는 홍애洪崖 홍간洪侃의 아들로서 문과를 거쳐 대제학에 오른 현달한 인물이었다.

경유의 아들 승안承顔은 좌우위 대호군, 손자 정공靖恭은 전보도감 판관을 지

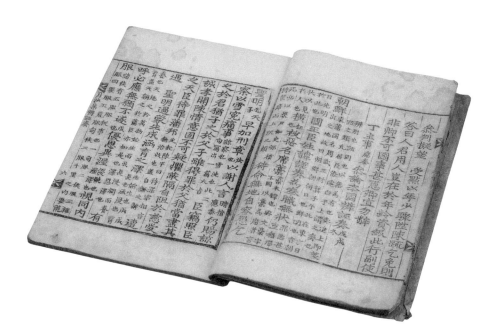

이무를 시조로 하는 연안이씨 제파 가운데 가장 저명한 계통은 이석형-이정구로 이어지는 가계였다. 위의 자료는 1598년 명나라 병부주사 정응태가 조선이 왜병을 끌어들여 중국을 침범하려 한다고 무고한 사건이 일어나자 이정구가 조선국변무주문朝鮮國辨誣奏文을 지어 진주부사로 하여금 명나라에 가서 정응태의 무고임을 밝혀 파직시킨 글이다. 『변무록』, 이정구, 28.6×18.4cm, 조선후기, 경기도박물관.

내 벼슬하는 집안의 전통을 이어갔다. 분봉 가문의 선대 가운데 문헌상으로 계대가 좀더 명확히 확인되는 부분도 이들 양대부터이다. 즉 1402년(태종 2) 작성된 이귀령李貴齡의 호구에 증조 승안과 조부 정공의 관직 및 성명 등이 구체적으로 기록되어 있다. 위 호구의 세계 기록은 현존하는 연안이씨 최초의 족보인『을사보乙巳譜』(1605)에 그대로 반영되어 있다.

서울 땅의 기반 마련에서 혹심한 가화까지

연안이씨는 여말선초의 격변기에 서서히 기울었던 가문이 다시 일어날 조짐을 보였다. 그 견인차 역할을 한 것은 이주의 7대조 이원발李元發과 그의 두 아들 귀령貴齡·귀산貴山이었다. 고려 말 전공판서를 지낸 이원발은 정몽주·길재·원천석 등 주로 절의파 사대부와 교유를 하면서 이성계의 혁명 세력과도 가깝게 지낸 듯하다. 이런 정황은 이귀령(1345~1439)이 태조의 잠저(임금이 되기 전) 시 친구로서 개국원종공신에 책봉되어 출세 가도를 달리고, 이귀산(?~1424) 또한 고위직을 지낸 것에서 확인된다. 특히 이귀령은 태조 때 형조·예조전서를 지냈고 태종 때에는 원종공신이 되어 명나라에 두 차례나 사신으로 다녀왔으며, 벼슬은 좌의정에 이르렀다.

　이귀산은 관록이 형에 미치진 못했어도 태조 때 과거에 합격해 전라도 관찰사, 경상도 관찰사, 강원도 관찰사, 형조판서, 호조판서 등을 두루 지냈다. 태종으로부터 깊은 신임을 얻었던 그는 1410년 천추사로서 명나라를 다녀왔고, 1412년 7월 전라도 관찰사 재임 시에는 조선漕船을 침몰시킨 일로 의정부에서 그의 죄를 청했으나 태종이 이를 기각했다. 또 같은 해 7월 25일에는 사헌부에서 그가 권신에게 뇌물을 바치며 분경奔競(벼슬을 얻기 위하여 갖은 방법을 씀)했다는 이유로 탄핵했지만 태종은 이것조차 논하지 말 것을 지시했다. 결국 태종이 아낀 것은 백성을 다스리는 그의 역량과 나라를 다스리는 방략이었다. 그에게 강원·전라·경상도의 도정을 맡기고, 1413년(태종 13) 경성 수보도감의 도감에 임명한 것도 그런 까닭에서였다. 태종의 변함없는 믿음은 1415년 표리表裏(임금이 신하에게 내리던 옷의 겉감과 안감)를 하사하는 과정에서 다시금 확인되었다.

이처럼 이귀산에 의해 다져진 사환가로서의 전통은 아들 이속李續에게 고스란히 이어졌다. 태종의 친구이기도 했던 그는 문과에 합격해 지춘천군사를 지냈고, 당대 명문인 서산유씨 집안에서 사위(유방효로 태재泰齋 유방선의 아우)를 보는 등 삶이 자못 다복했다. 무엇보다 그는 서울 흥덕동에 경제京第를 마련해 자손들이 '서울 사람'으로 살아갈 기반도 마련해두었다.

성격이 강직방정剛直方正하고 사람됨이 간중고결簡中高潔했던 그는 타협할 줄 모르는 다소 외곬적인 면이 있었던 듯하다. 1417년 태종은 후궁이 낳은 옹주를 출가시키고자 지화池和라는 맹인을 시켜 사윗감을 물색했다. 하루는 지화가 이속의 집에 와서 아들 이근수李根壽의 사주팔자를 물었다. 아무리 왕의 딸이라지만 궁인 소생을 탐탁지 않게 여긴 이속의 말은 거침없었다.

"길례吉禮가 이미 끝났는데, 또 궁주宮主가 있는가? 만일 권궁주權宮主의 딸이 결혼한다면 나의 자식이 있지만, 만일 궁인의 딸이라면 내 자식은 죽었다. 나는 이렇게 연혼連婚하고 싶지는 않다."

지화가 대궐로 들어와 이 사실을 복명하자 태종은 격노했고, 이속은 그날로 전옥서에 수감되었다. 비록 그의 언사는 불쾌했지만 친구의 정을 참작한 태종은 고심 끝에 장杖 100대를 때려서 폐하여 서인庶人으로 만들어 먼 지방에 부처하라는 명을 내렸다. 그러나 사태는 여기서 끝나지 않았다. 사헌부에서는 그를 국문할 것을 강력히 요청했고, 심지어 조말생·김효손·하연 등은 대역죄로 몰아 삼족을 멸하는 극형에 처할 것을 주장했다.

이후에도 그의 처벌을 주장하는 상소와 건의가 빗발쳐 태종조차 한사코 물리칠 수만은 없었다. 1417년(태종 17) 11월 5일, 이날 하루 동안 사헌부, 사간원, 의

정부, 육조에서 연이어 상언해 왕법을 바로잡을 것을 건의하자 태종도 하는 수 없이 이속을 창원부의 관노官奴로 삼고 재산을 빼앗았으며, 가족까지 처벌을 당했다. 비록 죽음은 면했지만 당당한 사대부에서 하루아침에 노비로 추락했고, 아들들 또한 금고를 당해 출셋길이 막혔으니, 참혹한 가화가 그들을 기다렸던 것이다. 이후 이속은 1453년(단종 1) 손자 이인문李仁文의 노력으로 무려 38년 만에 죄적罪籍에서 풀려나게 된다. 하지만 혼인 당사자였던 이근수는 정식으로 혼인하지 못하고 양가의 딸을 취해 간신히 가정을 일구었고, 그 자손들은 창원·창녕 등지에서 향역에 종사했다고 한다.

사림시대에 되찾은 연안이씨의 위상

예기치 못한 '혼인 파동'을 겪으면서 극심한 가화를 겪은 연안이씨는 이속의 손자 이인문(1425~1503)대에 이르러 다시 일어날 조짐을 보인다. 그 또한 작은아버지 이근수로 인해 폐고廢錮(종신토록 관리가 될 수 없음)되어 지내다가 상서를 통해 집안의 죄를 용서받고, 1450년(문종 즉위년)에는 과거에 나아갈 자격을 부여받았다. 이후 그는 1453년 사마시에 입격하고 1465년(세조 11)에는 문과에 합격해 병조참의, 첨지중추부사를 지내면서 집안의 옛 명성을 당당히 되찾았다.

또한 그는 강희맹姜希孟, 주계군 이심원李深源 등 당대의 명사들과 두루 사귀었고, 직무를 잘 처리해 동료들로부터 높은 신망을 얻었다. 이에 강희맹은 그가 철원부사로 나갈 때 『쌍부도双鳧圖』와 시를 보내며 충신의 덕을 기렸고, 주계군 역시 시를 보내 마음을 다하여 공무를 살피고 온화함으로써 사람을 대하는 그의 미덕을 치켜세웠다.

이인문은 부인 전의이씨와의 사이에서 5남(오塢·전㙉·광垙·곤坤·말㙚) 1녀(허서許瑞에게 출가)를 두었다. 이 가운데 세 아들이 문과에 합격해 문벌의 기반을 마련했고, 넷째 아들 이곤(1462~1524)과 막내아들 이말(1471~1526)이 각각 정국공신과 정국원종공신에 책훈되어 집안의 풍격은 한껏 높아졌다.

이곤은 1483년(성종 14) 생원시에 입격하고, 1492년(성종 23)에는 문과에도 합격해 내외 요직을 두루 거쳤다. 나아가 1506년에는 중종반정에 가담해 정국공신에 책훈되고 오위장을 지내는 등 중종 초기 정국의 핵심 인물로 활약했다. 분봉 이주의 조부인 이말 역시 1496년(연산군 2) 사마시에 입격하고, 1506년에는 문과에 합격함과 동시에 정국원종공신에 올라 출세를 보장받는 듯했다. 문한이 출중했던 그는 급제 이후 사림의 극선인 예문관의 검열·대교를 거쳐 성균관 전적, 형조좌랑, 사간원 정언 등 중앙의 요직을 전부 거쳤다. 특히 검열의 일을 행하던 1507년(중종 2)에는 봉교 김흠조金欽祖 등 8한림翰林이 함께 상소해 무오사화로 화를 입은 김종직·김일손의 복관과 유자광의 삭직을 강력히 주장함으로써 사림을 보호하는 데도 큰 역할을 했다.

이렇듯 역량과 자질은 탁월했지만, 그의 벼슬길은 그다지 순탄치 않았다. 1516년 대구부사로 부임한 이말은 1520년 파직되기까지 3년여를 외방에서 보냈다. 이 과정에서 기묘사화를 피해갈 순 있었지만 이후 7년간 그에게 주어진 관직은 성균관 직강과 삼척부사가 고작이었다. 이말은 타고난 성품이 온화하고 장자長者의 풍모를 지녔다고 한다. 영달을 추구하거나 공리를 다투지 않았고 법을 집행할 때는 조금도 거리낌이 없었는데, 바로 이런 곧고 바른 성정 때문에 나이가 들어서는 출셋길이 평탄치 못했던 것이다.

이말은 인적 관계에서는 공신계와 사림계의 접점에 있었던 듯하다. 중종반정에 직간접적으로 참여했던 형 이곤과 자신의 행적을 고려한다면 공신계로 분류할 수 있지만, 무오사화의 신원과 사림 보호에 앞장섰던 행적은 사림파의 정신과 궤를 같이했다. 공신과 사림이라는 양면적인 성격은 그의 혼맥에서도 찾아볼 수 있다. 이말은 첫 아내 원주김씨와 사별한 후 영월신씨 신중거의 딸을 두 번째 아내로 맞았는데, 신중거는 정국공신 신유문辛有文의 아버지였다. 또한 그는 정국공신 영의정 유순정의 손자 유사필柳師弼의 딸을 손자며느리로 맞아 공신계와의 혼맥을 이어가는 한편, 기묘명현 목희증의 손자 목종현睦從賢을 손녀사위로 맞아 사림계와의 척연戚緣(가문끼리 혼인으로 맺는 연)도 강화해나갔다. 또 성종의 왕자 운천군雲川君의 딸을 며느리로 맞아 왕실과의 유대도 다졌다.

한편 연안이씨는 이말대에 묘역에 변화가 있었는데, 이는 재지적 기반의 변동과 관련이 깊다. 원래 연안이씨는 이귀산까지는 용인 구수동에 묘역이 있었고, 이근건·이인문 부자의 산소는 광주 판교(지금의 성남시 분당구 판교동)에 있었다. 이는 16세기 초까지 연안이씨가 용인·광주 일대에 묘역과 전장을 확보했었음을 뜻하는데, 이후 판교 선영은 이인문의 장자 이오 및 넷째 이곤 계열의 세장지가 되었다.

이말의 경우 1526년 사망 당시 그의 무덤이 조성된 곳은 양주 장흥리였고, 이로부터 34년 뒤인 1559년 파주 남면의 노곡鷺谷으로 옮겨졌다. 이말의 묘가 영월신씨의 사망으로 자리를 옮겼고, 또 이말이 둘째 아내 신씨와 합장된 점을 고려할 때, 노곡 일대는 처가 영월신씨 집안 터전이었을 가능성이 크다. 비록 사후의 일이지만 이로써 이말은 연안이씨의 파주 입향조로 인식되었고, 후손들이 번창하면서 파주는 연안이씨 삼척공파의 백세 터전으로서 그 위상을 확고히 하게 된다.

분봉과 두 아들 해고海皐·화음華陰

연안이씨가 16세기 사림사회의 주류로 편입되는 데 영향을 미친 사람은 이말의 손자 이주李澍(1534~1584)였다. 어려서 참판 남세건南世健(1484~1552)에게서 학문을 익혔고, 아버지 이경종의 홍산 근무지에 따라가서는 선비 홍우성洪友成으로부터 시서詩書와『맹자』를 배워 학문의 기초를 단단히 다졌다. 중종~명종조의 전형적인 관료였던 남세건은 학식과 문장이 뛰어나『중종실록』,『인종실록』편찬에 참여했고, 1550년(명종 5)에는 성균관의 대사성으로서 한 나라의 교육을 주재했던 학자관료였다. 사은에 대한 보답이었을까. 훗날 이주는 남세건의 손자 남근南瑾을 사위로

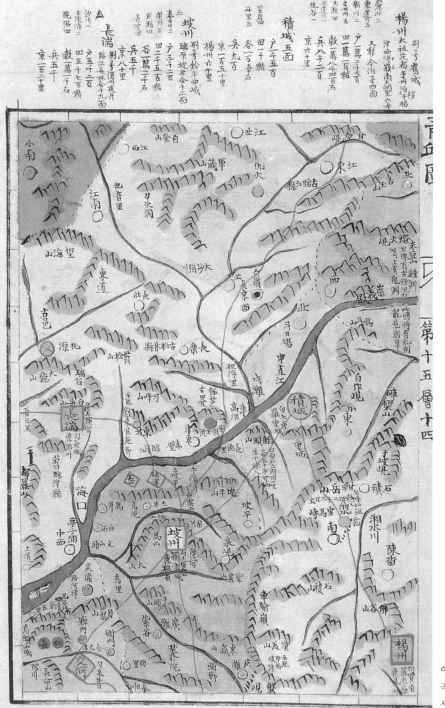

이말은 묘가 파주 남면 노곡으로 이장되었고, 비록 사후이지만 연안이씨 파주 입향조로 받들어지고 있다. 지도는 『청구도』중 파주 부분, 종이에 채색, 37.3×24cm, 한국학중앙연구원 장서각.

맞아 두 집안은 학연과 혈연을 통해 굳건한 세의世誼를 지속해나갔다.

홍우성은 비록 크게 드러난 사람은 아니지만 이주의 학자적 삶에 커다란 영향을 미쳤다. 이주는 3년이라는 짧지 않은 시간 동안 그의 문하에 있으면서 사림의 학문이라 할 수 있는 '위기지학爲己之學' '의리학義理學'에 뜻을 두게 되었다.

이주는 25세 되던 1558년(명종 13) 진사시에 입격해 성균관에서 유학하면서 두각을 나타내기 시작했다. 이런 가운데 1565년(명종 20) 성균관 유생들이 승려 보우의 죄를 청하는 상소를 추진하면서, 이주가 지은 글을 채택함으로써 그에 대한 평판은 더욱 높아졌다. 이후 이주는 1573년(선조 6) 천거로 의금부도사가 되었다가 그해 알성문과에 합격해 문신의 반열에 올랐고, 1576년(선조 9)에는 문과 중시에도 합격해 문명을 크게 떨쳤다.

정치적으로는 동인을 표방했던 그는 1583년 사간원 정언으로 있을 때 동료들과 함께 이이李珥의 국정 농단을 탄핵하다 도리어 예조 및 형조의 정랑으로 좌천되었고, 그해 겨울에는 가산군수에 보임되었다가 이듬해인 1584년 7월 임지에서 사망했다. 이처럼 이주는 탁월한 학식과 문장, 사림의 신망에 비해 정치적으로는 크게 이름을 드러내지 못했지만, 학자·관료로서의 모범적인 행덕은 그의 자손들이 정치적·학문적으로 성장하는 데 밑거름이 되었다. 51세라는 길지 않은 삶을 살면서 그는 명사들과도 두루 교유했는데, 서천부원군 정곤수, 판서 이증, 평성부원군 신점, 문양군 유희림, 영의정 전양군 유영경, 대사간 송응개, 목사 송응형, 영의정 박순, 해평부원군 윤두수, 월정 윤근수, 우의정 심희수, 참봉 이지남 등은 그의 막역한 친구들이었다. 훗날 인조반정의 원훈이 되는 연평부원군 이귀李貴는 그가 직접 길러낸 인물이다.

이주는 학문에 독실한 뜻을 두며 예법으로 스스로를 지켜나갔으며, 언행에 일체의 흐트러짐을 용납하지 않는 단중端重(단정하고 정중함)한 인격을 갖추고 있었다. 자녀들을 가르칠 때는 법도가 있었고, 특히 『소학』을 강조했다. 또한 그는 수심收心(마음을 가다듬음)·양성養性(천성을 기름)·행기行己(처신)·칙궁飭躬(단정한 몸가짐)의 요목 47조를 가려 뽑아 자신의 언행을 살피는 바탕으로 삼았다. 이른바 '분

威欲其重
德欲其厚
心欲其定
志欲其堅
言欲其忠
貌欲其恭
意欲其審
事欲其慎

無斷於夫君子人欲
成之而要內敬外義

'분봉유훈盆峯遺訓'(손자 이관징의 글씨)에서 보듯
이주는 자녀들이 스스로 언행을 살필 수 있도록 가
르쳤다. 그의 가훈은 돌에도 새겨져 전하고 있다.

봉자성요결盆峯自省要訣'이자 '분봉가훈盆峯家訓'인 이것은 '위엄은 무겁게 하고威欲其重' '덕은 두텁게 하고德欲其厚' '마음은 안정되게 하고心欲其定' '뜻은 견고하게 하고志欲其堅' '말은 충실하게 하고言欲其忠' '용모는 공손하게 하고貌欲其恭' '생각은 자세하게 하고慮欲其審' '사고는 신중하게 하라思欲其愼' 등 8조목의 벼리와 39조목의 세부 항목으로 짜여 있다. 이를 통해 볼 때 그가 일상에서 자신의 몸과 마음을 얼마나 치열하게 다잡았는지를 알 수 있다.

이런 토대 위에서 이주의 두 아들 광정과 창정 모두 문과에 합격해 집안의 이름을 높였다. 큰아들 이광정(1552~1630)은 호가 해고海皐로 1590년 문과에 합격했고, 1592년 임진왜란 당시에는 군량미를 조달하는 등 전란 극복에 크게 이바지했다. 특히 그는 선조의 피난을 도운 공으로 호성공신에 책훈되고 연원부원군延原府院君에 봉해짐으로써 자신의 영달은 물론 분봉가문의 사회적 품격을 크게 고양시켰다. 뿐만 아니라 그는「곤여만국지도坤輿萬國地圖」의 반입에서도 주도적인 역할을 담당하는 등 17세기 조선의 사회문화 사업과 관련해서도 많은 치적을 남겼다.

이광정은 슬하에 세 아들을 두었는데, 모두 문과에 합격하여 큰아들 이현李袨은 관찰사, 둘째 아들 이분李衯은 군수, 셋째 아들 이도李禂는 교리를 지냈다. 특히 유성민柳成民, 한형길韓亨吉, 민광훈閔光勳, 박수행朴粹行, 박문빈朴文彬, 홍우원洪宇遠, 이익배李益培, 박함장朴諴長 등 그의 여덟 사위는 당시 남인과 서인을 대표하는 명망 가문의 자제들이었다. 잘 알다시피 유성민은『반계수록磻溪隨錄』의 저자 유형원의 조부였고, 민광훈은 숙종비 인현왕후의 조부였으며, 홍우원은 허목, 조경, 윤선도와 함께 '남인 4선생南人四先生'으로 지칭된 숙종조 남인의 영수였다. 이들 가문과의 통혼은 후일 연안이씨의 정치사회적 성장과 발전에 매우 중요한 영향을 미치게 된다.

근곡의 조부로 집안에서는 북백공北伯公으로 불리는 이주의 둘째 아들 화음華陰 이창정李昌庭은 1603년(선조 36) 사마시에 입격했고, 1604년에는 호성원종공신에 책훈되었으며, 1608년(선조 41) 은율현감으로 재직할 때 별시문과에 합격했다. 이후 내외 요직을 두루 거쳤지만 광해조에 들어 부침을 거듭하다가 1624년 인조반정 이

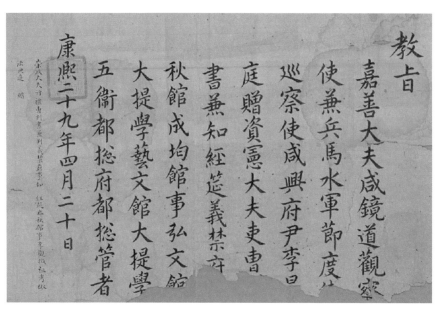

教旨

嘉善大夫咸鏡道觀察
使兼兵馬水軍節度
巡察使咸興府尹李日
庭贈資憲大夫吏曹
書兼知經筵義禁府
秋館成均館事弘文館
大提學藝文館大提學
五衛都摠府都摠管者

康熙二十九年四月二十日

이창정을 이조판서에 추증하는 고신.

후 다시 등용되어 의주부윤을 지냈고, 이괄의 난 때에는 충청수사로서 공주로 피난 가는 어가를 호위해 공을 세웠다. 이듬해인 1625년(인조 3)에는 함경도 관찰사로 부임해 임지에서 사망할 때의 나이가 52세였다. 이창정의 생애에서 한 가지 주목할 점은 문경에 잠시 머물러 살았던 것이다. 문경은 상주와 맞닿은 군현으로 훗날 그의 자손들이 상주·안동 일대로 낙향한 데에 적지 않은 영향을 미쳤던 것이다.

이창정의 첫째 아들 이심李樳은 학행이 뛰어났고, 조정에서 여러 차례 소명이 내려와 대군사부에 제수되었지만 부임하지는 않았다. 오히려 그는 상주 송치松峙에 은거해 손수 농사를 지으며 야인처럼 살았는데, 가은稼隱이라는 아호가 이를 대변한다. 이심이 상주에 머문 것은 처가와 관계가 있는 듯한데, 처가는 의성 산운山雲에 세거하던 영천이씨였다. 장인 이민환李民㺷은 감사 이광준의 아들로 문과에 합격해 참판을 지낸 명사였다. 이 혼인은 근곡의 직계로는 영남과 맺은 최초의 혼사라는 점에서도 중요성을 지닌다.

한편 이주의 자손들은 주로 문과를 통해 벼슬길에 나아가 사환 가문으로서의 입지를 확고히 했다. 두 아들 광정과 창정을 비롯하여 이현, 이분李昐, 이도李禂, 이진李袗, 이환李統, 이괴李襘 등 여섯 손자, 이성징李星徵, 이관징李觀徵, 이봉징李鳳徵, 이인징李麟徵, 이주징李周徵 등 여섯 증손자, 이준李浚, 이환李渙, 이옥李沃, 이식李湜 등 네 명의 현손자, 이만원李萬元, 이만회李萬恢, 이만육李萬育, 이만유李萬維, 이만동李萬東, 이만첨李萬瞻, 이만식李萬植, 이만영李萬榮, 이만응李萬應 등 아홉 명의 5세손이 문과 출신이었다. 이들을 포함하여 이주의 직계 후손으로서 문과에 합격한 사람은 총 43명이고, 이 가운데 네 명은 장원 합격자였다. 이들 중에는 이광정·관징·인징·지억之億과 같이 판서에 오른 인물이 적지 않았고, 이창정·현祆·진袗·성징聖徵·수징壽徵·봉징鳳徵·옥沃·식湜·만원萬元 등 10여 명의 참판급을 비롯하여 모두 30여 명의 당상관을 배출했다. 이는 이 시기 어떤 사환 명가에 비교해도 손색이 없는 화려한 경력으로서 연안이씨 분봉가문을 사림의 명문으로 꼽는 주된 이유가 된다.

이말의 묘소.

이창정의 첫째 아들 이심은 조정으로부터 여러 차례 부름을 받고 벼슬을 제수받았지만, 끝내 사양했다. 그는 뛰어난 능력에도, 상주 송치에 은거하며 한평생 야인처럼 살았다. 조선시대에는 이처럼 '은일'하는 것이 삶의 한 방법이되기도 했다. 그림은 「산수도」, 정수영, 74×46cm, 조선시대, 경북대박물관.

경북 의성 산운리에 있는 이관징의 외가 영천이씨 자암종택紫巖宗宅.

근곡 이관징의 삶과 그 자취

근곡 이관징은 1618년 8월 26일 이심과 영천이씨의 첫째 아들로 태어났다. 원래 그의 선대는 8대조 이속이 서울 흥덕동에 경제京第(서울에 있는 본가)를 마련한 까닭에 주거 기반은 서울에 있었고, 용인·광주·파주 등 근기 일원에 재지 기반을 다져 묘역 및 별업別業(오늘날의 별장과 유사)을 경영했다. 1696년(숙종 22)에 작성된 이옥의 호적에 주거지가 한성부 서부 반송방盤松坊으로 적힌 것으로 미루어, 근곡 가문은 이창정(조부)→이심(부)→이관징(근곡) 대를 거쳐 아들 이옥에 이르기까지 반송방에 터를 잡고 산 것으로 추정된다. 결국 근곡은 전형적인 서울 양반이었던 것이다.

그러나 정작 그의 출생지는 서울이 아닌 경상도 의성의 산운山雲이라는 양반 마을이었는데, 이곳은 그의 외가였다. 여느 사대부 집안의 부인들처럼 근곡의 어머니도 친정에서 자녀를 낳았던 것이다. 영천이씨 학동 가문의 세거지인 산운은 하회河回(풍산류씨 겸암·서애 가문), 내앞川前(의성김씨 청계 가문), 무실水谷(전주유씨 기봉 가문), 양동良洞(경주손씨 우재 가문), 여강이씨 회재 가문, 닭실酉谷(안동권씨 충재 가문), 돌밭石田(광주이씨 석담-귀암 가문), 우산愚山(진주정씨 우복 가문), 흠실檜谷(벽진이씨 완석정 가문), 남산南山(인동장씨 여헌 가문), 갖말枝谷(청주정씨 한강 가문) 등과 함께 영남의 대표적인 명촌으로 꼽힌다. 훗날 근곡이 근기남인과 영남남인의 교량 역할을 한 데는 외가가 산운이라는 점이 크게 작용했다.

근곡의 외할아버지 이민환(1573~1649)은 관찰사를 지낸 학동鶴洞 이광준李光俊(1531~1609)의 아들이다. 그는 1600년 별시문과에 합격해 검열·정언·병조좌랑을 거쳐 평안도 암행어사, 영천군수 등을 지냈다. 1618년(광해군 10) 명나라에서 군사를 원조해줄 것을 요청하자, 원수 강홍립姜弘立의 막하로 출전했다가 부차富車싸움에서 패해 청군의 포로가 되었지만 17개월 동안 청나라가 항복하라고 권유해온 것을 물리쳤다. 1620년에 풀려났지만 박엽의 무고를 받아 4년간 평안도에서 은거 생활을 했고, 1623년 인조반정 이후에야 서울로 돌아올 수 있었다. 이후 그는 이괄

의 난과 정묘호란 때 왕을 호종했고, 동래부사·호조참의·형조참판·경주부윤 등의 요직을 거치며 치적을 남겼다.

―――――

근곡은 이귀산(판서공)→이속(춘천공)→이말(삼척공)→이창정(북백공)으로 이어지는 가통의 계승자로서 연안이씨 화음종가華陰宗家의 종손이었다. 종족적 지위가 이러했기에 그는 어릴 때부터 집안의 관심을 한 몸에 받았다. 그중에서도 할어버지 이창정의 관심과 기대는 각별했다.

> "공이 6세 때 조고 판서공(이창정)께서 써주신 글에 '네가 비록 어리지만 사람됨이 침착하고 훌륭하니 반드시 집안을 일으킬 수 있을 것이다'라고 했다."(이관징, 『근곡 치정공연보芹谷致政公年譜』 「계해癸亥」)

이창정은 외직을 수행할 때도 항상 손자를 데리고 다녔다. 특히 1624년 함경감사로 있을 때 공무로 군현을 순찰 나가는데도 근곡을 수레에 태우고 다녔으며, 어른과 같은 손자의 행동거지를 보고 기특히 여겼다.

1625년은 근곡에게 매우 고통스런 해였다. 자신을 그렇게 사랑해주던 할아버지가 돌아가신 것이다. 고향으로 돌아와 상을 치르던 그는 1626년 할머니 성주이씨를 따라 충주 가흥으로 옮겨 살게 되었다. 이 무렵 일본 사신이 인근을 지나다 근곡의 비범함에 반해 말을 걸어왔다. 어린 나이임에도 불구하고 근곡은 능숙하게 수작酬酌했을뿐더러 사신이 준 음식을 단호하게 거절하는 기개를 보여 왜인들을 놀라게 했다. 이창정의 예견대로 근곡은 침착하고도 사려 깊은 소년으로 성장해가고 있었던 것이다.

학문을 닦고 편민안속의 정치를 펼치다

여느 사대부가의 자제들처럼 근곡도 15~16세부터는 과업에 정진했다. 좀 특이한 것은 스승의 존재가 드러나지 않는다는 점이다. 앞서 언급했듯 근곡 주변에는 뛰어난 명사들이 많았지만 그는 외부外傳(바깥 스승)를 두기보다는 가학을 통해 자질을 가다듬어갔고, 1633년에는 감시 초시에 입격한다. 학문에 힘쓴 결과 18세 되던 1635년 사마에 입격했으나 답안지의 피봉(겉봉투)을 쓰는 규식을 어겨 실격 처리되는 아픔도 따랐다.

이듬해인 1636년 근곡은 삭녕최씨 집안에서 아내를 맞았다. 부인은 영의정 최항의 후손으로 문벌과 부덕을 갖춘 단아한 여성이었다. 그러나 신접살림을 차린 지 얼마 되지 않아 병자호란이 일어났다. 그리하여 1637년에는 처가의 전장이 있던 남양 대부도大部島로 피난했고, 1638년에는 아버지가 계시던 상주로 가서 시종하며 학문에 열중했다. 은덕군자형이었던 근곡의 아버지 이심은 절개를 중시한 인물이었다. 그는 병자호란으로 인조가 항복했다는 소식을 듣고는 상주에 은거해 학도들을 가르치는 것으로 낙을 삼았고, 근곡도 여기서 가르침을 받았다.

1639년 근곡은 22세의 나이로 생원시에 입격했고, 성균관에서 유학하며 문명을 떨쳤다. 하지만 여기에 만족할 수 없었던 그는 더 큰 뜻을 품고 10년간 학업에 나아가던 중 1648년 아버지 삼형제가 역질에 걸려 세상을 등지는 슬픔을 겪었다. 가업이 청한한 데다 불의의 참변으로 살림살이가 더 어려워진 근곡은 어머니를 모시고 잠시 충주로 가서 살았다. 그나마 충주에는 세업이 남아 있었고, 때마침 작은 아버지 이진이 목사로 부임해 의지할 데가 있었기 때문이다.

상황이 어려워질수록 의지는 더욱 강해졌고, 열심히 공부해 집안을 일으키려는 마음으로 독서에 힘썼다. 그 결과 1652년 학행으로 천거되어 정릉참봉에 임명되었다. 사실 근곡은 과거를 통해 출사하려는 뜻이 강렬했지만 어머니의 권유로 하는 수 없이 부임했다. 그러나 석연찮은 마음도 잠시뿐, 이듬해인 1653년(효종 4)

근곡은 별시문과에 급제해 당당히 문신文臣의 반열에 오른다. 이 과거에서는 김진 표를 장원으로 하여 권대재, 김만기 등 총 15명이 합격했는데, 분관 과정에서 김만 기와는 악연을 맺게 된다.

———

근곡이 문과에 합격해 벼슬길로 들어서던 1654년(효종 5)은 서인 중에서도 산당계 山黨系의 영향력이 강화되던 시기였다. 그런 까닭에 근곡과 같은 남인이 요직에 임 명되거나 출세하기란 극히 어려운 상황이었다. 이런 우려는 분관 때 이미 현실로 드 러났다. 애초에 근곡은 승문원에 분관될 예정이었지만 서남 당쟁의 여파로 성균관 권지 학유로 밀려났다.

당시 조정에서는 신급제자의 분관을 둘러싸고 신경전이 팽팽했다. 선수를 친 것은 오히려 남인이었다. 남인계 장령 심유행이 김만기의 승문원 분관을 결사반대 하자 서인들은 이에 맞서 유생 시절부터 이름이 높았던 근곡을 희생양으로 삼았던 것이다. 이때 빌미가 된 것은 외할아버지 이민환의 이력이었다. 앞서 말했듯, 1618 년(광해군 10) 이민환은 강홍립의 막하로 출전했다가 부차 전투에서 패하여 청군의 포로가 된 일이 있었다. 이런 사람의 손자를 등용하는 데는 차별을 두어야 한다는 것이 서인들의 허물을 지닌 논리였던 것이다.

근곡이 본격적인 관직생활을 시작한 것은 어머니 영천이씨의 상을 마친 1657 년 8월부터였다. 이후 그는 학록, 봉사, 박사 등을 거쳐 1658년(효종 9) 11월 병조좌 랑에 임명되기 무섭게 이듬해 정월 함평현감으로 나아갔다. 일종의 좌천이었지만 근곡은 그곳에 속히 부임해 인정仁政을 베풀었고, 1660년 파직되어 돌아가자 함평 사민들은 거사비를 세워 그의 선정을 기렸다.

현종 치세에 접어들면서 근곡의 벼슬살이도 점차 안정되었다. 1661년 한 해만 해도 문신 겸 선전관, 지평, 병조정랑, 정언 등 요직을 두루 지냈다. 근곡은 맡은 바 일에 충실했다. 정언으로 있을 때는 언관으로서의 책무의식으로 현종의 잘못 을 지적하는 일에도 서슴지 않고 나섰다. 1664년에서 1674년에 이르기까지 근곡은

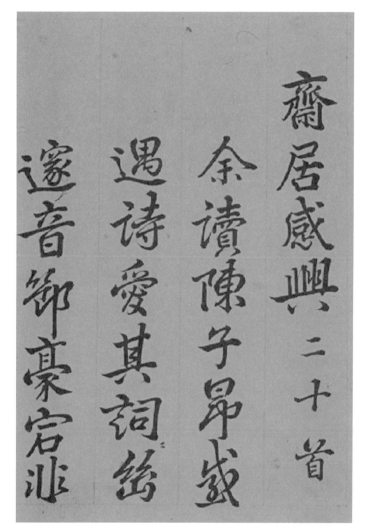

齋居感興 二十首

余讀陳子昻感

遇诗愛其詞㫖

邃音邻豪宕㴖

이관징이 주자의 '재거감흥'을 글로 써 표현한 것이다.

내·외직을 바꿔가며 수행하게 된다. 1664년에는 장령, 정언을 거쳐 11월에 안주목사로 부임했다. 이곳에서 그는 3년간 함평에서처럼 어진 정치를 베풀어 민생을 안정시켰고, 1667년 시강원 문학이 되어 중앙으로 복귀했다. 세자(훗날 숙종)와 공식적인 만남을 가진 것은 이때가 처음이었다.

이후 헌납, 장령, 사예를 역임했는데, 이 무렵 근곡은 민생 문제에 한층 더 몰두한다. 장령으로 있던 1668년 10월 환곡의 환수에 대해 규모를 반감시킬 것을 건의해 현종의 재가를 얻었는데, 이는 그가 민생에 대해 남다른 통찰력을 지녔음을 뜻했다. 또한 그는 1669년 7월 통정대부에 올라 국방의 거점인 종성도호부사로 부임했을 때에도 민생을 구제하는 데 박차를 가했다. 특히 1660~1661년은 흉년이 들어 백성의 생계가 극도로 악화되었지만 근곡은 진휼사업으로 헐벗은 백성을 구제하는 한편, 요역을 일부 면해주었다. 또한 그는 여가가 나면 백성을 가르치는 데도 힘써 유학의 불모지에서 주진량과 같은 인재를 길러내기도 했다. 1694년 9월 종성에 유배된 이현일을 시종하던 이재李栽는 일기『창구객일蒼狗客日』에서 주진량에 대해 이렇게 기록했다.

"읍인 주진량朱晉良이 와서 뵈었는데, 북방의 수재라 하겠다. 어려서부터 취죽 이응시, 좌상 목래선, 봉조하 이관징에게 배워 총명하고 일에 밝으며, 시 짓기를 좋아하고, 재담을 잘한다. 올해 나이 60여 세인데, 일찍이 북릉 사관을 지냈기 때문에 주참봉朱參奉으로 일컬어진다고 한다."(이재, 『창구객일』 갑술 9월 3일)

한편 근곡은 1673년 4월 경상도 관찰사에 임명됨으로써 비로소 중견 관료로서의 면모를 갖추게 된다. 조부의 별업이 문경에 있었고, 아버지의 우거가 상주에 있었으며, 자신의 외가 또한 의성에 있었기에 그에게 영남은 고향과도 같은 곳이었다. 그런 근곡을 맞는 영남 사람들의 기대도 컸다. 그런 기대감은 근곡의 부임 행차가 조령을 넘었을 때 동료이자 친구였던 홍여하洪汝河가 글을 보내 선정을 당부한 것에서도 알 수 있었다.

근곡은 부임하자마자 편민안속便民安俗을 도정 목표로 삼았고, 재해 상황을 수시로 조정에 보고해 백성의 부담을 덜어주는 데 힘을 기울였다.

"경상감사 이관징의 장계로 인하여 백성의 역役을 의논해 감하였다. 삼남 지방 중 재해를 극심하게 입은 고을은 미포米布의 반을 감하고, 그다음은 삼분의 일을 감하고, 여러 도는 모두 월과미月課米를 중지하거나 감하였다."(『현종실록』 권21, 현종 14년 12월 4일)

근곡의 집계에 따르면, 1674년 6월 기준으로 경상도 백성 가운데 굶주리는 사람은 3만8720명에 달했다. 이에 근곡은 자신의 봉급을 보태가며 기민을 구제하는 데 힘을 써 많은 백성들이 살 길을 찾을 수 있었다. 이 과정에서 친구 홍여하 및 정경세의 손자 정도응은 근곡의 특별한 은혜를 입었는데, 훗날 홍여하는 편지를 써 감사의 마음을 전했다.

근곡이 진휼에 힘쓰는 데 여념 없던 1674년 7월 이른바 갑인예송으로 복제服制가 다시 정리되었고, 이어 8월 현종이 승하하고 숙종이 즉위했다. 숙종의 즉위는 서남 간의 정권 교체를 가져와 선조 후반 류성룡의 실각 이후 최초로 남인정권이 세워졌다.

숙종 초 남인정권의 실력자로 서다

———

근곡은 1675년(숙종 1) 3월 경상감사의 임기를 채워 조정으로 돌아왔고, 그해 5월 승지로 전격 발탁되었다. 효종~현종조의 관직생활이 서인정권에 의한 남인 조용책의 일환이었다면, 이제 근곡은 정권의 주체이자 실력자로 서게 된 것이다.

숙종 초 남인정권은 크게 근기남인과 영남남인으로 구성되었지만, 근기남인

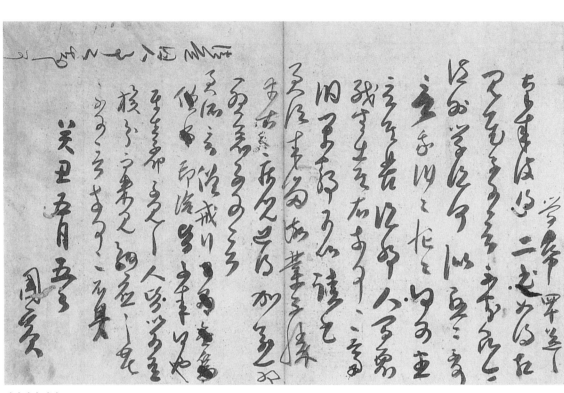

이관징의 서간.

이 절대적인 비중을 차지했다. 이 시기의 근기남인은 기존의 남인에 인조반정 이후 소북계에서 흡수·통합된 세력이 뒤섞여 있었는데, 남원윤씨 윤휴 계열, 양천허씨 허목 계열, 문화유씨 유형원 계열, 한산이씨 이산해·덕형 계열, 전주유씨 유영경 계열, 나주정씨 정윤복 계열, 여주이씨 이상의 계열이 후자의 대표적인 세력이었다. 허목·윤휴 등은 바로 소북계 남인들이었고, 연안이씨 이광정·창정 계열을 대표하는 근곡도 그중 한 사람이었다.

근곡은 혼맥을 통해 근기남인의 핵심 인물들과 그물망처럼 얽혀 있었다. 근곡과 6촌 이내의 척분을 지닌 인척 집안만 해도 양천허씨 허적·허목 가문, 전주유씨 유영경 가문, 한양조씨 조경 가문, 동복오씨 오억령·백령 가문, 여흥민씨 민암·민희 가문, 문화유씨 유형원 가문, 청주한씨 한형길 가문, 남양홍씨 홍우원 가문, 해남윤씨 윤선도 가문, 한산이씨 이경전 가문, 전주이씨 이수광 가문, 광주이씨 이덕형 가문, 안동김씨 김신국 가문, 나주정씨 정시한 가문, 사천목씨 목래선 가문, 원주김씨 김덕원 가문 등 그 수를 헤아리기 어려울 정도다.

숙종 초기 남인정권의 3대 실세인 허적·허목·윤휴, 흔히 '남인 4선생'으로 불리는 허목·조경·윤선도·홍우원 가운데 윤휴를 제외하면 모두 근곡 가문과 세교가 있는 집안의 자제들이었다. 근곡 가문의 혼맥에서 한 가지 주목할 것은 인현왕후 집안과의 관계이다. 근곡의 종조(조부의 형제) 이광정은 서인 민광훈을 사위로 맞았는데, 민광훈의 손녀가 바로 숙종의 비 인현왕후였던 것이다. 그러니 근곡과 숙종의 장인 민유중은 6촌 형제간이 된다. 뒤에서 짚겠지만, 여흥민씨와의 관계는 근곡 일가의 정치적 행보에 중요한 영향을 미친다.

근곡이 국정에 적극 개입하게 된 것은 1675년 윤5월 대사간에 임명되면서였다. 이때 그는 장법贓法(장물에 대한 법규)을 엄하게 하여 관직의 기강을 세울 것, 초야의 유일을 등용할 것, 시비와 청탁을 분명히 할 것 등을 건의했다. 둘째 조항은 이현일·유천지 등이 부름을 받는 명분이 되었고, 셋째 조항은 갑인예송 이후 남인의 집권 논리를 강화하는 데 목적이 있었다.

이조참판으로 있을 때는 판서 윤휴가 아들 이옥을 대사간에 의망擬望(벼슬아

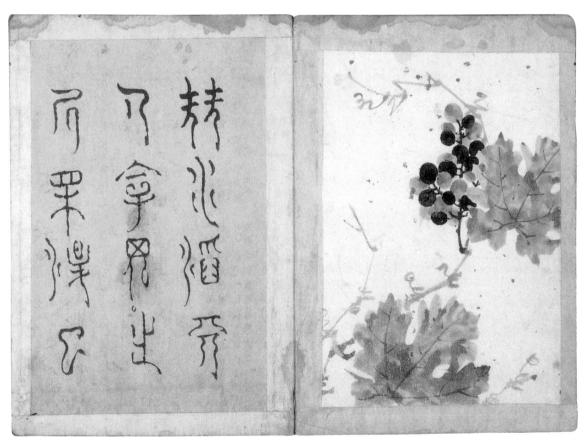

허목이 속한 양천허씨 역시 근곡과 혼맥을 맺어 근기남인의 핵심들과 그물망 얽히듯 긴밀한 관계를 맺었다.『허목수필첩』, 허목, 33.4×23.2cm, 조선중기, 경기도박물관.

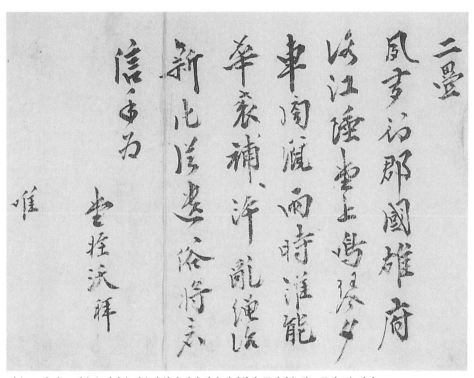

이옥李沃의 시고. 이옥은 직간을 서슴지 않아 여러 번 유배되었다. 글씨에 능하고 문명도 높았다.

치를 뽑을 때 후보자 세 사람을 최종 심사에 올리는 삼망에 후보자를 추천하는 것)하는 과정에서 김석주의 탄핵을 받고 체직되는 곡절도 겪었지만, 숙종의 신임을 얻은 그는 1676년 12월 실록청 당상이 되어 『현종실록』 편찬에도 참여했다. 이때 그는 9년 분의 분량을 편찬했고, 그 공로로 1677년에는 내구마 1필을 하사받으며 자헌대부로 품계가 올라갔다.

허목의 표현대로, 근곡은 청신하고 염량 있는 사람이었다. 1677년 다시 대사헌이 되었을 때는 집안에 복록이 넘치도록 가득 차는 것을 우려해 요직을 사양하고 외직인 강화유수로 나가는 결단을 보였다.

숙종 초기 집권 남인들은 청남淸南과 탁남濁南으로 분열되는 데에 따른 진통을 앓고 있었다. 청남은 허목·윤휴를, 탁남은 허적·권대운을 중심으로 결성되었다. 『숙종실록』에서는 근곡을 탁남으로 분류하고 있지만 근곡은 청남의 영수 허목과 정치적 입장을 같이했다. 남인의 청탁 분기는 여러 측면에서 분석이 가능하지만, 근곡의 아들 이옥과 유명천의 갈등이 중요한 단초가 되었던 것은 분명한 사실이다. 문제는 이옥이 부제학의 후보자로 추천되자 유명천이 이를 시기하면서 일어났다. 유명천은 이옥이 송시열의 문인이었다는 사실과 지방관 시절의 비리를 폭로하면서 사태를 촉발시켰다. 이후 이 일은 개인 간의 대립을 넘어 집안 사이의 반목으로 깊어졌고, 급기야 청탁의 대립 차원으로 비화되고 말았다.

오시복, 유하익, 민종도 등은 유명천을 두둔했고 허목, 권대재, 홍우원 등은 이옥을 변호하고 나섰다. 이 문제는 남인이 허적 계열과 허목·윤휴 계열로 나뉘어 첨예하게 대립하던 조정의 현실과 긴밀히 연관되면서 결국 청탁으로 갈리는 결정적인 요인이 되기도 했다. 유명천이 탁남 소장파의 실력자로 불린 사실을 고려할 때, 이 문제는 애초에 청탁의 분리와 무관할 수 없었던 것이다. 1678년 근곡이 강화 유수를 사직하고 노량에 우거했던 것도 허적과의 불편한 관계, 김석주로 인해 두 아들이 유배에 처해진 아픔 때문이었다.

경신환국과 칩거, 기사환국과 은퇴

근곡은 1679년 원접사, 반송사 등 사신 접대 관련 임무를 맡다가 그해 11월 동지정사로서 연행길에 올랐다. 이듬해인 1680년 3월 귀국해 복명하기 무섭게 경신환국이 일어났다. 환국으로 인해 엄청난 정치 보복이 뒤따르는 와중에도 근곡은 숙종으로부터 이른바 '결신지인潔身之人'으로 인정받아 화를 면했다. 이 때문에 세간에서는 그를 '원우완인元祐完人'(송나라의 유안세를 가리키며 그가 권력을 멀리한 일을 말함)으로 일컬었다.

이후 근곡에게는 한성판윤 등의 벼슬이 주어졌지만 대부분 사직하고 사실상 칩거에 들어갔다. 그리하여 1683~1684년에는 '광명별업光明別業'에서 잠시 우거했고, 1685년에는 고향 파주로 돌아가 이안당易安堂을 짓고 야인처럼 독서와 서법 연마에 노력했다. 파주에서 은거하던 4~5년 동안에도 크고 작은 일이 있었다. 1685년 11월에는 일찍이 천거했던 남몽뢰가 장률臟律에 걸림으로써 천주에게 책임을 묻는 법에 따라 고신을 삭탈당했다. 남몽뢰는 근곡의 외가에서 운영을 주관하던 의성 빙계서원氷溪書院 원장을 지내는 등 영남에서는 인망이 높은 사람이었다. 그와 함께 장률에 걸린 사람 중에 송시열의 고묘(남인들이 송시열을 죽이기 위해 종묘에 고한 일)를 발론했던 곽세건이 포함된 것을 보면, 장률 파동과 천주 문책은 정치적 보복의 성격이 다분했다.

한편 근곡은 1687년 정월 나라의 법에 따라 기로소에 들어갔고, 이때 목래선은 축하의 시를 지어 성사盛事를 기념해주었다. 이 무렵 근곡은 파주목사로 부임한 소론계 관료 박태보朴泰輔와 인연을 맺는다. 박태보는 근곡의 청빈하다 못해 곤궁한 삶에 대한 연민과 수령으로서의 책무를 함께 느꼈던 것 같다. 그는 어진 사람을 자신의 치하에서 굶주리게 할 수는 없다며 약간의 공곡公穀을 지원하는 성의를 보였다. 반드시 이 때문이었을까마는 근곡은 기사환국 이후 인현왕후의 폐출 문제로 박태보가 곤경에 빠졌을 때 그를 변호하는 상소를 올림으로써 이날의 신세를 조금이나마 갚는다.

1689년(숙종 15) 원자 호칭을 정하는 문제로 기사환국이 일어나 다시 남인정권이 세워졌다. 이해 2월 근곡은 예조판서에 특배되어 입조했고, 이어 우참찬·좌참찬으로 승진하는 한편 정승의 물망에도 올랐다. 이 시기 조정의 최대 현안은 인현왕후의 폐출 문제였다. 오두인·박태보 등이 왕비의 폐출을 극력 반대했고, 숙종은 왕비의 일을 다시 거론하는 자는 역률로 다스리겠다고 맞섬으로써 조정은 요동치고 있었다.

근곡은 4월 27일 오두인·박태보 등을 변호하는 상소를 올렸다. 이것은 두 가지 면에서 해석할 수 있는데, 하나는 인현왕후가 자신에게 7촌 질녀뻘 되는 개인적인 입장이고, 다른 하나는 당론적인 입장이다. 후자의 경우 남인들이 오두인·이상진 등의 구호에 적극적일 수밖에 없었던 것은 이들이 인현왕후와 관련하여 큰 잘못을 저질렀기 때문이다. 기사환국은 원자정호元子定號가 직접적인 계기가 되었으며, 이 과정에서 인현왕후가 폐출되고 희빈장씨가 중전이 되는 기형적인 상황이 일어났다. 남인들은 이를 기화로 집권할 수 있었지만 국모의 폐출을 막지 못한, 명분상의 하자를 감수해야 했다. 게다가 남인들은 이러한 명분을 얻으려고 노력하지도 않았다. 인현왕후의 폐출을 만류하는 정청庭請도 고작 3일에 그치는 등 남인정권은 출발에서부터 명분을 지키지 못했다. 비록 시기적으로 지연되었고 변칙적인 방법이기는 했지만 오두인, 박태보, 이상진 등을 구하여 자신들의 명분적 하자를 무마할 필요가 있었던 것이다. 하지만 당시는 인현왕후와 관련된 언급은 역률로 다스리겠다는 숙종의 엄명이 있었기 때문에 근곡의 상소가 먹혀들 리 없었다. 오히려 숙종은 추고할 것을 지시하며 냉담하게 반응했고, 끝내 오두인, 박태보, 이상진 등은 국문 도중에 죽거나 먼 곳으로 귀양 보내지고 말았다.

기사환국 이후 근곡은 예조와 이조판서를 두루 거쳤고, 1691년에는 보국대부에 올랐지만 그가 치중했던 일은 원자 또는 세자를 올바로 이끄는 임무였다. 그리하여 1689년 이조판서를 지낼 때는 원자보양관을 겸했고, 1690년에는 세자책례도

이원익의 사당인 '오리영우梧里影宇' 및 편액. 이관징 글씨의 대표작이다.

감 당상과 세자우빈객을 맡았으며, 1691년에는 『춘궁보양집요春宮輔養輯要』를 편찬해서 바쳤다.

　근곡에게 있어 『춘궁보양집요』는 관료로서의 도리를 마감하는 고별사와도 같은 것이었다. 여러 정황을 고려할 때, 근곡은 기사환국 이후 정승의 반열에 올라야 했다. 사실 그는 여러 번 그 물망에 올랐지만 끝내 정승이 되지는 못했다. 그가 마지막으로 복상에 참여한 것이 1691년 정월인데, 이때 그는 벼슬을 사양하고 물러날 것을 결심했던 것 같다. 『춘궁보양집요』의 봉진을 서두른 것도 이 때문이었다. 이후 그는 이조판서, 예조판서, 판중추부사 등을 지낸 뒤 1692년 7월 치사致仕(벼슬에서 물러남)를 전격 선언했고, 무려 여덟 번에 걸쳐 소청한 결과 1693년 4월에야 숙종의 재가가 내려져 40년의 관직생활을 마무리지었다. 관직에서 물러난 뒤 근곡은 봉조하奉朝賀의 직함을 받고 아들 이옥의 족한정足閒亭에서 쉬거나 주변의 명승을 유람하는 등 한가한 시간을 보내다가 1695년 2월 16일 서대문 밖 근곡芹谷 경제에서 77세로 생을 마감했다.

근곡은 17세기 서예계를 빛낸 예단의 거장이기도 했다. 아들 이옥은 「선고행장」에서 근곡의 글씨에 대해 이렇게 적었다.

> "부군께서는 평생 글씨에 취미를 두어 종요와 왕희지의 해서법에서 조맹부와 장필에 이르기까지 필법에 통달하지 않음이 없었다. 만년에는 김생을 좋아하여 때때로 핍진하게 써내셨다. 비판碑版, 각미閣楣, 병장屛障을 제호題號함에 있어 사람들이 부군의 글씨를 얻지 못함을 수치로 여겼다."(이옥, 『박천집博泉集』 보유補遺 권2, 「선고행장先考行狀」)

　비문의 대표작으로 송기수의 묘비를 꼽을 수 있는데, 외손자 신흠이 글을 짓고 근곡이 본문과 두전을 모두 쓴 것이다. 편액으로는 광명에 있는 오리 이원익의 사

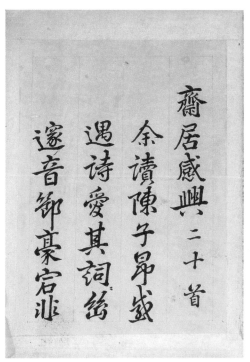

齋居感興二十首

余讀陳子昂感

遇詩愛其詞旨

遂音鄒豪宕非

식산종가에 소장되어 있는 근곡의『경수첩』.

근곡 이관징 묘소. 경기 파주시 탄현면 축현리.

당인 '오리영우梧里影宇' 글씨가 있는데, 1693년의 작품으로 추정된다. 이외에 현존하지 않지만 아들 이옥의 정자 족한정에 걸어둔 액자(풍월무가어조망기風月無價魚鳥忘機) 글씨나 파주 이안당에 걸었던 '감군은感君恩' 글씨도 그의 대표작으로 손색이 없다. 그나마 다행인 것은 작은 손자 이만부의 종가에 『경수첩敬守帖』(상·하), 『정하휘음庭下音徽』(상·하), 『선훈경수첩先訓敬守帖』 등 그의 묵적이 여러 편 전한다는 점이다. 『선훈경수첩』은 증조 이주의 훈계를 쓴 것이며, 『경수첩』은 주자의 시 「재거감흥齋居感興」 20수를 쓴 것이고, 『정하휘음庭下音徽』은 손자 만부萬敷·만록萬祿·만지萬祉 등에게 보낸 간찰첩이다.

〈표 1〉 연안이씨 가계도 Ⅰ

이무李茂 (시조) ─── 습홍襲洪(태자첨사) ─── 극영克榮(판태의감사) ─── 경무景茂(판도판서)
=성주김씨 ─── 승안承顔(대호군)
=전주최씨
女 홍유洪侑 ─── 정공靖恭(전보도감판관)
=남평문씨

〈표 2〉 연안이씨 가계도 Ⅱ

원발元發
호號 은봉隱峰
(공조전서)
(고려절신)
=성천김씨

├─ 귀령貴齡
│ (좌의정)
│ (좌명공신)
│ =남양홍씨
│ =창녕성씨

└─ 귀산貴山(관찰사)
   =고령김씨 ─── 속績(춘천부사)
   =의성김씨

├─ 근강根剛 ─── 인문仁文(문과)
│ (병조참의)
│ =전의이씨
│ ├─ 오塢(현령)
│ ├─ 전塼(부윤)
│ ├─ 광城(별좌)
│ ├─ 곤坤(정국공신)
│ ├─ 말昧(정국원종공신) ───▶
│ └─ 女 허단許瑞(양천인)

├─ 근건根健(생원)
│ =단양이씨

├─ 근정根精
├─ 근수根粹
└─ 女 유방효柳方孝(서산인)

〈표 3〉 연안이씨 가계도 Ⅲ

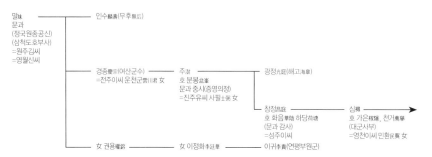

말昧
문과
(정국원종공신)
(삼척도호부사)
=원주김씨
=영월신씨

├─ 인수麟壽(무후無后)

├─ 경종慶宗(여산군수) ─── 주헌澍
│ =전주이씨 운천군雲川君 女   호 분봉盆峯
│   문과 중시(증영의정)
│   =진주유씨 사필士弼 女
│ ├─ 광정光庭(해고海皐)
│ └─ 창정昌庭 ─── 심稀 ───▶
│   호 화음華陰 하당荷塘   호 가은稼隱, 천거薦擧
│   (문과 감사)   (대군사부)
│   =성주이씨   =영천이씨 민환民寏 女

└─ 女 권용權鏞 ─── 女 이정화李廷華 ─── 이귀李貴(연평부원군)

〈표 4〉 연안이씨 인척도

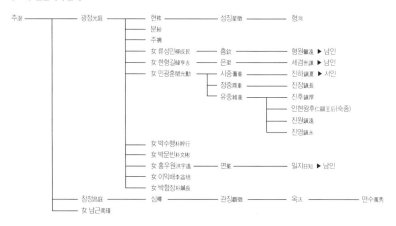

주헌澍

├─ 광정光庭
│ ├─ 현차玹祗 ─── 성징星徵 ─── 형洞
│ ├─ 분扮
│ ├─ 주裯
│ ├─ 女 류성민柳成民 ─── 흠欽 ─── 형원馨遠 ▶ 남인
│ ├─ 女 한형길韓亨吉 ─── 은오誾 ─── 세겸世謙 ▶ 남인
│ ├─ 女 민광훈閔光勳
│ │ ├─ 시중蓍重 ─── 진하鎭夏 ▶ 서인
│ │ ├─ 정중鼎重 ─── 진장鎭長
│ │ └─ 유중維重
│ │   ├─ 진후鎭厚
│ │   ├─ 인현왕후仁顯王后(숙종)
│ │   ├─ 진원鎭遠
│ │   └─ 진영鎭永
│ ├─ 女 박수행朴粹行
│ ├─ 女 박문빈朴文彬
│ ├─ 女 홍우원洪宇遠 ─── 면熏 ─── 일지日知 ▶ 남인
│ ├─ 女 이익배李益培
│ └─ 女 박함장朴緘長

├─ 창정昌庭 ─── 심稀 ─── 관징觀徵 ─── 옥沃 ─── 만수萬秀

└─ 女 남근南瑾

6장

퇴계학에 맞서 남명학파의 맥을 잇다

— 진양하씨 각재 송정 가문 이상필

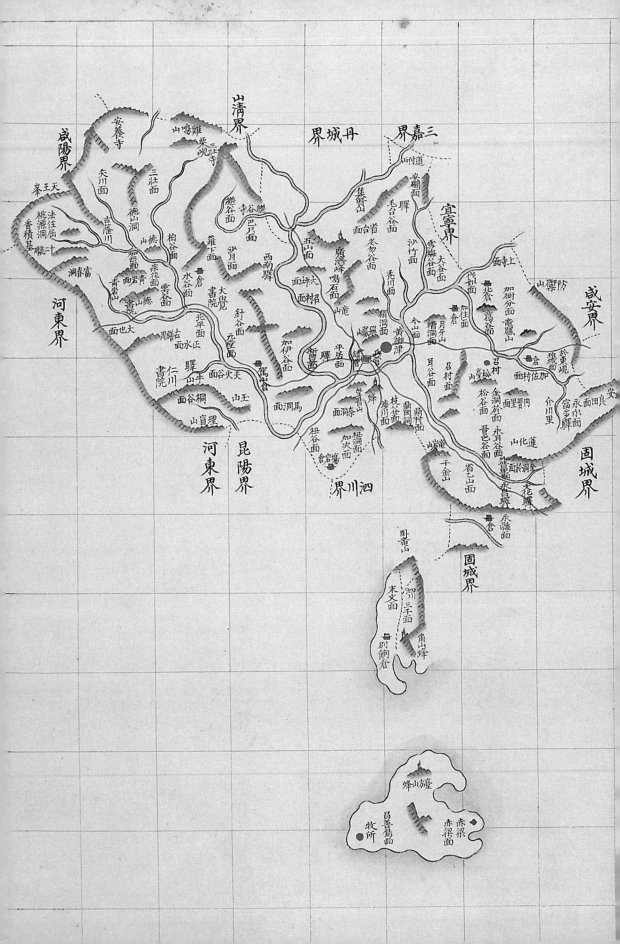

수곡水谷 진양하씨의 가계와 출신 학자들

진양하씨 시랑공파의 족보는 호정 하륜의 아버지 하윤린河允潾의 신도비에서 언급된 계보가 그 단초가 되었다. 신도비에는 선대의 인물로 하공신河拱辰(후대에 하공진으로도 불림)과 하탁회河卓回를 든 뒤, 탁회로부터 정재挺才, 남수南秀, 소邵, 부심富深, 식湜, 시원恃源, 윤린으로 그 계보가 이어지고 있다. 그러나 신도비문을 쓴 춘정春亭 변계량卞季良의 문집『춘정집』에 있는 하윤린 신도비문에는 그 증조 부심 이하만 적혀 있을 뿐 그 윗대의 계보는 실려 있지 않다.

이것은 춘정에 의해 비문이 완성된 후에 호정이 시조 이래의 계보를 추가로 기록하게 했기 때문인 것으로 보인다. 이 신도비가 세워진 때는 영락 14년(1416) 3월이고, 신도비의 뒷면에 자손록 및 하윤린의 조부 이래의 계보를 밝히는 글을 박희중朴熙中에게 추가로 기록하게 한 때가 그해 9월이며, 하륜이 죽은 때는 그해 11월 6일이기 때문에 이런 추론이 가능하다.

이 계보에 보이는 하공신은『고려사』에 현종(재위 1009~1031) 때의 인물로 기록되어 있으며 아들로는 칙충則忠이 있다. 또『고려사』에는 예종(재위 1105~1122) 때 하공신의 현손인 하준河濬이 벼슬을 지낸 것으로 기록되어 있다. 그리고『문헌비고』와『만성통보』에는 하탁회가 인종(재위 1122~1146) 때 사문박사四門博士를 지낸 것으로 되어 있다.

그리하여 근래의 판윤공파 족보에는 이를 반영해 '하공신-하칙충-실휘失諱-하준-하탁회'로 새로운 계보를 그려냈다. 이렇게 되면 대수와 관련 인물의 위아래 연대는 어느 정도 고증된 셈이지만, 아직까지 하칙충부터 하탁회까지의 직계 후손 여부는 확인되지 않았다. 즉, 하공신의 아들이 하칙충이며 하공신의 현손이 하준이란 사실은 분명해졌지만, 과연 하준이 하칙충의 증손인지, 그리고 하탁회가 하준의 아들인지에 대해서는 증거가 확보되지 않은 상태다.

하유 이후 하수일대까지의 계보

한성판윤 하유는 하지혼河之混·하지돈河之沌·하지명河之溟·하지행河之滓 등 아들 넷을 두었는데, 하지혼은 대를 이을 자식이 없었으며, 하지돈은 하영河榮과 하순河淳 두 아들을 두었다. 또 하지명은 하현河現·하비河備·하저河著 삼형제를 두었고, 하지행은 하희河熙와 하수河粹를 두었다.

하지돈의 후손들은 수곡 근처에 뿌리를 내린 이들과 함양 서평 및 창원 내곡과 진천 행정으로 터전을 옮겨간 이들이 있다. 하지행은 몇 대 뒤에 대를 이을 자손이 끊겼다. 그렇기에 결국 하유 이후에 진주 수곡을 중심으로 계속 번창했던 집안은 하지명 계열이라고 할 수 있다.

하지명의 세 아들 중에서는 맏집인 하현의 후손이 가장 번창했다. 하지명의 증손 하희서河希瑞(?~1570)와 하인서河麟瑞(?~?) 형제가 모두 생원에 입격했으며, 이들은 남명 조식과도 친분이 두터웠다. 그리하여 그 아들과 손자가 남명의 문인 및 재전再傳 문인이 되어 남명학파의 중심 인물이 되었고, 이후 조선후기까지 진주 지역을 중심으로 남명학파를 이끌어나가는 위치에 있었다.

진양하씨 시조 하공신의 제향처 충의당 전경.

남명의 벗이었던 하인서의 두 아들 환성재喚醒齋 하락河洛(1530~1592)과 각재覺齋 하항河沆(1538~1590)은 남명의 문인이었다. 특히 하항은 하희서의 손자, 즉 자신의 종질 송정松亭 하수일河受一(1553~1612)에게 남명학을 전수해 조선후기까지 이 지역에서 남명학파의 학맥을 잇도록 했던 인물이다.

하지명의 둘째 아들 하비의 후손들은 밀양에 터전을 마련했는데, 그 손자 돈재遯齋 하충河沖(1466~1525)은 점필재 김종직의 제자였으며, 돈재의 아들 약포藥圃 하종억河宗嶽과 손자 하유河鮪 등 3대가 모두 사마시에 입격했다. 이들 가운데 하락·하항·하수일·하천일·하선 등은 문집을 남겼는데, 하락과 하항은 남명의 문인이고 하수일과 하천일은 하항의 문인이다. 남명의 학맥 가운데 한강寒岡 정구鄭逑와 동강東岡 김우옹金宇顒의 문인들은 비교적 이른 시기에 퇴계학파가 되었고, 내암來庵 정인홍鄭仁弘의 문인들은 인조반정 이후 서인과 남인으로 편입됐던 반면, 각재의 제자들은 남명의 학문을 조선후기까지 이어왔다.

하수일 이후 근대까지 계보 내의 주요 학자

———

하수일은 앞서 말했듯, 자신의 당숙 하항으로부터 남명의 학문을 이어받아 겸재謙齋 하홍도河弘度(1593~1666)에게 전수해줌으로써 그 뒤 하세응河世應(1671~1727), 하필청河必淸(1701~1758), 이갑룡李甲龍(1734~1799), 이지용李志容(1753~1831), 이우빈李佑贇(1792~1855) 등으로 이어지는 남명 학맥의 가장 뚜렷한 한 줄기를 이루게 한 학자다. 그런 까닭에 이 가계는 기본적으로 남명학파의 줄기를 이루고 있다. 조선후기에 이르면 영남 남인과 기호 남인 및 서인 기호학파의 학맥이 경상우도에 세 갈래로 뿌리내리는 과정에서 이 가계 또한 영남 남인 계열이 되긴 하지만, 겉으로 드러난 사승관계에 따라 퇴계학파로 분류되기에는 남명학파적 요소가 매우 강하다.

산천재, 사적 제305호, 경남 산청군 시천면 사리. 남명이 말년에 은거하던 곳으로, 이곳에서 남명학파를 이루어 학문을 닦고 제자들을 길러냈다.(위)
하현의 후손들은 진주 지역을 중심으로 남명학파를 이끌어나갔는데, 덕천서원은 남명의 학덕을 기리기 위해 세워졌다.(아래)

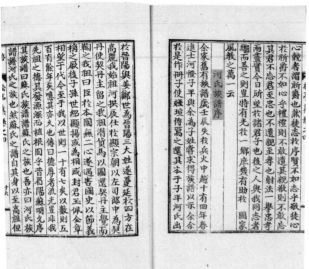

『하씨족보』 서문.

　문집을 남긴 인물, 덕천서원의 원장이나 원임을 역임한 인물 등을 중심으로 가계를 정리하면 대체로 다음과 같다.

하완河琓 계열

　송정 하수일의 맏집이다. 그 현손 석계石溪 하세희河世熙(1647~1686)는 효자로 정려를 받았으며 하이태河以泰, 하정현河正賢, 하봉운河鳳運, 하재후河載厚 등은 덕천서원 원임을 지냈다. 또한 하세희河世熙, 하우현河友賢, 하진현河晉賢, 하경현河景賢, 하계현河啓賢, 하봉운河鳳運, 하협운河夾運, 하겸진河謙鎭, 하영규河永奎, 하영윤河永允, 하영기河永箕 등은 문집을 남겼다.

·하찬河瓚 계열

　송정 하수일의 둘째 집이다. 하자혼河自渾은 겸재 하홍도에게 가르침을 받았고 하세귀河世龜, 하정중河正中, 하치중河致中, 하언철河彦哲, 하제현河濟賢 등은 덕천서원

204

원임을 지냈다. 또한 하세응河世應, 하필청河必清, 하재문河載文, 하헌진河憲鎭 등은 문집을 남겼다.

하관河瓘 계열

송정 하수일의 셋째 아들로서 각재 하항의 계열을 이은 집이다. 하세보河世溥와 하우태河禹泰가 덕천서원의 원임을 지냈다.

위의 가계도만 보아도 남명학파가 형성된 이후 이 가계의 인물들이 남명학파의 일원으로서 열성적으로 활동한 정황이 뚜렷이 드러난다. 약 12대에 걸쳐 덕천서원의 원장을 포함하여 원임을 역임한 이가 모두 12명이나 된다는 점이 이를 대변한다.

각재 하항의 휴허비.

남명학을 전수하다

환성재 하락과 각재 하항 형제는 남명의 문하에서 학문을 닦았다. 환성재는 왕자 사부로 있으면서 율곡 이이, 우계 성혼 등과 친밀히 지냈으며, 임진왜란을 당하여 상주에서 아들 하경휘河鏡輝와 함께 순절했다.

각재는 남명으로부터 '설중한매雪中寒梅'라는 칭송을 듣고, 동문인 수우당 최영경으로부터는 '사상백로沙上白鷺'라 일컬어질 정도로 고상한 인품을 지녔던 인물이다. 그는 남명 사후에 남명에 대하여 남긴 글「남명조선생명南冥曺先生銘」에서 남명이 이뤄낸 학문의 의미를 그려내고 있다.

도道 있는 이가 두류산에서 돌아가시니	道死頭流
보이는 것은 까마귀 아닌 게 없구나.	莫黑匪烏
의문을 풀려 해도 큰 거북이 없으니	稽疑無龜
슬프다, 만사가 그만이로구나.	萬事嗚呼
때 아닌 때에 태어나시니	生際不辰
물고기 눈을 진주라 하네.	魚目爲珠
나의 황시黃矢를 묶어두니	束我黃矢
세 여우 아직 죽지 않았네.	未血三狐
막대 하나로 고도古道를 걸어가니	一筇古道
따르는 이 없어 외롭네.	踽踽無徒
손 안의 명월주明月珠는	手中明月
요순으로부터 전해진 것.	傳自唐虞
명월주는 헛되이 빛나고	明月空輝
행인은 요행만 바라네.	行人守株
기성의 원곽에 피가 솟으니	血迸箕垣

206

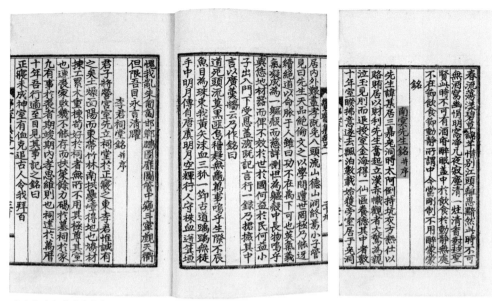

하항이 지은 남명선생명.

부끄럽게도 자색이 주색을 어지럽힘이네.	愧我亂朱
감단邯鄲의 거리에서 포복하니	匍匐邯鄲
붕새의 의도를 도모하지 못함이네.	鵬圖靡圖
대롱으로 북두성을 보니	管中窺斗
어찌 하늘거리를 엿보랴.	寧覰天衢
다만 내 눈의 한계일 뿐	但限吾目
맑고 욕심 없는 선비셨네.	永言淸癯

이 명은 11자의 운자가 쓰였으며 22구로 되어 있는데, 11운 모두 평성 우虞 운에 속하는 운자들이다. 제1운과 2운의 4구는 남명의 죽음이 지니는 의미를 드러냈다. 남명이 죽어 이제 세상에는 모두 까마귀 같은 존재만 남았다는 것이다. 『시경詩經』「북풍北風」에 나오는 '막흑비오莫黑非鳥'를 그대로 인용한 것인데, 주자는 이 시의

주석을 통해 '보이는 것이 까마귀 아닌 것이 없다는 것으로 나라가 장차 위태로울 것임을 알 수 있다'고 밝히고 있다. 처사로서 국정에 무관심한 듯 끊임없이 관심을 가졌던 남명이란 존재가 있고 없음에 따라 차이가 극명하다는 것이다.

제3운의 표현은 벼슬할 만한 때에 태어나지 못해 진안眞贗이 뒤바뀌어 인식되고 있음을 말한 것이다. 제4운의 '삼호三狐'와 '황시黃矢'는 『주역周易』 「해괘解卦」의 구이효 효사에 보이는 문자다. 『주역』에서는 '황시를 얻어 전렵을 통해 삼호를 잡으니 길하다'는 뜻으로 쓰였으니, 여기서는 황시를 묶어두었기 때문에 삼호를 잡지 못했다는 의미이다. 여우는 상서롭지 못한 인물을 상징한 것이고, 황시는 여우를 잡을 수 있는 중정中正한 법도를 뜻한다. 그러므로 이 구절은 남명이 벼슬할 만한 군주를 만나지 못해 왕도를 시행할 법도를 펼치지 못했다는 뜻이 된다.

제5운의 고도古道는 왕도王道이기에, 이 구절은 '묵묵히 왕도를 추구하려 해도 동조하는 사람이 없다'는 것을 안타깝게 여긴다는 것이다. 제6운의 '요순으로부터 전해진 손 안의 명월주明月珠'란 요순 이래 공·맹·정·주孔孟程朱로 맥맥이 전해온 유학의 도통을 뜻한다. 각재는 이 글에서 그 유학의 도통이 남명이었음을 말하고 있다.

제7운에서 명월주가 공허하게 빛나고 있다고 하는 것은 남명의 학문 정신을 제대로 따르려는 사람이 없음을 말한 것이고, 행인이 요행을 바라고 있다는 것은 학자들이 도통의 핵심을 실천하려 하지는 않고 이름만 얻으려는 세태를 넌지시 지적한 말이다. 공허하게 빛나고 있다는 것과 실천에는 힘쓰지 않고 요행만 바란 다는 표현은 당시의 실상을 반영한 것이다. 제8운부터 끝까지는 남명 같은 인물이 나왔음에도 불구하고 사이비 학자들이나, 대체를 파악하지 못하고 세부적인 곳에 빠져 허덕이는 사람이나, 식견이 얕아 대체를 모르는 사람들이 많음을 탄식하는 것이다.

결국 이 글은 남명의 학문과 그 성취를 도통의 수수授受와 연관시키면서, 마땅히 제대로 이을 사람이 나와야 이상적인 사회가 될 수 있는데 현실은 그렇지 못함을 절실한 마음으로 드러낸 것이다.

『성호사설星湖僿說』「하송정河松亭」조에 이와 관련한 기록이 전한다.

송정 하수일의 자는 태역이니, 각재 하항의 조카이다. 각재는 남명의 문인인데 송정은 그의 가르침을 받았다. 그 뒤에 겸재 하홍도가 또 송정에게 배우게 되어 일찍이 수곡정사水谷精舍에서 모시고 잔 적이 있다. 닭이 울자 송정은 제자들을 깨워 일으키며 말했다.

"닭이 울면 일어나서 부지런히 선善을 행하는 자는 순舜의 무리라 하였는데, 옛날에 남명 선생이 그 의미를 깊이 체득하였고, 우리 각재는 남명에게 친자親炙(스승에게 가까이하여 가르침을 받음)하여 그 도를 들었다. 그래서 알지 못했을 적에는 어쩔 수 없었겠지만 알고서는 일찍이 이利를 가까이한 적이 없었다. 그러므로 일찍이 말하기를 '손 가운데 밝은 달은 당우로부터 전해진 것手中明月 傳自唐虞'이라 하였다. 나같이 불초한 자가 그 학문에 유염濡染하고 사숙私淑하여 종신토록 잊지 못하는데, 너희들은 내 문하에서 나왔으니 비록 중책을 맡지 못한다 할지라도 또한 깊이 여등如登의 힘을 이루어야 할 것이며, 불의에 빠져서 네 소생所生을 욕되게 하지는 말아야 한다."

뒤에 겸재가 그 설을 다음과 같이 부연하였다.

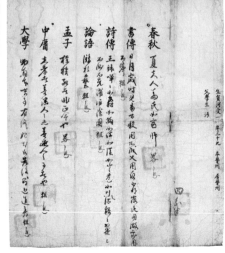

하수일 시권(오른쪽)과
홍패.

때 아닌 때에 태어나니	生際不辰
물고기 눈을 진주라 하네.	魚目爲珠
막대 하나로 고도를 걸어가니	一筇古道
따르는 이 없어 외롭네.	踽踽無徒
손 안의 명월주는	手中明月
당우로부터 전해진 것.	傳自唐虞
명월주는 헛되이 빛나고	明月空輝
행인은 요행만 바라네.	行人守株

이는 대개 자紫가 주朱를 어지럽히는 것을 미워한 것이다.

성호는 아마도 이 글의 출처를 명확히 알지 못하고 들은 이야기를 기록해둔 것 같다. 그리하여 각재의 「남명조선생명」 일부를 겸재의 글로 알고 기록한 것이다. 그러나 이 글 역시 남명을 이어 각재와 송정을 거쳐 겸재에 이르는 하나의 학맥을 염두에 두고 쓴 것이며, '수중명월 전자당우'라는 표현 또한 남명 학문의 핵심을 한마디로 평가한 말로 인정했던 것이라는 점에는 이의가 없을 것이다.

각재의 학문을 이은 하수일은 정유재란 때 영주와 안동으로 피난을 다니면서 한편으로는 퇴계와 그 문인들의 학문을 접하고, 다른 한편으로는 그들의 유적지를 두루 찾아다니면서 남다른 감회에 젖어들었다. 「소백산小白山」이라는 시가 그 가운데 하나다.

소백산 높이 솟아 형세 절로 웅장하니	小白山高勢自雄
구름 많아 비 많고 바람도 많네.	多雲多雨又多風
남쪽 예순 고을의 맑고 신령한 기운	南州六十淸靈氣
모두 천왕봉과 함께 하늘에 닿았네.	竝與天王薄太空

송정 종가

송실종택

소백산에 사는 이 소백산보다 높고   小白居人高小白

천왕봉에 노는 이 천왕봉보다 크네.   天王遊子大天王

한마디 말이 그 사이를 가렸으나   一言亦有中間蔽

곧바로 지도 보며 신중히 생각할 일.   直把興圖仔細量

소백산과 천왕봉이 각각 퇴계와 남명을 상징한다는 것은 말할 필요도 없다. 구름과 비, 바람이 많다는 것은 소백산의 형세가 그만큼 웅장하다는 뜻이고, 이는 퇴계의 학문이 성대하여 훌륭한 제자들을 많이 길러냈음을 뜻한다. 경상도 60여 개 고을의 맑고 신령한 기운이 천왕봉과 함께 하늘에 닿았다는 말은 남명이 경상도의 정기를 타고나 천왕봉처럼 하늘에 닿을 만한 기상을 지니게 되었다는 뜻이다. 결국 송정이 주장하려는 것은, 퇴계는 소백산같이 우뚝하여 문하에 능력을 갖춘 제자가 많고, 남명은 경상도의 정기를 타고나 두류산 천왕봉처럼 하늘에 닿을 듯한 높은 기상을 지녔다는 것이다. 그러므로 이 시를 퇴계와 남명의 우열을 논한 것으로 보는 것은 지나친 것이다.

특히 둘째 수에서 소백산보다 대단한 퇴계와 천왕봉보다 큰 남명 사이에 언론의 가림으로 인하여 추종자들끼리 원만하지 못한 문제점이 있지만, 지도를 놓고 자세히 보며 생각해보면 두 인물의 대단한 점을 서로 인정할 수 있을 것이라 한 점을 보면 더욱 그러하다.

이 시는 1597년 지어질 당시에는 특별히 다른 뜻이 담겨 있다는 언급이 보이지 않으나, 인조반정 이후에는 퇴계를 비판하고 남명을 존숭하려는 뜻이 담긴 시로 여겨지기도 했다. 혹시 소백산과 천왕봉의 높이를 두고 비교하여 남명이 더 대단하다는 뜻이라고 한다면, 이는 지나치게 계량화된 현대인의 사고에서만 나올 수 있는 발상으로, 고인의 생각을 제대로 짚었다고 보기 어렵다. 다만 구름과 비와 바람은 다른 산에도 많으니 이것을 '앵무·사광鸚鵡·沙礦'의 말에 비견했다고 한다면 이치에 가닿는다고 할 수 있다. 그러나 이 또한 둘째 수와 관련해 보면 인정하기 어려운 면이 있다.

「경상도 지도」,
퇴계는 경상좌도에서 우뚝했고
남명은 우도에서 우뚝한 존재였는데,
진양하씨의 학자들은 남명에 뿌리를 두면서도
퇴계학을 포용하려 했다.

송정의 학문은 안계安溪에 살던 진양하씨 사직공파의 겸재謙齋 하홍도河弘度 (1593~1666)에게 이어졌고, 그 조카 설창雪牕 하철河澈(1635~1704)과 북천에 살던 삼함재三緘齋 김명겸金命兼(1635~1689)을 거쳐, 삼함재의 아들 주담珠潭 김성운金聖 運(1673~1730)과 수곡의 송정 현손 지명당知命堂 하세응河世應(1671~1727)에게 이어 졌다.

지명당 하세응은 무신戊申(1728) 사태가 일어나기 전까지 생존해 있던 인물이 다. 무신 사태는 동계桐溪 정온鄭蘊의 현손 정희량鄭希亮과 도촌陶村 조응인曺應仁의 5대손 조성좌曺聖佐 등이 주동한 것이다. 이 사건은 중앙 정계의 소론과 손을 잡고 집권 노론 세력을 전복시키기 위해 무력으로 들고일어난 것으로, 한때 안음·거창· 합천·삼가 등지를 점령함으로써 집권 노론 세력의 간담을 서늘하게 했다.

경상우도 지역에서 이 무신 사태가 일어나기 전까지는 노론 세력이 있긴 했으 나 남인 세력에 비할 바는 아니었다. 그러나 이 사건 이후 이 지역 남인들이 집권층 의 강력한 제재를 받음으로써 노론 세력이 차츰 성장하기 시작했다. 그리하여 영 조 후반기에는 안계의 종천서원宗川書院에서 원변院變이 일어나 이 지역 남인과 노론 이 극렬하게 대립하게 된다. 이 원변은 10여 년 세월의 공방전 끝에 결국 남인 측인 겸재 후손들이 방어에 성공한 것이긴 하나, 이 지역에 노론 측 세력이 그만큼 성장 했음을 뜻하기도 한다.

이러한 역사적 상황 속에서 살다 간 지명당은 식산息山 이만부李萬敷(1664~1732) 와 남계南溪 신명구申命耉(1666~1742) 등 좌도의 남인 학자들과 학문적인 친분을 쌓 으면서, 가학으로 전해 내려온 각재와 송정 이래의 남명학 전통을 고스란히 이어 받아 아들 태와台窩 하필청河必淸(1701~1758)에게 물려주었다. 남명학의 전통은 송 정을 사사했던 겸재 하홍도의 문인들이 주변에 선배로 남아 있어, 지명당이 직접 귀로 듣고 눈으로 볼 수 있있기 때문에 가능한 것이기도 했다.

지명당은 특히 송정의 학문에 대한 자긍심을 갖고『송정집』간행을 집요하게 추진했다. 이는 '의계義契'라는 이름의 송정 후손 계회를 조직하여 한편으로는 친 목을 도모하고 주변의 가난한 사람을 구제하되, 궁극적으로는『송정집』을 펴내려

하수일의 문집 『송정집』

송정 사적비(왼쪽)와 송정 묘비.

했다는 것에서 알 수 있다. 이처럼『송정집』을 출간함에 있어 적극적인 태도 역시 남명학의 전수에서 차지하는 송정의 역할에 대한 자신감에서 나온 것이라 볼 수 있다.

지명당의 아들 태와 하필청은 인근 단성의 남사南沙에 거주하던 남계南溪 이갑룡李甲龍(1734~1799)이라는 문인을 두었고, 남계는 남고南皐 이지용李志容 (1753~1831)을 문인으로 두었으며, 남고는 다시 월포月浦 이우빈李佑贇(1792~1855) 을 문인으로 둠으로써, 남명학의 전통을 진주 단성에서 조선후기까지 끊이지 않고 이어지게 하는 데 중요한 고리 역할을 했다. 그리고 1700년대 후반에 이르면 송정 의 맏집 후손 가운데 함와涵窩 하이태河以泰(1751~1830)가 남계 이갑룡 및 남고 이지 용과 서로 잘 지내면서 그 자질들이 학문적으로 크게 번창했으니, 그 조카 예암豫 菴 하우현河友賢(1768~1799) 및 그 아들 용와容窩 하진현河晉賢(1776~1846)·고재顧齋 하경현河景賢(1779~1833)·묵와黙窩 하계현河啓賢(1804~1869)이 바로 그들이다. 이 가운데 용와는 남계 이갑룡의 문인이며, 고재는 입재立齋 정종로鄭宗魯(1738~1816) 의 문인이 되었다.

회봉 하겸진 묘소.

216

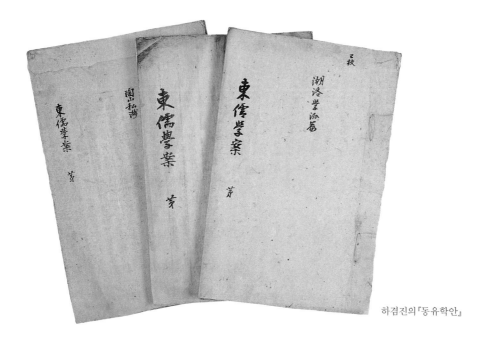

하겸진의『동유학안』

　그다음 대에는 이들을 이어 죽헌竹軒 하봉운河鳳運(1790~1843)·미성未惺 하협운河夾運(1823~1906)이 나왔고, 이후로 동료東寮 하재문河載文(1830~1894)·극재克齋 하헌진河憲鎭(1859~1921) 및 회봉晦峰 하겸진河謙鎭(1870~1946)이 배출되었다. 동료는 양정공 하경복의 후손 월촌月村 하달홍河達弘(1809~1877)의 문인이고, 극재는 면우俛宇 곽종석郭鍾錫(1846~1919)을 종유하였으며, 회봉은 면우를 사사하여 그의 학문을 이어받은 인물이다.

　회봉은『동유학안東儒學案』을 저술해 우리나라 성리학의 계보를 학문 내용 중심으로 서술했으며,『동시화東詩話』를 지어 우리나라 한시사漢詩史의 대미를 장식했다. 특히 그가 남긴『회봉집』에는 퇴계학과 남명학이 뒤섞여 있음을 볼 수 있는데, 이는 자신이 처한 독특한 시대 상황으로 인한 것이었다.

　회봉의 다음 글이 그가 겉으로는 퇴계 학맥 전승자이면서 내면적으로는 남명학의 계승자임을 느끼게 한다.

조선시대의 유학은 명종과 선조 무렵에 가장 성대하였다. 퇴계와 남명 두 선생이 영남에서 동시에 우뚝하였다. 퇴계는 좌도 예안의 도산陶山에 거처하였고 남명은 우도의 진주 덕산德山에 거처하면서, 울연히 백세토록 숭앙받을 도학道學의 종사宗師가 되었다. 두 선생을 천품의 측면에서 보면 퇴계는 혼후천성渾厚天成하고 남명은 고명강대高明剛大하며, 출처의 측면에서 보면 퇴계는 일찍이 벼슬길에 올라 지위가 이상貳相(삼정승 다음가는 벼슬)에 이르렀고, 남명은 은거하며 뜻을 고상히 하여 여러 차례의 징소에도 사환하지 않았다. 학문의 측면에서 보면 퇴계는 정밀하게 연구하고 힘써 공부하여 천인성명天人性命의 오묘한 이치를 남김없이 드러냈으며, 남명은 자신에게 돌이켜 실천함으로써 경의협지敬義夾持의 공부법을 스스로 완성하였다.

이 때문에 그 기상과 규모가 서로 조금 다르지 않을 수 없다. 그러므로 후세의 논의하는 자들이 왕왕 그 본말을 탐구하지 않은 채 간혹 망령되게 우열을 정하려고 시끄럽게 논의하여 마지않기도 한다. 그러나 이는 퇴계가 현달한 것이 자신의 뜻이 아니었으며, 남명이 벼슬하지 않고 고상하게 지낸 것이 세상을 완전히 잊은 것이 아니라는 사실을 전혀 모르기 때문에 하는 말이다. 퇴계는 도학을 밝히는 데 급급하였고, 남명은 시대를 구원하기에 독실하였으니, 그 마음가짐이 서로 같고 그 추구하는 도리가 서로 한결같았던 것이다. 이 때문에 두 선생의 문하에 출입하여 지결을 전수받은 당시의 현자들에 대해 지금도 모두 칭송하고 있는 것이다. 아아, 성대하도다!

회봉이 이처럼 퇴계와 남명에 대한 균형 잡힌 감각을 지닌 채 우리나라 전체의 학안學案을 조망할 수 있었던 것은, 각재와 송정 이래 전해진 가학의 영향이 있었기에 가능했던 것이다.

경상좌도의 퇴계학을 포용하다

───

진양하씨 판윤공파에서 퇴계학에 본격적인 관심을 가진 시기는 지명당 하세응 때부터인 듯싶다. 즉 그가 식산 이만부와 남계南溪 신명구申命耈 등 좌도 지역의 학자들과 가까이 지내면서 퇴계학에 대한 포용의 가능성을 연 것으로 보이기 때문이다.

남계 신명구는 인동仁同에 거주하던 선비로 1716년 이래 10여 년을 덕산德山에 머물러 살았는데, 이 시기에 남계는 진주 선비들과 친밀히 교제했다. 지명당 하세응을 비롯해 양정재養正齋 하덕망河德望과 한계寒溪 하대명河大明 부자, 괴와愧窩 하대관河大寬, 주담珠潭 김성운金聖運, 퇴암退庵 권중도權重道, 창사昌舍 손명래孫命來 등이 남계와 교제했던 진주의 대표적인 선비들이라 할 수 있다.

퇴암 권중도가 갈암의 문하에 들어간 것도 진주 선비들과 남계의 교제가 이룬 한 결과일 수 있으며, 1721년 이후 남계와 친밀하게 지내던 상주 선비 식산 이만부가 6년 동안 덕천서원 원장으로 있었던 것이라든지, 신명구가 1721년에는 대각서원 원장이 되고 1735년에는 덕천서원 원장이 된 것 또한 진주 선비와 좌도 퇴계 학맥과 연결되었음을 뜻한다.

지명당은 1720년 나이 50세가 되었을 때 상주에 거주하던 식산 이만부를 만나러 갔다. 그리고 이듬해 식산의 방장산 유람을 약속받아 진주로 오게 했고, 이러한 상황에 즈음하여 덕천서원 원중院中에서 그를 덕천서원 원장으로 추대했던 것이다. 이러한 사실은 그의 글 「봉별이식산귀금릉서奉別李息山歸金陵序」를 통해 짐작할 수 있다. 식산이 이해 10월에 덕천서원 원장으로서 서원에 알묘했고, 지명당이 이 글을 쓴 때가 신축 11월로 기록된 것으로 보아 식산은 한 달 가까이 진주에 머무르다 금릉 우거로 돌아간 듯하다.

지명당이 이처럼 특히 식산·남계와 친밀했기에, 지명당 부자의 뒤를 이어 함와 하이태가 이 집안을 주도하면서, 그 맏아들 용와 하진현은 남사리에 거하던 이

하지명 묘소.

대각서원. 각재 하항, 송정 하수일 등 진주 지역의 유현을 제향하고 있다.

갑룡의 문인이 되게 하는 한편, 둘째 아들 하경현은 상주에 살던 정종로의 문인이 되게 한 것으로 보인다. 그리고 조선말기에는 회봉 하겸진이 이 집안에서 나와 퇴계학을 포용함으로써 좌도의 퇴계학파와 우도의 남명학파를 아우르는 학문을 구축하려 했던 것이다.

　회봉이 퇴계 학맥에 닿아 있는 면우 곽종석을 사사한 것은 19세기 중반 이후 경상우도 지역의 일반적인 경향이었다. 18세기 말엽 남명에 대한 정조의 사제문賜祭文으로 우도지역에 학문이 흥기할 바탕이 마련되었지만, 이미 위축된 지 오래인 문풍이 갑자기 자체적으로 일어나기는 힘들었던 것이다. 그래서 남인의 경우는 좌도의 정재定齋 유치명柳致明이나 기호의 성재性齋 허전許傳에게 가르침을 받았고, 서인의 경우는 매산梅山 홍직필洪直弼이나 노사蘆沙 기정진奇正鎭 등을 사사하여 학문을 크게 이룰 계기를 마련했던 것이다.

　회봉의 스승 후산后山 허유許愈와 면우 곽종석도 한주寒洲 이진상李震相의 문인이었고, 한주가 유치명을 사사하여 '조운헌도祖雲憲陶', 즉 '주자를 조술祖述하고 도산陶山을 헌장憲章한다'는 기치를 내걸었으므로, 회봉의 학문 연원은 겉으로 보아 퇴계학맥이라 하지 않을 수 없다. 그리하여 그의 문집에는 남명학의 기운이 두드러지게 나타나면서도 퇴계학을 포용한 것으로 여겨지는 여러 글들이 보이는 것이다.

　율곡과 정鄭 송강松江이 『예기禮記』 「옥조玉藻」의 '구용九容'을 논하면서, 송강은 이를 이理라고 하였으나 율곡은 기氣라고 하여 오래도록 해결되지 않았다. 김金 사계沙溪가 「경서변의」 가운데서 기록한 것은 여기서 그칠 뿐 그 상세함은 들을 수 없다. (…) 내가 감히 이 문제를 결론지어, "구용九容은 이理다. 그러므로 송강松江의 견해가 옳다"고 생각한다. 무릇 이른바 이理란 특별히 다른 것이 아니라 '소이연所以然에 불과하며 '하지 않을 수 없는 것'이다. 그리고 저 '소당연所當然'과는 바꿀 수 없는 것이다. 소당연은 무엇인가? 요즈음 우리말의 이른바 '도리道理'라는 뜻으로, 모든 일이 도리에 맞는 것을 말한다. 소이연은 무엇인가? 이처럼 도리에 맞는 모든 일이 그렇게 되는 까닭이다. (…) 맹자께서는 "친친親親은 인仁이고 경장敬長은 의義다" 하셨으니, 친친과 경장은 사람으로서는 마땅히 해야 할 일이다. 맹자께서 이처럼 바로 '인의'라고 말씀하셨으니, 인의가 바로 이理가 아니겠는가? 이러한 예로 보면 구용이 마땅히 해야 할바 즉 소당연이며, 소당연이 바로 이理라는 것은 변설하지 않아도 분명할 것이다.

구용九容은 유자의 평소 행동 지침이라 할 수 있는 것으로 실천하는 것이 중요하지, 이것이 이理인지 기氣인지를 가려내는 것은 남명학파 입장에서는 그리 중요하지 않은 문제라고 할 수 있다. 그러므로 회봉이 이에 대하여 이처럼 자세히 변별하고 있는 것은 퇴계학파의 학문 정신을 수용한 결과라 할 수 있다. 이 점은 그의 잡저에 보이는 수많은 변설과 「심위자모설心爲字母說」「국성론國性論」 등의 글에서도 확인된다.

송정 하수일 묘소, 진주시 수곡면 효자리.

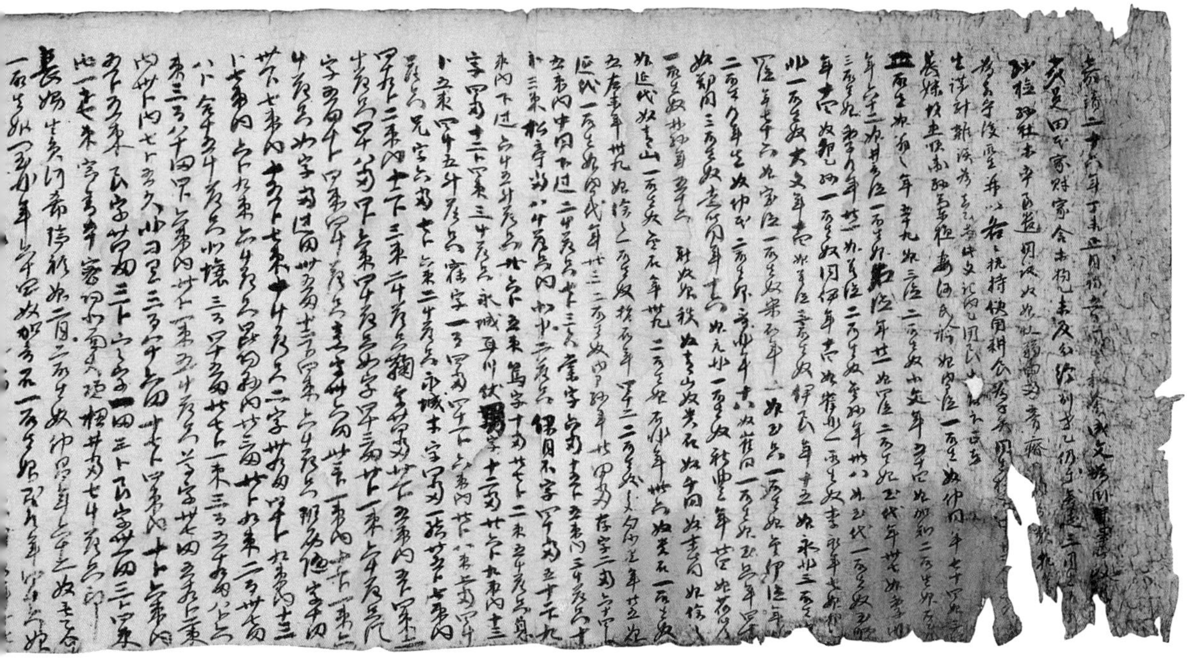

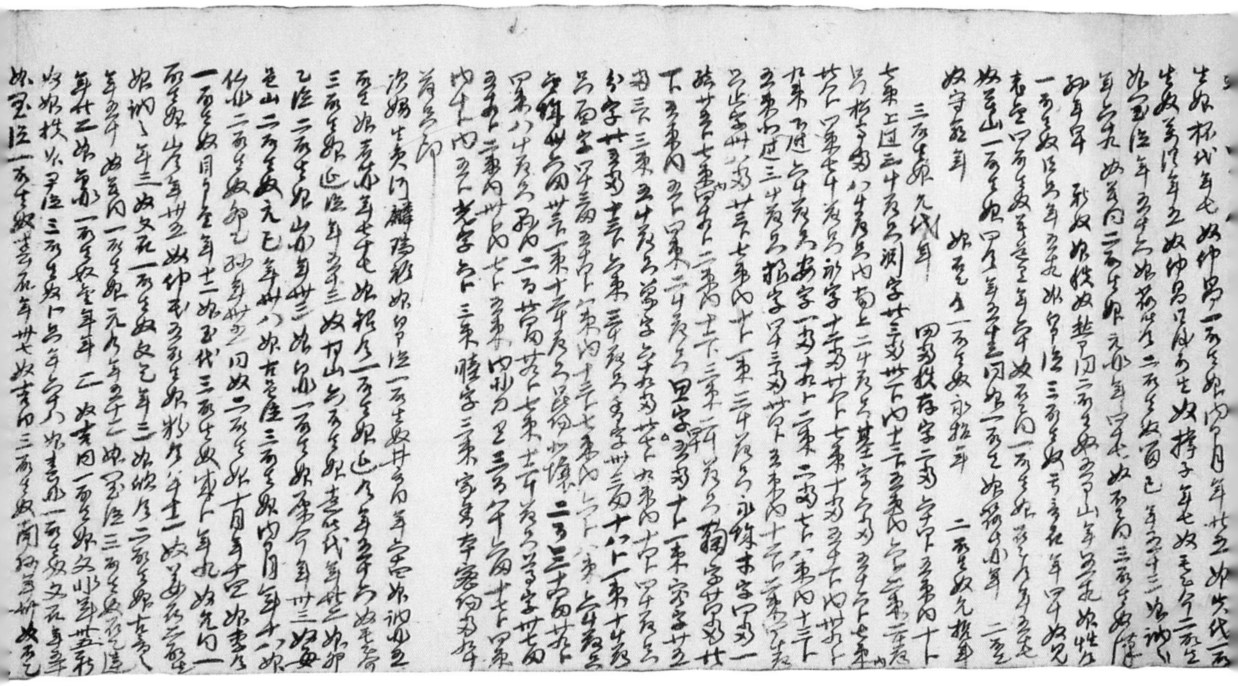

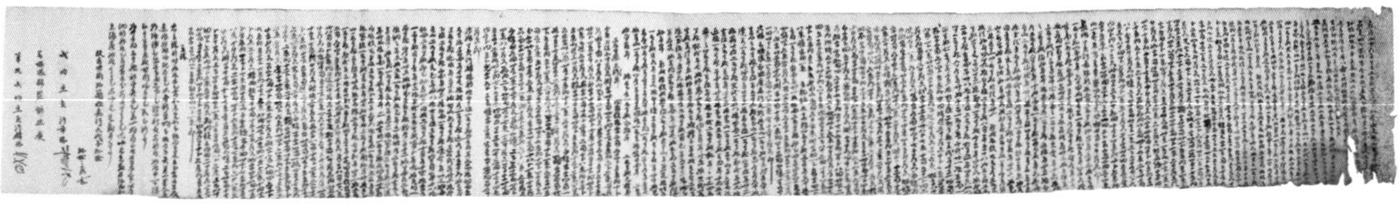

수곡 일대 진양하씨 유적

먼저 송정 종택에 소장되어 있는 고문서들을 살펴보자.

분재기 및 입안

① 가정정미년화회문기嘉靖丁未年和會文記(1547년): 송정 하수일의 조부인 하희
서河希瑞를 비롯한 여러 남매가 부모가 돌아간 후 재산 분배에 합의한 문서다. 여기
에는 장남인 생원 하희서 및 장녀 고故 손난식孫蘭植 처 하씨河氏와 그의 아들 손검
孫檢, 손두孫杜가 대신함, 차녀 전기장현감정희경前機張縣監鄭熙慶 처 하씨, 차남 생원
하인서河麟瑞 등이 참여하고 있다. 말미에는 입의立議가 첨부되어 있다.

② 만력경술년萬曆庚戌年화회문기(1610년): 하수일과 그의 동생 생원 하천일河天
一, 생원 하경휘河鏡輝, 그리고 누이인 영천군수 이유함李惟諴의 처 하씨 등이 부모가
남긴 재산을 분배하는 데 합의한 문서. 이 분재기는 완전한 것(41×327cm)과 앞
부분이 떨어져나간 것(41×159cm) 등 두 가지가 함께 보관되어 있다.

③ 천계갑자년天啓甲子年화회문기(1624년): 하수일이 죽은 후 그가 남긴 재산을
자녀와 사위인 고 유학 조징송趙徵宋 처 하씨, 유학 이육李堉, 고 유학 정지鄭墀, 고
유학 하완河琓, 고 유학 조징기趙徵杞, 유학 하찬, 고 유학 하관 사이에 합의해 분배
한 문서.

④ 노비 소송 관련 입안(1635년): 진주에 사는 고 하자온河自溫 처 강씨, 하자징河
自激과 함안에 사는 이중발李重發, 단성에 사는 고 하관河瓘 처 권씨, 성주에 사는 정
홍박鄭弘鏄 등이, 소속 노비들과 그 자식들이 주인을 배반하고는 다른 기관 소속으
로 살고 있는 것을 알고 집난으로 소송을 내 노비를 되찾은 것을 고성현감이 승빙해
주는 문서. 하자온과 하자징은 바로 위의 분재기에 나오는 하완의 아들이고, 하관도
나오는 것으로 보아 해당 분재기에 실린 노비와 연결시켜 연구하면 흥미로운 사실이
밝혀질 것이다. 첫머리 부분이 있었을 것이나 풀로 붙였던 흔적만 남아 있다.

호구 관련 고문서

호구단자 8건과 준호구 1건(1721, 하윤청河胤淸)이 보관되어 있다. 대부분 19세기의 것이지만 18세기의 것도 3건이 있다. 주목되는 것은 현재 전하는 호구단자가 대부분 낱장으로 되어 있는 반면, 이곳에 소장된 호구단자 중 5건은 책자식으로 되어 있다는 것이다.

토지매매문기

토지매매문기가 14건이나 있는데, 이중에는 상전이 노비에게 토지 매매를 위임하는 패자牌子도 2건 있다. 17세기 말부터 19세기의 문서까지 여러 시기의 것이 있다. 상당수 문서의 매입자가 대각서원으로 돼 있는 것으로 미루어, 대각서원 소속 토지의 문서로 추정된다. 일부 문기의 경우 매입자 부분은 비어 있고, 또다른 일부는 매입자가 대각서원이나 하씨 문중으로 되어 있지 않기도 한데, 이는 대각서원에서 구입할 때의 문기는 없어졌기 때문인 듯하다.

년도	매입자	매도자	년도	매입자	매도자
1691	이찰방李察訪	노개질지奴介叱之	1822	비어 있음	정서규鄭瑞奎
1698	노개질지	상전이上典李	1835	대각서원	김생원金生員
1713	대각서원	박춘백朴春白	1842	비어 있음	노노귀득盧奴貴得
1738	대각서원 고직庫直	장문창張文昌	1843	간소중刊所中	강순종姜順宗
1741	하국보河國甫	송교명	1847	비어 있음	서지순徐止淳
1809	대각서원 고직	박남선	1848	대각서원 고직	하생원河生員
1810	대각서원 고직	하국보	갑술甲戌(?)	노복득奴福得	상전권上典權

소지, 등장, 품목류

1718년 하윤청이 향회시의 불미스러운 일에 연루된 억울함을 호소한 것(1건)을 비롯해, 하륜·하락·하항·하수일의 사위토祀位土 및 효자 석계石溪 하세희의 효자위토孝子位土에 대한 환곡 불수不受 및 잡역을 일부 면해줄 것을 요청하는 것(23건), 해당 묘소 근처의 투장과 관련한 산송 문제에 대한 것(22건), 하륜 묘소 수호

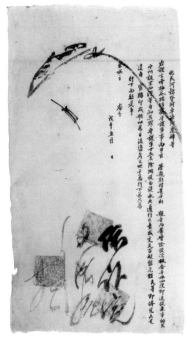

하의현 소지(오른쪽)와
하임조 등의 소지.

군守護軍의 부역을 면해줄 것을 요청하는 것(8건) 등이 있다. 대부분 19세기의 것이
지만 하은 등이 제출한 1678년의 것 등 17~18세기의 것도 일부 포함된다.

완문, 절목, 전령, 초사, 수기수표류

① 완문·절목 5건: 하륜의 묘소 및 제각梧坊齋을 수호하는 수직군에 대한 잡역
을 면제한다는 수령과 리수里首의 완문 및 절목이 4건 있고, 하락의 묘소를 돌보는
수직군 두 명에 대해 면역을 허가하는 완문이 1건 있다.

② 전령, 제음(뎨김) 3건: 하락·하항·하수일의 묘소 근처 투상에 대한 굴거堀
去를 지시하는 전령과 하륜 묘소 근처에 투장한 민득철을 압송하라고 지시한 전령
각 1건, 그리고 하락·하항·하수일의 사위토에 대한 환곡 불수를 동창색東倉色에게
지시하는 제음 1건이 있다. 원래 제음은 소지나 등장 말미 혹은 뒷면에 간단하게

쓰는 것이 원칙인데, 별도의 문건으로 작성된 것이 눈에 띈다.

③ 초사, 수기수표 4건: 하락·하항·하수일 묘소 근처에 투장한 아전 정상백이 수령의 문초에 응한 초사 및 유성원이 묘소 이굴을 약속한 수기, 그리고 하륜 묘소 근처에 투장한 하장범, 이쾌석의 사촌 이쾌을이 이굴을 약속한 수기 등이 있다.

계후입안 및 임명 관련 서류

① 강희 55년(1712) 계후입안: 하세희가 후손이 없어 8촌인 응명應明의 둘째를 양자로 삼은 것을 예조가 인증해준 문서.

② 1592년 차첩: 문과에 급제한 하수일에게 권지교서관부정자의 벼슬을 내린 임명장. 차첩이란 품고아문品高衙門이 7품 이하의 관원에게, 또는 관부官府의 장長이

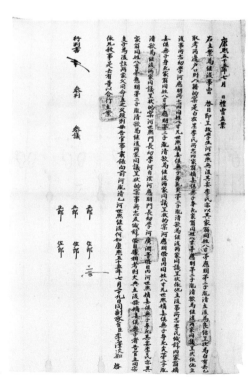

하세희 계후입안.

속관에게 어떤 직함에 임명하는 문서를 말한다. 교지 또는 교첩과 비교되는데, 정식 관원의 차첩은 남아 있는 경우가 드물다.

③ 교지 2건: 1건은 1591년 하수일이 문과에 급제해서 내려진 홍패이고 1건은 하수일이 1589년 생원시에 합격해서 받은 백패이다.

위장慰狀·만장·제문류

① 위장 1장: 1872년 12월 15일에 권헌중權憲重·헌형憲亨·헌기憲驥·헌정憲貞·헌학憲鶴 등이 하재후의 죽음을 애도하며 상주에게 보낸 위로의 편지.

② 만장 5장: 돈와遯窩 권헌정(1818~1876), 성익成瀷의 다선茶僊 하재후(1809~1872)에 대한 만장 및 조희룡趙熙龍·하이범河以範·김벽金壁 등의 만장.

③ 제문 5장: 1843년에 지은, 죽헌竹軒 하봉운河鳳運(1790~1843)에 대한 벗 관지寬之 및 박사순朴士淳의 제문 2장. 하재후에 대한 1872년의 하용운河龍運 제문 1장과 1874년의 하재연河載淵·하협운河夾運의 제문 2장.

김황이 찬술한 회봉 제문.

낙수암落水菴

낙수암落水嵒

그다음으로 낙수암落水嵒 곁에 세워진 암자 낙수암落水菴이 있다.

낙수암落水菴은 낙수암落水嵒 곁에 세워진 진양하씨 송정파 소유의 암자다. 이
곳은 송정 하수일이 그 매부 이유함과 자주 노닐던 곳이고, 그 이후 하필청이 노닐
었으며, 하이태가 머물기도 했다. 이 암자 뒤에는 시조 하공신을 모시는 경절사擊節
祠가 있었는데 근래에 촉석루 안으로 옮겨졌다. 낙수암에는 여러 사람이 남긴 '낙
수암落水嵒' 또는 '낙수암落水巖' 각자가 있다. 근래에 공사를 하면서 몇 글자가 파손
되었다.

대각서원.

서원·서당 및 효자정려도 빼놓을 수 없는 유적으로 남아 있다.

대각서원大覺書院

진주 대각리에 세워진 서원으로, 낙수암 아래 배산임수의 터에 남향으로 자리해 있다. 남명의 문인 각재 하항, 무송撫松 손천우孫天佑(1533~1594), 백암白巖 김대명金大鳴(1536~1603), 영무성寧無成 하응도河應圖(1540~1610), 모촌茅村 이정李瀞(1541~1613), 조계潮溪 유종지柳宗智(1546~1589) 등과 각재와 수우당의 문인 하수일 등 7인이 연향되어 있다. 지금도 해마다 봄에 향례를 받들고 있다.

1813년에 하세응의 손자 하치중이 찬술한 발문이 실려 있는 『대각서원칠선생실기大覺書院七先生實記』가 전한다.

하세희 효자정려

수곡면 사곡 마을 입구에 세워져 있다. 석계石溪 하세희는 하수일의 현손으로 겸재 하홍도의 문인이다.

덕곡서당

회봉晦峰 하겸진河謙鎭(1870~1946)이 일제강점기에 강학하던 곳으로, 수곡의 사곡 마을 아래에 있다. '덕곡서당德谷書堂'이라는 현판 글씨는 백범 김구가 쓴 것이다. 지금도 해마다 대각서원 향례 후에 인근 유림이 모여 채례를 하고 있다.

서당 바로 동쪽에 묘소가 있다.

하겸진의 강학처 덕곡서당.

〈표 1〉 하유까지의 가계도

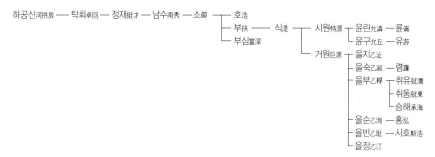

〈표 2〉 하지명에서 하수일 대까지의 가계도

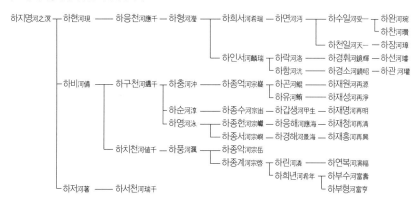

〈표 3〉 하완·하찬·하관 계열

하완 계열

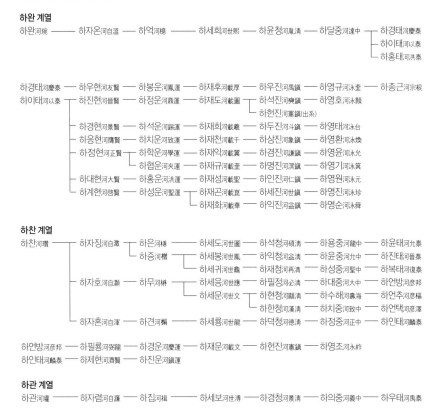

하완河琬 ── 하자온河自溫 ── 하억河檍 ── 하세희河世熙 ── 하윤청河胤淸 ── 하달중河達中 ─┬ 하경태河慶泰
 └ 하이태河以泰
 └ 하홍태河洪泰

하경태河慶泰 ── 하우현河友賢 ── 하봉운河鳳運 ── 하재후河載厚 ── 하우진河禹鎭 ── 하영규河泳奎 ── 하종근河宗根
하이태河以泰 ─┬ 하진현河晉賢 ── 하정운河鼎運 ── 하재도河載圖 ─┬ 하석진河奭鎭 ── 하영호河泳顥
 │ └ 하헌진河憲鎭(出系)
 ├ 하경현河景賢 ── 하석운河錫運 ── 하재희河載羲 ── 하두진河斗鎭 ── 하영태河泳台
 ├ 하응현河鷹賢 ── 하치운河致運 ── 하재천河載千 ── 하상진河象鎭 ── 하영환河泳煥
 ├ 하정현河正賢 ─┬ 하학운河學運 ── 하재익河載翼 ── 하겸진河謙鎭 ── 하영윤河泳允
 │ └ 하협운河夾運 ── 하재규河載奎 ── 하명진河溟鎭 ── 하영기河泳箕
 ├ 하대현河大賢 ── 하홍운河洪運 ── 하재성河載聖 ── 하인진河仁鎭 ── 하영원河泳元
 └ 하계현河啓賢 ── 하성운河聖運 ─┬ 하재곤河載寬 ── 하세진河世鎭 ── 하영진河泳珍
 └ 하재화河載華 ── 하익진河益鎭 ── 하영순河泳舜

하찬 계열

하찬河瓚 ─┬ 하자징河自澂 ─┬ 하은河檼 ── 하세도河世圖 ── 하석청河碩淸 ── 하용중河龍中 ── 하윤태河允泰
 │ └ 하증河橧 ─┬ 하세봉河世鳳 ── 하익청河益淸 ── 하윤중河允中 ── 하진태河晉泰
 │ └ 하세귀河世龜 ── 하재청河再淸 ── 하성중河聖中 ── 하복태河復泰
 ├ 하자호河自灝 ── 하무河楙 ─┬ 하세응河世應 ── 하필정河必淸 ── 하대중河大中 ── 하언방河彦邦
 │ └ 하세문河世文 ─┬ 하현청河顯淸 ── 하수해河壽海 ── 하언추河彦樞
 │ └ 하한청河漢淸 ── 하치중河致中 ── 하언택河彦澤
 └ 하자혼河自渾 ── 하견河棡 ── 하세룡河世龍 ── 하덕청河德淸 ── 하정중河正中 ── 하인태河麟泰

하언방河彦邦 ── 하필룡河弼龍 ── 하경운河慶運 ── 하재문河載文 ── 하헌진河憲鎭 ── 하영조河永祚
하인태河麟泰 ── 하제현河濟賢 ── 하진운河鎭運

하관 계열

하관河瓘 ── 하자렴河自濂 ── 하집河楫 ── 하세보河世溥 ── 하경청河景淸 ── 하의중河義中 ── 하우태河禹泰

〈표 4〉 문집을 남긴 이들

문집명	이름	생몰연도	사우 및 계파	비고
환성재집	하락	1530~1592	남명 문인	임란순절壬亂殉節
각재집	하항	1538~1590	남명 문인	덕천원장德川院長
송정집	하수일	1553~1612	각재·수우당 문인	향대각원向大各院
수긍재집	하선일	1558~1597	각재 문인, 수일 제弟	
송대집	하선	1583~165?	락洛 손孫	
석계유고	하세희	1647~1686	겸재 문인, 수일 현손	
지명당집	하세응	1671~1727	식산 종유, 수일 현손	
태와집	하필청	1701~1758	세응 자子	문하유남계
함청헌실기	하이태	1751~1830	남고 종유, 세희 증손	덕천원임
예암집	하우현	1768~1799	세희 현손	
용와집	하진현	1776~1846	남계 문인 이태 자	
고재집	하경현	1779~1833	입재 문인 이태 자	
죽헌유고	하봉운	1790~1843	우현 자	덕천원임
묵와유고	하계현	1804~1869	이태 자	
미성유고	하협운	1823~1906	이태 손	
동료유고	하재문	1830~1894	월촌 문인, 필청 5대손	
극재집	하헌진	1859~1921	재문 자	
회봉집	하겸진	1870~1946	면우 문인, 이태 현손	동유학안
사계유고	하영규	1871~1926	면우 문인, 봉운 증손	
관료집	하영태	1875~1936	면우 문인	
청백당집	하영윤	1902~1961	겸진 자	
육화유초	하영기	1905~1974	회봉 문인, 협운 증손	

7장

조선 최고의 혼맥으로 기호남인의 학풍을 잇다

—안동권씨 탄옹과 유회당 가문 성봉현

고려 말 권문세족에서 조선의 명가로 발돋움하다

———

대전에 세거하는 안동권씨 집안은 조선중기 권령權齡(1441~1509)이 공주 천내면 유
등천변의 유명한 재지사족이었던 충주박씨 박신함朴信諴의 딸과 혼인하면서 현재
의 대전지역과 인연을 맺게 되었다. 그 후 권령의 5대손 권시權諰(1604~1672)가 선대
의 전장이 있던 대전에 입향한 후 자손이 번성하여 호서의 유력한 명문가 중 하나
가 되었다.

   안동권씨는 원래 신라 왕성인 김씨金氏였는데, 신라 말에 고창古昌(안동)의 유력
자였던 김행金幸이 견훤과 대치 중이던 고려 태조 왕건에게 와서 복종해 "병기달권
炳幾達權"(모든 사물의 기미機微를 깨달아 시의에 알맞은 행위) 했다 하여 권씨 성을 받
았다. 그러나 고려전기에 안동권씨의 중앙 진출은 그다지 활발하지 못했다. 이런
사실은 『성화안동권씨보成化安東權氏世譜』에 따르면 고려전기에 대대로 호장직戶長職
을 역임했던 것에서 알 수 있다.

   안동권씨가 고려 말에 권문세족의 반열에 오른 것은 권보權溥(1262~1346)가
세상에 이름을 널리 드러낸 데서 힘입은 바가 크다. 권보는 18세가 되던 충렬왕 5
년(1279) 과거에 급제해 충렬·충선왕대에 관직을 두루 거쳐 도첨의평리의 재상직에

올랐다. 또한『주자사서집주』를 간행했고, 『은대집銀臺集』20권에 주석 작업을 했으며, 아들 준準과 더불어 역대 효자 64인을 선정해『효행록』을 펴내는 등 고려 말 성리학을 도입하는 데 크게 기여했다. 권보는 영가부원군으로 봉해졌는데, 아들 준을 비롯해 4형제 모두 재상직에 올라 군으로 봉해졌으며, 사위 이제현李齊賢을 포함한 두 명도 봉군되어 일가에 9명이 봉군되었다. 이처럼 권보와 자녀들의 재상직으로의 진출은 안동권씨가 고려후기 유력한 권문세족으로 성장하는 데 탄탄한 밑받침이 되었다.

권보의 넷째 아들 왕후王煦(1296~1349)는 충선왕이 원나라에 있을 때 왕씨 성을 하사받아 왕후가 되었다. 왕후의 아들 왕중귀王重貴(1335~1369)는 기철의 사위였고, 기철의 딸이 원 순제의 후비가 되어 태자를 낳으니 원의 천자와 동서간이자 태자의 이모부가 되었다. 그런데 왕후가 왕씨 성을 부여받은 사실은 훗날 조선에서 이 가계가 위기에 처하는 원인이 된다. 그러나 다행히도 조선의 개국공신이었던 권근에 의해 권씨 성을 회복하여 위기를 넘길 수 있었다. 왕중귀에 이어서 권숙權鷫-권순權循-권실權實로 가문이 이어지는데, 이들 3대는 모두 과거에 급제해 벼슬길로 나아갔다.

이처럼 권보의 후손들이 고려 말의 권문세족이었음에도 불구하고 조선에서 가문의 높은 덕망을 유지할 수 있었던 것은 이들이 주로 과거로 벼슬길에 나아갔고, 다른 한편으로는 고려 말 권문세족 및 조선초기의 거족들과 혼인함으로써 자신들의 사회적 기반을 탄탄히 했기 때문이다.

대전에 뿌리 내려 학문가로 성장하다

———

안동권씨가 대전지역에 거하는 계기가 된 것은 권실의 아들 권령(1441~1509)이 공주 천내면 탄방리(현 대전시 서구 탄방동)와 인연을 맺게 되면서이다. 권령은 음사로 출사해 참의가 되었는데, 그의 처가 호서지방 공주의 유력한 재지사족이었던 충주 박씨 박신함의 딸이었다. 권령은 실질적인 안동권씨 공주 입향조였던 권시의 5대 조가 된다. 권령은 박신함의 딸과 연을 맺으면서 당시의 상속 관행에 따라 처가로 부터 많은 분재를 받았던 듯하다. 이때의 분재가 후에 권시가 선대의 전장이 있던 대전지역으로 입향하여 세거하는 계기를 마련한 것이다.

권령은 두 명의 아들을 두었는데, 첫째 권홍權弘(1467~1516)은 1497년(연산군 3)에 문과에 급제하여 대사헌에 이르렀으며, 식견과 도량이 있어 논의가 분명하고 벼슬살이를 청백하게 했다는 평을 얻었다. 둘째 박博은 1508년(중종 3)에 음사로 출 사해 도총부 경력을 지냈다.

권홍은 아들이 없어 아우 박의 첫째 아들 덕유德裕(1537~1562)를 입양했다. 덕 유는 극인克仁·극의克義·극례克禮·극지克智·극관克寬 등 다섯 명의 아들과 딸 하나 를 두었다. 이중 극의·극례·극지 삼형제가 문과에 급제해 극의는 호조좌랑, 극례 는 예조·이조판서를 지냈고, 극지는 대사헌을 역임했다. 이러한 삼형제 등과는 조 선에서도 매우 드문 일로 이 집안이 일약 조선의 명문가로 성장하게 하는 데 크게 기여했다. 극지의 사위인 이정구李廷龜(1564~1635)는 문과에 급제한 후 좌상을 지 낸 유명한 인물이다.

극관의 아들인 득기得己(1570~1622)의 생부는 극례였지만 그는 극관의 양자로 들어갔다. 권득기는 1610년(광해군 2) 문과에 장원으로 급제해 예좌좌랑을 지내다 가 광해군의 계축옥사와 인목대비의 서궁유폐西宮幽閉의 패륜을 보고서 벼슬을 포 기하고 충남 태안의 바닷가에 은둔하며 생애를 마쳤다. 그러나 만회 권득기는 만년 에『가례참의家禮僭疑』와『논어』『근사록』『맹자』등의 참의僭疑를 저술하여 이를『독 서참의讀書僭疑』로 한데 묶어 펴내는 등 학문을 게을리 하지 않았다. 이와 같은 저술 활동과 학식으로 그는 경학 연구자이면서 예학자로 자리매김을 할 수 있었다. 특히 권득기는 당대의 이름난 유학자 박지계朴之誡(1573~1635)와는 도의지교였지만 학문 적으로는 격물치지 논쟁을 벌였던 사이다. 이 논쟁은 이황과 기대승 사이의 사단칠 정 논쟁이나, 성혼과 이이가 날을 세웠던 인심도심론人心道心論의 논쟁에 버금가는 성리학적 논쟁이었다.

권득기는 5남2녀를 두었는데, 둘째 아들 권구權訫와 넷째 권증權譜은 일찍 사망했다. 첫째 권적權試은 음사로 벼슬에 나아가 선공감역과 함양현감을 지냈고, 첫딸은 훗날 영의정에 오른 심지원沈之源(1593~1662)과 혼인했다. 셋째 아들 권침權詼은 동몽교관으로 출사해 종친부 전적을 지냈는데, 그의 문하생과 제자들이 세상에 이름을 떨쳤다고 한다. 그의 문인으로 영상領相 이여李畬, 이판吏判 이돈李墩, 승지 이학李㳞 등이 있다. 다섯째는 권시이고, 둘째 딸은 청주인 한빈韓彬과 연을 맺었다.

권시는 안동권씨 대전 입향조이다. 그는 어려서 안자顏子에 비유될 정도로 주위로부터 촉망을 받았고, 유일遺逸로 대군사부·시강원자의 등에 추천되었지만 나아가지 않고 간혹 서연과 경연에만 참석했던 산림학자였다. 권시는 아버지로부터 물려받은 가학을 기반으로 아버지의 도의지교이며 처삼촌이었던 잠야潛冶 박지계 문하에서 학문을 닦아 예학禮學에 일가를 이루었다. 권시는 출사 후 승지·찬선 등을 거쳐 1660년(현종 원년)에 한성부 우윤을 지내면서 김장생·김집 문하의 송시열·송준길·윤선거·유계·이유태 등 17세기 정계와 사상계를 주름잡았던 서인계 산림학자들과 교류했고, 다른 한편 허목과 윤휴 등 남인 학자들과도 사귀었다.

탄옹 교지.

244

그러나 권시는 1660년 기해예송에 휘말리면서 경기도 광주를 떠나 그의 5대조 령齡의 전장이 있던 공주 천내면 탄방리에 정착하게 되었다. 이로써 그의 후손들이 이곳과 그 인근에 세거하면서 지역의 유력한 사족으로 활동하게 된 것이다.

송시열의 기년설과 윤휴의 삼년설이 서로 각을 세웠던 기해예송에 윤선도가 우암을 비난하면서 백호의 설을 지지하는 상소를 올렸다가 삼수로 귀양 가게 되었다. 이때에 권시가 송시열의 기년설은 잘못된 것이며, 윤선도를 귀양 보내면 안 된다고 두둔하는 상소를 올렸다. 이로 인하여 권시를 비롯한 그의 후손들은 호서남인으로 불렸다. 어쨌든 만회 권득기와 탄옹 권시 부자의 활동은 그들 가문을 17세기 조선 명가의 반열에 올려놓는 데 기여했다.

대전에 터전을 내린 안동권씨 집안은 고려 말의 권문세족에서 조선 초에는 과거를 통해 계속해서 고위 관료를 배출한 사환가였다. 그러던 중 조선중기 권득기와 권시 부자 대에는 성리학과 예학으로 일가를 이루어 당대의 학문가로 위상을 새롭게 다졌다. 이후 권득기·권시 집안에서는 후손들에 의해 선대의 학문과 사상을 담은 문집의 간행이 이어졌다. 이렇게 선대의 학문을 이으려는 데에는 권시의 손자로 유명한 학자요 관료였던 유회당 권이진이 중요한 역할을 담당했다. 간행된 문집으로는 권득기의『만회집晚悔集』, 권시의『탄옹집炭翁集』등이 있다.

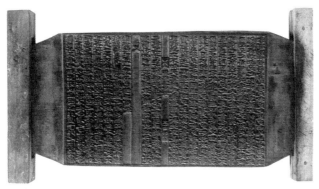

『만회집』목판.

권득기·권시 가계의 화려한 연혼관계

———

만회·탄옹 부자의 연혼관계를 살펴보면 화려하기 짝이 없다. 서인·노론·소론·남인 등 당시 17세기의 명문으로 알려진 가문과 중첩된 혼인관계를 맺고 있다. 조선에서 혼인은 단순히 개인 대 개인의 결합이 아니고, 가문과 가문의 사회적 결합이었다. 따라서 사회적 지위와 당쟁이 격화되었던 시기에는 혼인 대상을 택함에 있어 당색도 중요한 고려 사항 중 하나였다. 그래서 조선후기에 간혹 자신의 가문과 혼인이나 교류할 수 없는 가문을 「혐의록嫌疑錄」이나 「구무록構誣錄」이라 하여 작성하기도 했다. 그런 까닭에 연혼관계는 두 집안의 사회적 지위에 대한 이해와 교류를 이해할 수 있게 하는 중요한 요소이다.

권령의 손녀사위는 송인수宋麟壽로 우암에게는 종증조가 된다. 그리고 권령의 손자 권덕유의 장인은 찬성을 지낸 창녕부원군 조계상으로 시호는 충정忠貞이었다. 극지의 사위는 좌상을 지냈으며 문장가로도 유명한 이정구로 권득기와는 사촌 처남 매제 사이가 된다. 권득기의 장인은 구성도정龜城都正 이첨李瞻으로 덕양군德陽君 기岐의 손자이다.

만회·탄옹 가문의 연혼관계에서 첫째로 주목을 끄는 것은 노론의 영수이자 17세기 정치와 사상계를 주름잡았던 송시열 집안과의 중첩된 혼인이다.

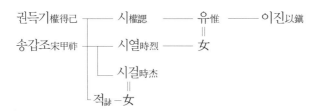

권시의 차남 유惟가 송시열의 딸과 혼인하여 두 집안은 사돈지간이 되었다. 따라서 송시열은 권시의 아들 권유에게는 장인이었고, 권유의 아들 권이진에게

는 외조가 된다. 그리고 권시의 맏형이었던 권적은 송시열의 사형제 가운데 막내인 송시걸을 사위로 삼았다. 이로써 권시에게 송시걸은 조카사위가 되었다. 이러한 연혼관계는 기해예송 때 권시가 송시열과 견해를 달리함으로써 손자 권이진이 과거에 급제 후 관직생활을 하는 동안 정치적인 변동을 겪을 때마다 처신을 어렵게 하는 요인이 되었다. 특히 권이진에게 노론의 영수 송시열이 외조부이고, 소론의 영수 윤증은 고모부인 동시에 스승이었다. 따라서 노론에게는 외조부의 원수인 소론과 손잡은 아첨배로, 소론에게는 혈연을 내세워 스승을 배반한 자로 낙인찍혔던 것이다.

두 번째로 주목되는 것은 권득기와 박지계 가문과의 중첩된 혼인관계이다. 박지계는 서인으로 예학의 대가였고, 만회와는 막역지교이자 격물치지 논쟁을 전개한 인물이다. 이들 두 가문의 혼인관계는 다음과 같다.

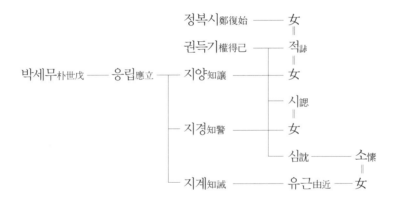

권득기의 장남 권적은 박지계의 형이었던 박지양朴知讓의 딸을 아내로 맞이했다. 그리고 권득기의 다섯째 아들 시諰는 박지계의 둘째 형 박지경의 딸을 맞아들였다. 또한 박지계의 아들 박유근은 권득기의 문인이었고, 박지계의 손녀이자 박유근의 딸이 권득기의 손자며느리가 되었다. 이처럼 권득기 집안과 박지계 집안은 세 차례나 중첩된 혼인관계를 맺었다.

두 집안은 혼인으로만 연결된 것이 아니라 학문적으로 사승관계에 있었다. 권득기의 아들 권시는 박지계의 문하에서 학문을 닦았고, 박지계의 아들 박유근은 권득기의 문하를 드나들었다. 즉 권득기와 박지계는 서로 자식을 바꾸어 가르친 셈이다.

세 번째로는 파평윤씨 집안과의 혼인관계이다.

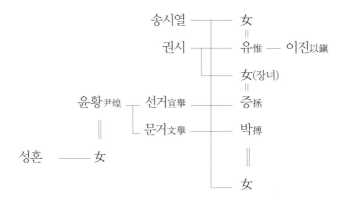

권시는 윤선거의 아들 윤증을 사위로 맞았다. 윤문거의 아들 박博은 송시열의 딸과 혼인했다. 권시의 둘째 아들 유惟는 송시열의 딸과 혼인하였다. 이처럼 권시·윤선거·윤문거·송시열 등은 호서의 회덕·연산·노성 등 인근 지역에 살면서 서로 각별한 우의를 맺고 있던 사이였다. 따라서 이들 가문은 위에서 보듯 연혼관계로 얽힌 사이였던 것이다. 그리고 우계 성혼의 사위가 팔송八松 윤황尹煌이었으므로 창녕성씨 집안과 간접적인 인연을 맺고 있음을 알 수 있다.

네 번째로 권시의 장남 권기는 신숭구의 딸을 맞아들였다.

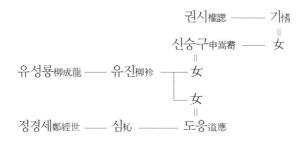

신숭구의 장인 수암修巖 유진柳袗(1582~1635)은 동인의 영수였던 서애 유성룡 (1542~1607)의 셋째 아들이고, 영남 남인의 영수 우복 정경세(1563~1633)와는 동 서지간이다. 이런 점에서 본다면 권시 가문이 동인과 전혀 관계가 없었다고 단정하 기도 어렵다.

다섯 번째로 권시의 둘째 딸은 남인 윤휴의 아들 윤의제에게 시집갔고, 셋째 딸은 은진 송도현에게 시집갔다.

권득기·권시 부자의 혼인관계는 노론·소론·남인 그리고 간접적으로는 동인 까지 포함하여 당색과 관계없이 17세기 명가들과 중첩된 혼인관계를 맺고 있었다. 이러한 사실은 당쟁이 극한으로 대립하기 이전이어서 가능한 것이었겠시만, 조선 의 사족사회에서 혼인이 갖는 중요성이 어떠했는지를 잘 보여주고 있다.

탄방에서 근심 없는 무수동으로: 유회당 가의 형성

———

권시는 2남3녀를 두었다. 장남 권기權惎(1623~1695)는 일찍이 송준길 문하에서 수 학하여 43세인 1665년(현종 6)에 뒤늦게 과거에 급제해 여러 관직을 역임하던 중 대 사간에 올랐다. 권시의 둘째 아들 권유權惟는 우암의 사위였는데 천거로 출사해 장 예원 사평을 지냈다. 그리고 권시의 첫째 딸은 윤선거의 아들 윤증尹拯과 혼인했 고, 둘째 딸은 윤휴의 아들 윤의제와 연을 맺었으며, 셋째 딸은 은진인 송도현과 혼 인을 했다. 그러나 앞서 언급했듯이 권시 집안의 폭넓은 연혼관계 및 교유관계는 그 후 당쟁의 심화로 아들 기·유와 손자 권이진이 관직에 있을 때 정치적 입장을 매 우 난처하게 하는 요인이 되기도 했다.

권시의 손자 가운데 두드러진 인물은 유의 셋째 아들 이진以鎭이다. 권이진 은 할아버지 권시로부터뿐만 아니라 고모부인 윤증의 문하에 입문해 수학했다. 그 후 백부 권기의 권유로 스물일곱 살에 과거에 급제해 벼슬길로 들어섰다. 그

明齋先生遺像

崇禎紀元後□戊申三月□□

「윤증 초상」, 이명기, 비단에 채색, 106.2×82cm, 보물 제1495호, 윤완식 소장. 권이진은 고모부 윤증의 문하에서 학문을 닦았다. 그리고 백부의 권유로 과거시험을 치러 벼슬길에 들어섰다.

러나 그 앞길은 당쟁의 격화와 그의 학연·혈연이 얽히는 까닭에 결코 순탄하지 못했다. 그럼에도 권이진은 예순일곱의 나이로 세상을 등지기까지 당쟁이 극심하던 시기에 40여 년의 세월을 관료로서 크게 부침 없이 보냈다. 이는 권이진이 관리로서 탁월한 능력을 보여 당대 최고의 호조판서로 꼽혔던 것에서 알 수 있듯, 그의 실무 능력 덕분이었다. 그리하여 권이진은 당쟁기에 실무형 관인으로 평가되기도 한다.

권이진은 경주부윤으로 있을 때에 증조할아버지의 문집인『만회집』을 펴냈고, 이어서 할아버지 탄옹의『탄옹집』간행에 적극적으로 참여했다. 또한 밀암密庵 이재李栽, 식산息山 이만부李萬敷 등 당대 석학들과 난상토론을 벌여 퇴계학의 유연성을 강조했으며, 동래부사로 있을 때는 외교적 치적과 엄정한 실무 집행, 어전에서도 흔들리지 않았던 재정 관료로서의 지론 등으로 인해 여느 관료들과는 확연히 구분되었다.

탄옹에서 시작되어 유회당에 이르러서 이 가계는 뚜렷하게 기호남인으로 분류되었다. 이 시기 이후 가계는 뚜렷한 무실학풍의 실학적인 경향을 띠었다. 실제로 권이진의 둘째 아들 권정징權瀞徵이『탄옹집』서문을 성호 이익에게 받았고, 유회당의 묘지도 성호가 찬했다. 이는 두 집안이 실학정신을 바탕으로 학문적으로나 사상적으로 소통하는 관계임을 보여준다. 또한 성호의 손자 이구환李九煥이 유회당의 증손녀사위가 되는 등 두 집안은 통혼을 통해 더욱 긴밀한 관계를 맺어나갔다.

유회당의 학문적인 성장과 정치적인 현달은 탄옹 가문의 문벌을 높이는 데 기여하는 한편, '유회당 가문'이라고 하는 새로운 문호를 형성하게 했다. 이후 유회당의 증손 상희尚熺는 선대의 음덕에 힘입어 한성서윤, 돈녕부판관, 용안·신창현감 등 내외 요직을 두루 거쳤다. 또한 6세손 영수永秀는 1844년(헌종 10) 문과에 합격해 형조·호조참판을 지내는 등 이름을 널리 알렸다. 비록 벼슬길에 나아가진 않았지만 현손 감堪은 시명詩名이 자자하여 후진 양성에도 크게 기여했다. 이처럼 유회당의 자손들은 때로는 출사하여 나랏일에 몸담고, 때로는 처사로서 은둔하기도 했지만 무실, 즉 실질을 숭상하는 실학적 정신만은 집안을 관통하는 가풍으로 굳게 세워졌다.

한편 유회당의 자손들은 같은 경향의 명가들과 통혼하여 결속을 다지고 사회적인 지위를 키워나갔다. 첫째 형징의 장인 정도복丁道復은 남인의 명가 나주정씨 출신이었다. 이조참의 시윤時潤의 둘째 아들이었던 그는 문과를 거쳐 승지를 지냈는데, 훗날 실학을 집대성한 학자로 일컬어진 정약용은 그의 종현손이 된다. 손자 세억世檍의 사위 이구환李九煥은 성호 이익의 장손이고, 증손 상희의 장인 남하정南夏正은 유명한『동소만록桐巢漫錄』의 저자이기도 하다.

특히 현손 권감의 혼맥은 기호남인과 영남남인 사이의 교류를 보여주는 전형적인 예라는 점에서 자못 눈길을 끈다. 선산 출신인 그의 처부 최광벽崔光璧은 학봉·한강 문인 최현崔晛의 6세손으로 퇴계 학맥의 핵심을 이룬 인물이었다. 최광벽의 어머니 진성이씨는 퇴계의 6세손 이수겸李守謙의 딸이었기에 종녀 이씨 부인과 권감은 장조모·손서 관계에 있었다. 또한 최광벽의 처남 김한동은 1792년(정조16) 임오의리壬午義理를 밝힐 것을 주장한 영남유소를 주도할 만큼 정치적으로 영향력이 컸던 인물이었다.

유회당의 직계로는 영남혼이 드물지만 탄옹의 자손 대로 소급한다면 안동권씨와 영남 명가들과의 통혼상은 적지 않게 찾아진다. 우선 탄옹의 큰손자 이종以鍾의 장인 정유정鄭有楨은 정문부의 손자로 진주 출신이었다. 자세한 연유는 알 수 없지만 정유정과 우암의 교유관계가 권기와의 사돈관계로 발전한 듯 보이는데, 훗날 이 가계는 노론을 표방하며 우암과 동춘당의 문묘종사론을 확산시키는 데 기여했다.

권기는 다섯 딸 가운데 세 딸의 사위를 영남에서 삼았는데 첫딸은 김원섭金元燮, 넷째는 정중원鄭重元, 막내는 이주천李柱天과 연을 맺었다. 선산 출신의 김원섭은 숙종조 남인의 중진으로 활동했고, 안의 출신의 정중원은 동계桐溪 정온의 증손자였으며, 성주 출신의 이주천은 한강·여헌 문인 이언영李彦英의 증손으로 한림을 지냈다.

252

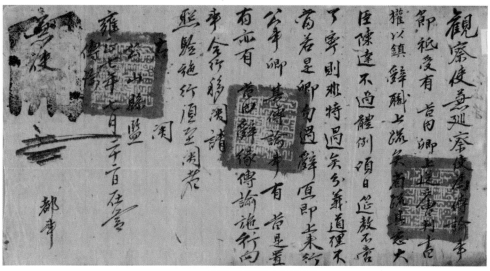

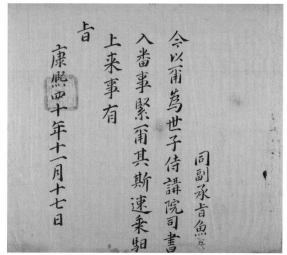

권이진 시권, 1693, 권이진이 생원에 입격했을 때의 시권.(위)
권이진 관문, 1729, 충청감사가 공산현감에게 보낸 관문. 권이진의 사직상소에 대한 언급이 있다.(가운데)
권이진 유지, 1701, 시강원 사서 임명 시 부임을 종용하는 유지.

이들은 모두 유회당과 사촌의 척분이 있었을 뿐만 아니라 서로 막역한 교분을 맺어 유회당이 영남 일원으로까지 교유의 범위를 확대하는 데 영향을 미쳤다. 「유회당연보」에 따르면 유회당은 1688년 김원섭을 1년 가까이 가르쳐 보이며 시문을 질정한 바 있고, 1709년 김원섭은 무수동을 몸소 방문하기도 했다. 또 평소 정리가 각별했던 이주천은 유회당이 동래부사로 재직하던 1709년(숙종 35) 3월 관사로 방문하여 창수·화답했고, 1714년(숙종 40) 유회당은 경주부윤직을 사임하고 돌아오는 길에 성주에 들러 그를 문상하기도 했다. 정중원과의 관계는 1725년(영조 1) 정온의 유허비桐溪鄭先生某里遺墟碑를 짓는 단계로 진전되었다. 위에서 살펴본 권상희와 최광벽 사이의 사돈관계도 탄옹과 그 아들대에 형성된 영남인과의 혼맥, 그러한 혼맥에 바탕한 유회당의 교유관계 등이 종합적으로 반영된 결과로 이해할 필요가 있다.

안동권씨 가의 역사문화 유적

탄옹 관련 고문서

탄옹 권시 종가에는 약간의 고문서가 소장돼 있는데 주로 탄옹의 교지류와 상소문 초고 등이다. 이 가운데 특기할 만한 것으로는 1636년 6월에 이조의 차정差定으로, 대군사부 송준길의 천전遷轉으로 권시를 대군사부로 부르는 차정이 있다. 이는 『탄옹집』 「가장家狀」에 탄옹이 1636년에 천거로 대군사부로 출사했다는 사실을 확인해주는 문서다.

탄옹 묘소

권시가 사후에 처음 예장된 곳은 1672년(현종 13) 보문산 사정동이었다. 그 후 1700년(숙종 26)에 현재의 위치(대전광역시 서구 탄방동)로 옮긴 것이다. 현재 묘소

탄옹 묘소.

　는 도산서원에서 서쪽으로 100미터쯤 떨어진 구릉상에 있다. 묘소는 도심 속의 조그만 섬처럼 주택가에 둘러싸여 있지만, 남향의 양지바른 언덕에 잘 가꾸어져 선조를 기리는 후손들의 정성을 알 수 있다.

　　묘역은 2단으로 배치되어 있다. 윗단에는 북쪽으로부터 사성莎城을 두르고 그 남쪽으로 원형의 분구가 있다. 분구 앞의 계절階節에는 묘정비와 개석묘정비, 상석을 배치했다. 하단의 배계절拜階節, 즉 예를 올리는 장소의 끝 부분에는 망주석 한 쌍과 문인석 한 쌍이 있고, 또한 묘역 입구에 최근에 세운 신도비가 있다. 망주석은 장방형의 긴 석재로 되어 있는데, 이러한 형식은 거의 찾아보기 어려운 독특한 양식이다.

　　분구의 하단은 타원형의 장대석으로 호석을 두르고 있으며, 상단은 호석 위로 완만한 경사면의 원형을 이루고 있다. 분구는 높이가 대략 180센티미터이고, 하변의 둘레는 2339센티미터이다. 분묘 하단의 호석은 모두 10개의 타원형의 장대석으로 구성되어 있다.

만회·탄옹 문집 책판

만회 권득기와 그의 아들 탄옹 권시 문집의 판목이다. 책판은 원래 도산서원에 보관해오다가 1987년부터 탄옹 묘소 왼쪽 하단에 철근 콘크리트로 건물을 세우고 숭모각이라 현판한 장판각에 보관 중이다. 『만회집』 328판은 인조 13년(1635)과 숙종 38년(1712)에 제작한 것으로, 판목은 배나무와 물오리나무 평판을 양면에 조각한 것이나, 328판 중 5판은 한 면만 조각되었고 323판은 양면이 조각되었다. 그 중 만회집습유 제18면은 반분되어 각각 다른 면에 조각되었다. 첫 권 1장의 판식을 보면 사주단변에 한쪽 광곽은 20.8×15.4센티미터의 크기로 계선이 있다. 한쪽이 10행이고 23자씩이다. 판심은 상하 내향한 화문어미로 되어 있다. 이 문집은 권득기의 저서이지만 아들 시와 증손 이진이 편찬했다. 그 내용을 통해 광해군 때에 일어난 일과 당론, 예학, 변설 등의 학문을 연구할 수 있다.

『탄옹집』은 282판으로 영조 14년(1738)에 제작했으며, 판목은 물오리나무 평판을 양면에 조각했다. 그러나 책판이 순서대로 되지 않은 부분과 중복 판각된 곳도 있다. 첫 권 1장의 판식을 보면 사주쌍변에 한쪽 광곽은 21.4×16.5센티미터의 크기로 유계에 10행 20자씩 되어 있고, 소자도 한 줄로 되어 있다. 탄옹집은 아들 기·유·사위 윤증 그리고 손자 이정·이진 등이 편찬하였고, 서문은 성호 이익이 작성했다. 『탄옹집』에는 당론과 예학 등 유학 사상에 관한 내용이 들어 있다. 만회·탄옹 문집 책판은 1989년 12월 13일에 대전광역시 유형문화재 17호로 지정되었다.

도산서원

도산서원은 1711년(숙종 37) 기호의 유림들이 권득기와 권시를 추모하기 위해 탄방동(본래 공주 속현)의 노산 기슭에 세웠다. 남서향으로 배치된 입구에 세워진 향직문向直門을 들어서면 정면에 '도산서원道山書院' 현판이 걸린 강당인 명교당明教堂이 있고, 강당 앞쪽으로는 지선재止善齋와 시습제時習齋 현판이 걸린 동·서양재東西兩齋가 마주 보고 있다. 명교당을 중심으로 한 강학 공간의 오른쪽 높은 일곽의

도산서원.(위)
합덕사.(아래)

대지에는 사괴석 담장을 두른 함덕사涵德祠가 세워져 있다. 구성은 정면 3칸, 측면 3칸으로 되어 있다. 통상 사우의 외삼문을 통한 출입은 동입서출東入西出이 보통이다. 그러나 함덕사는 서입동출을 관행으로 하고 있다. 이는 여느 서원과 달리 함덕사에 모셔진 만회·탄옹 위패의 순서 때문에 생긴 것이라 한다.

도산서원은 설립 후 대원군 때에 헐렸다가 1921년 설단設壇하고 춘추 향례를 봉행하다가 1968년과 1973년 2차에 걸쳐 구지 좌록에 문공부 협조로 안동권씨 문중에서 복원했다. 그리고 1989년 3월 18일 대전시 문화재자료 제3호로 지정되었다.

도산서원이 있던 곳은 탄옹 권시 선생이 13년 동안 도학道學과 예학禮學에 정진하면서 후학들을 강학하던 곳이었다. 권시의 호인 탄옹은 이 지명에서 따온 것이며, 도산道山이라는 산 이름도 그가 이곳에 정착하여 도학을 연마하였기 때문에 붙여진 것으로 전한다. 따라서 '도산서원'이라는 서원명도 지명에서 기원한 것이다. 서원의 강당 내부에는 권시가 1685년(효종 9)에 부친 권득기의 가훈이었던 "매사 반드시 옳은 것을 구하고, 두 번째 의리에 떨어지지 마라每事必求是毋落第二義"를 허목에게 청해서 받았는데, 이 글씨를 판각한 것이 대련으로 걸려 있다.

유회당 관련 고문헌

유회당有懷堂 집안의 고문서는 약 3200점이 있다. 소장된 고문서의 상한은 1690년대 중반이고, 대부분 유회당이 문과에 급제해 관직생활을 시작하던 1694년 이후의 것이다. 나아가 후손인 권상희와 권영수 관련 고문서가 많다. 고서는 1100여 책을 소장하고 있다. 그 중『동경잡기간오』『평양지』『근사록』『동파집갑인자본』등은 판본상 의미를 지닌 자료다. 기타 필사본으로 미간행 문집유고 등도 학술적인 가치를 지녔다. 이들 고문헌은 현재 대전광역시 선사박물관에 기탁되어 관리되고 있다.

유회당 권이진 가 일괄유물과 「무수동도無愁洞圖」

유회당 가문에 소장된 유회당 관련 유물은 대전광역시 문화재자료 제17호로

「무수동도」.

지정되어 있다. 경안배 1건 4점, 관자 5건 10점, 가죽신 1건 2점, 삼인검三寅劍, 인장(13점), 수정갓끈, 호패(8점), 군사명기, 참빗(2점), 저울(1점) 등이다.

「무수동도」는 권이진이 1729년 호조판서로 재직할 때 화공에게 고향을 8폭으로 그리게 한 것이다. 유회당의 현손 감嵊의「무수동도」에 의하면 권이진이 호조판서로 지내면서 오랫동안 고향을 가지 못함을 안타깝게 여기다가 자신의 본가와 선영이 있는 고향 무수동을 병풍으로 그리게 했다고 한다. 그러나 현재는 7폭만 남아 있다. 「무수동도」는 18세기 전반에 그려진 대전 유일의 실경산수화라는 데 의미가 있다. 특히 진경산수화의 전통을 이으면서도 남종화의 특징을 반영해 조선후기 회화사의 흐름을 알 수 있는 작품이다. 대전시 유형문화재 제44호로 지정되어 있다.

유회당 종가

보문산 남쪽 무수동에서 유회당 권이진은 선친 여옹 권유의 묘를 모시고, 그 묘하에 유회당을 비롯하여 삼근정사 기궁재를 지었으며, 다시 그 아래에 자신의 집을 짓고 살았다. 종가는 보문산 하단을 배경으로 남향으로 건축되었다. 종가의 입구 왼쪽에는 조그마한 연못을 팠는데, 그 앞으로 정자와 수령이 250여 년 된 느티나무와 은행나무 등이 있어 경관이 한층 고풍스러워 보인다. 이 연못을 지나면 'ㄱ'자형의 안채가 있는데, 예전에는 '一'자형의 행랑채가 있어서 전체적으로 'ㄷ'자형의 평면을 이루었다고 한다. 행랑채 우단 옆으로 바로 사랑채가 있다. 또한 사랑채 뒤편 조금 높은 곳에는 유회당에서와 같은 형태의 사당채가 남향으로 위치해 있다. 안채는 최근에 해체·수리되었다.

그리고 이 안채 앞으로 예전에는 정면 4칸, 측면 2칸으로 되어 좌단 칸에 안채로 출입하는 중문이, 그리고 그 우측에는 고방으로 사용하는 행랑채가 있었지만 지금은 없다.

종가 앞쪽에 있는 모정은 권이진의 첫째 아들 권형징權洞徵(1694~1755)이 세웠다. 정확한 연대는 파악되지 않지만 대략 18세기 전반에 세워진 듯하다. 이 정은

유회당 종가.

사방에 기둥 넷으로 받친 조그만 사각형의 초가집으로 동헌마루 형식이다. 정자 이름은 고시인 "하늘빛과 구름 그림자 함께 배회하누나天光雲影共徘徊"라는 구절에 서 땄고, 이 정자 옆의 작은 연못도 같은 구절에서 따다 배회담이라 했다. 권형징은 이 정자 이름을 자신의 호로 삼았다. 이 정자는 광영정뿐만 아니라 정자에서 보이 는 사방의 풍경에 따라 네 가지로 나뉘어 불리기도 한다. 즉 북쪽으로 향하여 보면 배회담이란 연못이 앞에 있어서 '광영정光影亭'이고, 남쪽으로 향하여 보면 바람을 이끌어 당기는 누각으로 '인풍루引風樓'가 되고, 동쪽으로 향하여 보면 달맞이에 적 합해 '수월헌受月軒'이라 했으며, 서쪽으로 향하여 보면 노징개 등에서 농부들이 농 사일을 하는 것을 구경할 수 있으므로 '관가헌觀稼軒'이라 하였다. 그리고 '소루기'가 새겨진 현판도 있다.

유회당

유회당은 탄옹의 손자 권이진이 숙종 33년(1707)에 당 바로 위에 있는 부모 묘소의 참배소와 제사를 모시는 곳으로 사용하는 동시에 독서와 학문을 강론하고 연마하는 장소로 쓰기 위해 세웠다. 유회당은 전면 4칸, 측면 2칸으로 앞면과 양쪽 면에 평난간이 둘러진 툇마루가 있고, 중앙에 우물마루의 넓은 대청을 두고, 그 양쪽에 온돌방을 배치했다. 당에는 당호인 '유회당有懷堂' 현판이 있고, 왼쪽 온돌방에는 '구시재求是齋', 오른쪽 방에는 '불기재不欺齋'라는 현판이 걸려 있다. 당명인 '유회有懷'는 명조 말기 전목재錢牧齋(전겸익의 호)의 '명발불매 유회이인明發不寐 有懷二人'이란 시에서 취한 것으로 '부모를 간절히 생각하는 효성스런 마음을 늘 품고자' 하는 뜻이다. '불기재'는 오른쪽 방에 걸려 있는 편액으로 "마음속에서도 속이지 말라는 집"이라는 뜻이다. 왼쪽의 '구시재'라는 현판은 유회당의 증조부 권득기의 십자훈十字訓이었던 "매사에 반드시 옳은 것만 구하고, 두 번째 의리에는 떨어지지 말라每事必求是 毋落第二義"와 조부 권시의 '사심구시事心求是'라는 훈계에서 따온 것이다.

유회당에 걸려 있는 '유회당' '구시재' '불기재' 등 3개의 현판은 권이진의 도의지교인 주암朱菴 박순朴恂의 글씨다. 박순은 본관이 밀양이며 박심문의 8대손으로 유회당보다 12년 연상이지만 마음과 덕으로써 사귀었다. 박순은 당시에 명필로 세상에 알려졌지만 오늘날에는 아는 사람이 드문데, 유필로 유회당에 걸려 있는 3개의 현판 외에 '여경암餘慶菴' 등이 남아 있다. 따라서 이들 현판은 서예사적으로 가치가 있는 자료이다. 이외에도 1718년 당을 건립한 2년 뒤인 1720년에 권이진이 직접 쓴 '명당실기名堂實記' 현판도 걸려 있다.

유회당 정면으로 난 솟을삼문을 들어서면 '활수담活水潭'이라는 작은 연못이 있고, 그 중앙에는 돌다리가 놓여 있다. 활수담은 주자의 "원두源頭에 활수活水가 있기 때문이네爲有源頭活水來"라는 구절에서 취한 것이다. 유회당은 이 연못 뒤쪽에 자연석으로 높게 쌓은 축대 위에 건립되어 있다. 구릉지에 지어진 까닭에 정면 기단을 높이 만들고 후면 기단은 자연히 낮아진다. 유회당은 뒤로 보문산을

유회당.

배경으로 구릉상에 있어 앞이 탁 트여 사계절의 변화를 느낄 수 있는 아름다운 건축물이다.

삼근정사

유회당의 후원 오른쪽에 있는 'ㄱ'자형 건물로 선친 권유의 묘를 시묘하던 시묘소이다. 삼근정사三近精舍란 선친 권유의 묘, 담 옆으로 흐르는 시냇물, 시냇물 옆에 우거진 철쭉 숲 등이 가깝다고 해서 붙여진 것이다. 여기엔 '수만헌收漫軒'이라는 현판이 걸려 있다. 수만헌은 범석호范石湖(송나라 시인 범성대范成大의 호)의 시 "송추

삼근정사(위)와 하거원 사당.

에 길이 외롭고 궁한 눈물 의지하고, 천석은 마침내 방황하는 몸을 거두어주네松楸永寄孤窮淚 泉石終收漫浪身"에서 따왔으며, 권이진이 유회당이란 호를 사용하기 전에 아호로 삼았던 것이다. 삼근정사로 오르는 언덕을 '하거원何去園'이라고도 했는데, 이는 권이진이 선친의 묘소 곁에 시묘소를 짓고 "어찌 이 동산을 버리고 가십니까"라는 뜻에서 지은 것이라 한다. 삼근정사와 같은 시묘소는 매우 드문 예이고, 아주 작은 건물이지만 기능적으로 갖출 것은 다 갖춘 아담한 건물이다.

기궁재

기궁재寄窮齋는 권이진이 선친의 묘소를 정하고 유회당을 비롯하여 그 경내에 지어서 재실로 사용하던 곳이다. 기궁재란 『논어』의 "군자 고궁君子 固窮"에서 취한 것으로 "'궁窮'자에 의지하는 집"이라는 뜻이다.

기궁재 현판과 기궁재.

장판각藏版閣(유회당문집판有懷堂文集板)

장판각은 유회당과 삼근정사 경내에 독립되어 지어진 목조 건물로 '유회당문 집판'이 보관되어 있었다. 이는 정면 3칸과 측면 2칸의 평면에 원주를 세운 맞배지 붕의 건물로, 원래는 사당으로 썼다. 이후 이곳에 유회당 문집 책판을 보관했지 만 장판각을 솟을대문 안쪽 활수담 우측에 새롭게 건축해 유회당문집판을 보관 하고 있다.

유회당집 판목의 재질은 본체가 배나무이고, 마무리는 소나무로 했다. 편찬자 가 누구인지에 대해선 문헌상 기록을 찾기 어렵다. 다만 후손에 따르면 "순조연간 에 명필이었던 좌옹의 글씨로 쓰여 판각되었다"고 한다. 좌옹은 안동권씨 추밀공 파 대보에 있는 기록에 따르면 이름이 상서이고 자가 원식이며, 유회당의 증손으로 영조 43년(1767)에 태어나서 헌종 원년(1835) 9월에 사망했고, 왼손잡이의 명필로 알려져 있다.

여경암

여경암餘慶庵은 유회당이 그의 부모 묘소 근처의 산을 보호하고, 아울러 외유 내불外儒內佛 사상이 있어 지은 절이다. 여경암이라 한 것은 송나라 때 사마온공이 자제와 제자들을 가르치기 위해 강당을 지어 '여경사餘慶寺'라 한 데서 따온 것이다. 여경이란 원래『주역』의 "착한 일을 많이 한 집안에는 반드시 남는 경사가 있다積善 之家 必有餘慶"에서 온 말이다. 여경암과 거업재는 대전광역시 유형문화재 제18호로 지정되었다.

거업재

여경암 바로 아래에 있는 거업재居業齋는 선비가 공부하는 집이다. 거업이란 『주역』「건괘」 문언에서 공자가 말하기를 "군자는 덕을 진전시키고 업業을 닦으니, 충신이 덕을 진전시키는 것이고, 말을 닦아 그 성실함을 세움이 업業에 거처하는 것居業이라는 데서 취한 것 같지만, 권이진 쓴 「거업재기」에는 공부하며 거처하는 집이라 하였다. 거업재라는 현판 글씨는 당시 박자임이 썼다고 전하나 없어졌고, 또한 박인경朴獜卿이 초서로도 써서 걸어놓았다 하나 이 역시 보이지 않는다. 거업재는 전면 6칸, 측면 1칸의 일자형 건물로서 우물마루를 깔고 여름철은 서당과 온돌방인 겨울철 서당, 그리고 부엌으로 이루어졌다.

귀후재

대전시의 최남단의 어남동(느내미)에 위치한 귀후재는 유회당의 묘소 아래에 순조 13년(1813)에 건립되어 후손은 물론 사림들이 이곳에 모여 도학을 강론하기도 하고 시제 때면 제수를 차리고 제향을 모시던 곳이다. 귀후재란 『논어』에 "인생의 마침을 삼가서 멀리까지 추모한다면 백성의 덕이 후한 데로 돌아가리라愼終追遠 民德歸厚矣" 한 데서 취한 것이다. 이곳에 걸려 있는 '귀후재기'는 유회당의 현손인 용와容窩 권감權堪이 지었다.

권이진 묘소

권이진 묘소는 재실인 귀후재 바로 뒤편 산 아래 쪽에 있다. 묘역은 계절과 배계절로 나뉜다. 계절에는 원분인 봉분과 권이진 묘비가 있다. 봉분의 아래에는 장대석을 둘렀는데, 이는 탄옹 권시 묘소의 호석과 유사하다. 묘는 정방형에 '유명조선자헌대부호조판서권공이진지묘有明朝鮮資憲大夫權公以鎭之墓'라 되어 있다. 배계절에는 1쌍의 망주석과, 금관조복형 문인석 1쌍이 있다.

권이진의 신도비는 귀후재 바로 앞에 세웠는데, 정범조 짓고, 강시영 쓰고, 권영수가 전하였다.

권이진 묘소.

268

안동권씨 참의공파 가계도

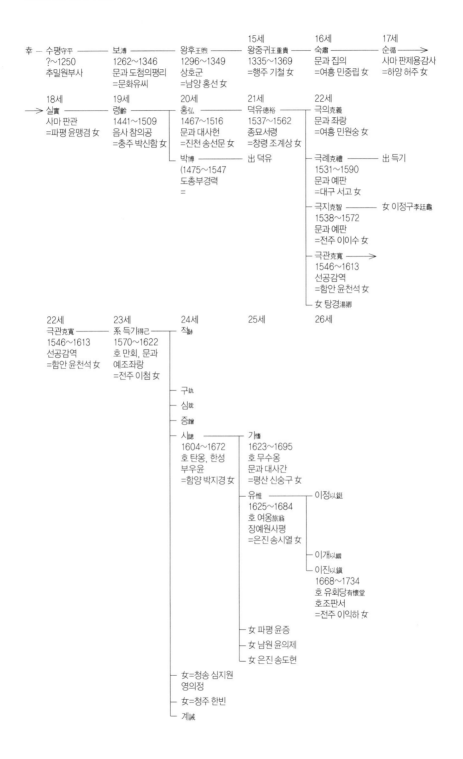

幸 — 수평守平
?~1250
추밀원부사

보溥
1262~1346
문과 도첨의평리
=문화유씨

왕후王煦
1296~1349
상호군
=남양 홍선 女

15세
왕중귀王重貴
1335~1369
=행주 기철 女

16세
숙肅
문과 집의
=여흥 민중립 女

17세
순循
사마 판제용감사
=하양 허주 女

18세
실實
사마 판관
=파평 윤맹겸 女

19세
령齡
1441~1509
음사 참의공
=충주 박신함 女

20세
홍弘
1467~1516
문과 대사헌
=진천 송선문 女

박博
(1475~1547
도총부경력
=

21세
덕유德裕
1537~1562
종묘서령
=창령 조계상 女

出 덕유

22세
극의克義
문과 좌랑
=여흥 민원숭 女

극례克禮
1531~1590
문과 예판
=대구 서고 女

出 득기

극지克智
1538~1572
문과 예판
=전주 이이수 女

女 이정구李廷龜

극관克寬
1546~1613
선공감역
=함안 윤천석 女

女 탕경湯卿

22세
극관克寬
1546~1613
선공감역
=함안 윤천석 女

23세
系 득기得己
1570~1622
호 만회, 문과
예조좌랑
=전주 이첨 女

24세
적勣

구勼

심愖

증譄

사思
1604~1672
호 탄옹, 한성
부우윤
=함양 박지경 女

女=청송 심지원
영의정

女=청주 한빈

계誡

25세
기愭
1623~1695
호 무수옹
문과 대사간
=평산 신숭구 女

유惟
1625~1684
호 여옹旅翁
장예원사평
=은진 송시열 女

女 파평 윤증

女 남원 윤의제

女 은진 송도현

26세
이정以挺

이개以鐺

이진以鎭
1668~1734
호 유회당有懷堂
호조판서
=전주 이익하 女

27세
동징洞徵 ————
1694~1755
호 광영정光影亭
통덕랑
=나주 정도복 女

28세
세억世檍 ————
1711~1752
통덕랑
=전주 이익형 女
=연안 김행덕 女

29세
상희尙熺 ————
1734~1809
호 안헌安軒
돈녕부판관
=의령 남하정 女

30세
감堪 ————
1760~1823
호 용와容窩
증이의
=전주 최광벽 女
=고성 이인범 女

31세
용전用銓 ————→
1785~1837
구송 유문행
증이참
=연안 이화정 女

32세
영수永秀 ————
1808~1867
설초, 문과 참판
=전주 이백영 女
=진주 강도흠 女

33세
경채景采 ————
1866~1908
회석晦石, 진사
=청송 심재승 女

34세
용한容漢 ————
1899~?
=연안 이병성 女

35세
태원兌遠
=성주 이병태 女

8장

극심한 당쟁에서 강화 양명학의 새 길을 열다

— 영일정씨 하곡 가문 이기순

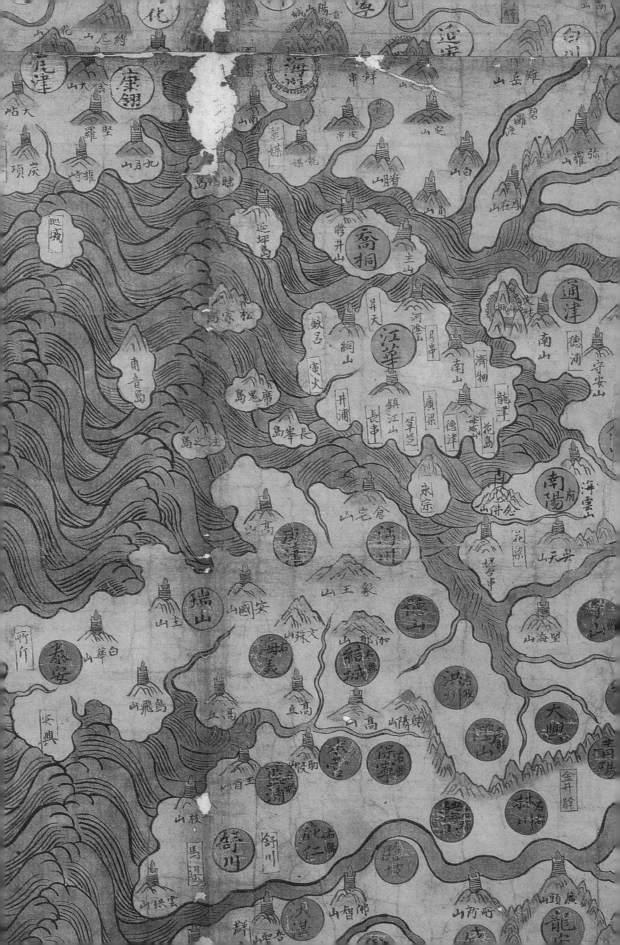

대제학을 배출하며 기운차게 일어난 가문

영일정씨迎日鄭氏가 어디서 근원했는지에 대해서는『삼국사기』와『삼국유사』에 기록이 전한다. 신라 육촌중六村中 자산觜山 진지부珍支部의 촌장 지백호智伯虎가 유리왕 9년(32)에 왕으로부터 정씨 성을 받았다. 그런데 영일정씨의 시조인 지백호에 대한 사적이 인멸되어 지백호의 원손 종은宗殷(간의대부)을 중시조로 삼았고, 후손인 의경宜卿이 영일호장迎日戸長을 지냈으며 영일현백迎日懸伯에 봉해졌기에 그 후손들이 본관을 영일로 하였다.

본관을 영일의 옛 지명을 따라 연일延日로, 영일迎日에서도 본고장인 오천마을의 이름을 따서 오천烏川으로 쓰기도 했지만, 1981년 영일정씨 포은공파 종중에서는『영일정씨세보』를 편찬하면서 본관을 영일로 통일해서 쓰고 있다.

영일정씨는 연원은 같지만 소목昭穆(조상의 신주를 모시는 차례)을 밝히지 못하는 두 파가 있는데, 고려 의종 때 추밀원지주사를 지낸 습명襲明을 1세조로 하는 지주사공파(정봉수鄭夢周·정분예계鄭文裔系)와 고려 때 감무를 시낸 극유克儒를 1세조로 하는 감무공파(정사도鄭思道·정철계鄭澈系)가 그들이다.

지주사공파는 정몽주의 순절 이후 조선조에서는 고려 왕조의 충절로 꺼림칙하

273

게 여겨져 세상에 이름을 드러내지 못한 반면, 국가에 중대한 일이 있을 때마다 충절인을 길러냈으며, 현종대에 우의정을 지낸 정유성과 정제두는 이들의 후예이다.

지주사공파의 시조인 정습명鄭襲明은 고려의 문신이다. 인종 때 국자사업·기거주·지제고를 지냈으며, 인종의 신임을 얻어 승선承宣에 올랐다. 그는 한림학사에 이어 추밀원주지사를 지냈다. 하지만 선왕의 유명을 받들어 의종에게 거침없이 간언함으로써 왕의 미움을 사기도 했다.

정습명의 후손으로는 11세손 몽주夢周가 뛰어났다. 정몽주는 고려말기 문신 겸 학자로 의창(고려시대의 구호기관)을 세워 빈민을 구제하고 유학을 널리 미치게 했으며, 성리학에 밝았다. 『주자가례』를 따라 개성에 오부학당과 지방에 향교를 세워 교육을 떨쳐 일으켰다. 시문에도 뛰어나 시조 「단심가」 외에 그가 지은 많은 한시가 전하며 서화에도 뛰어났다.

정유성鄭維城은 조선중기 문신으로 호조·예조·이조판서를 역임하고, 1659년 우

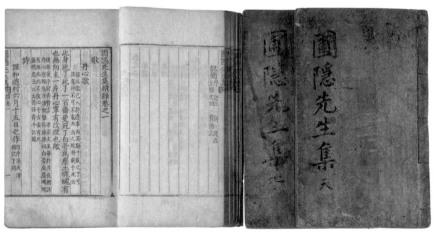

하곡 정제두의 가문 영일정씨의 인물 가운데는 정습명의 11세손 정몽주가 뛰어났다. 위의 자료는 그의 글을 모아 펴낸 『포은선생집』, 국립중앙박물관.

의정으로 고부사가 되어 청나라에 다녀왔다. 이때 이조판서 송시열이 경성판관 홍여하의 상소로 물러나자 그 부당성을 지적해 왕으로 하여금 송시열의 사직을 만류하게 했다.

정제두鄭齊斗는 지식과 행동의 일치를 주장하는 양명학陽明學을 연구하고 발전시켜 최초로 사상적인 체계를 세운 조선후기의 학자다. 그는 『하곡문집霞谷文集』을 남겼고, 『존언存言』등을 지었다.

감무공파는 조선조에서도 네 명의 재상과 세 명의 대제학을 배출하는 등 기운차게 일어났다. 고려 때 감무를 역임한 정극유鄭克儒를 시조로 하는 감무공파의 인맥으로는 극유의 6세손 사도思道가 직제학을 지냈고 우왕 때에는 지문하성사와 정당문학을 지낸 후 오천군에 봉해졌으며, 그의 손자 진鎭이 조선조에 공조판서를 지낸 후 오천부원군에 추봉되어 세종 때의 명신 연淵과 함께 명문의 기틀을 다졌다.

병조판서 연의 증손이 기묘명현인 완浣이다. 그의 아들 숙瀟이 절조와 효성으로 명망을 떨쳤는데, 특히 친구 성수종이 죽자 과부가 된 그의 처를 평생 동안 먹여 살려 우애의 본보기로 선비들의 입에 오르내렸다.

지중추부사를 지냈던 순洵은 하나뿐인 아들을 잃고 후사가 없는데도 조금도 당황하지 않았던 운명론자였다. 그의 임종에 딸들이 둘러앉으니 "내 딸들은 모두 단정하다"고만 할 뿐 후사에 대해서는 아무 말도 하지 않았다. 이에 부인이 당황하자 "운명인 것을……"이라는 말을 끝으로 눈을 감았다고 한다.

돈령부 판관을 역임했던 유침維沈의 아들 4형제 중 첫째 자滋는 명종 때 이조정랑직에 있었지만 을사사화가 일어나자 대윤大尹인 윤임 아내의 생질이라는 이유로 화를 입었고, 둘째 소沼는 형이 죄 없이 화를 당하자 이를 애통히 여기고 순천에 은거하여 학문과 덕행으로 이름을 날렸다. 유침의 셋째 아들 황滉은 군기시 첨정을 거쳐 김제·안악군수를 지내고 내섬시 부정에 올라 광국원종공신에 책록되었다.

송강 철澈은 유침의 막내아들이다. 「관농별곡關東別曲」등을 지은 조선중기의 문신 겸 시인이다. 당대 가사문학의 대가로서 시조의 윤선도와 함께 한국 시가사의 쌍벽으로 일컬어진다.

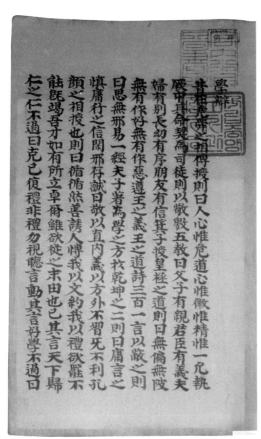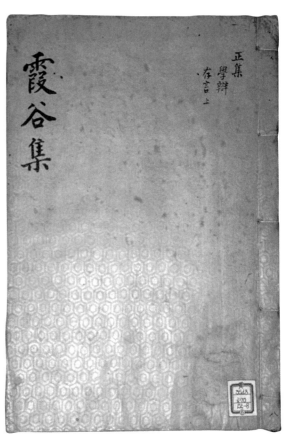

하곡 정제두의 글을 모은 『하곡집』.

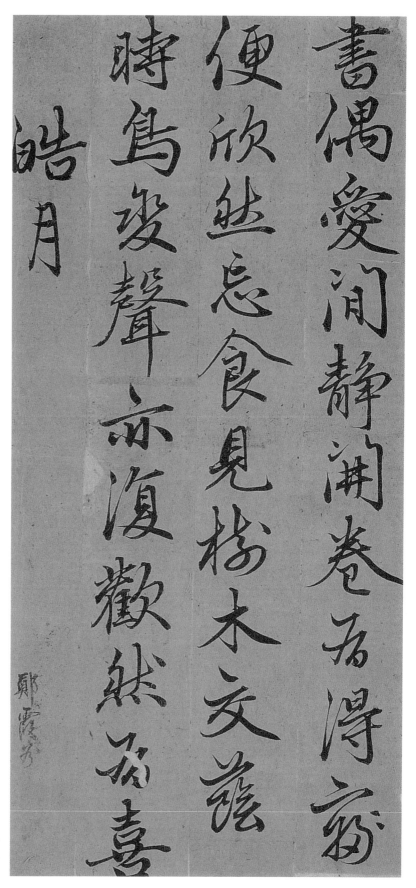

書偶愛閒靜湘卷若得所
便欣然忘食見柳木交蔭
時鳥變聲亦復歡然有喜
皓月

鄭霞

정제두 글씨,
정제두, 24×11.4cm,
서울대박물관.

송강의 아들 4형제 중 둘째 아들 종명宗溟은 인조 때 강릉부사를 지냈으며, 막내 홍명弘溟은 부제학과 수원부사를 거쳐 대제학에 이르렀고, 종명의 아들 양瀁은 『어록해語錄解』를 펴냈다.

영조 때 영의정을 지내며 시문과 글씨로 명망을 떨쳤던 호澔는 노론의 선봉이 되어 격심한 당쟁 속에서도 훌륭한 업적을 남겼으며, 영조 때 형제 정승으로 유명했던 우량羽良과 휘량翬良이 명문의 전통을 이었다. 또 하언夏彦은 좌부승지와 병조참의를 거쳐 대사간에 이르렀으며, 문장과 글씨에 뛰어나 어제御製의 편제와 홍화문의 편액을 썼다.

극심한 당쟁 속에서 새로운 학문을 열다

─────

하곡霞谷 정제두鄭齊斗(1649~1736)는 인조 27년(1649) 진사 정상징鄭尙徵과 한산이씨의 큰아들로 한성부 반석방盤石坊(칠패가 있었던 돈의문부터 숭례문까지의 도성 바깥 지역)에서 태어났다. 그의 본관은 영일로 정몽주의 11대손이며, 당시 집권 서인 명문가의 후손이다. 그의 할아버지는 우의정을 지낸 정유성이며, 큰아버지가 고양군 정창징鄭昌徵이고, 사촌형이 인평위 정제현鄭齊賢으로 명문가 출신이었다. 외할아버지는 호암浩菴 이기조李基祚이고, 처가도 파평윤씨로 부인은 부사 윤홍거尹鴻擧의 딸로 윤황尹煌의 질손녀이며, 지천遲川 최명길崔鳴吉의 형인 판서 최래길崔來吉의 외손녀이다.

하곡이 처음 스승으로 모시고 학문을 배웠던 이상익李尙翼과 이찬한李燦漢은 서인의 영수인 송시열과 송준길의 문인이었기에 그의 초기 학문 성향은 서인 학풍이었다. 이러한 하곡이 당시 이단으로 규정되었던 양명학 연구에 일생을 바쳤던 것은 그가 살았던 17~18세기 조선사회의 시대적인 배경 속에서 이해해야 한다.

이 시기는 대외적으로는 명나라가 무너지고 청나라가 들어섬으로써 송시열계

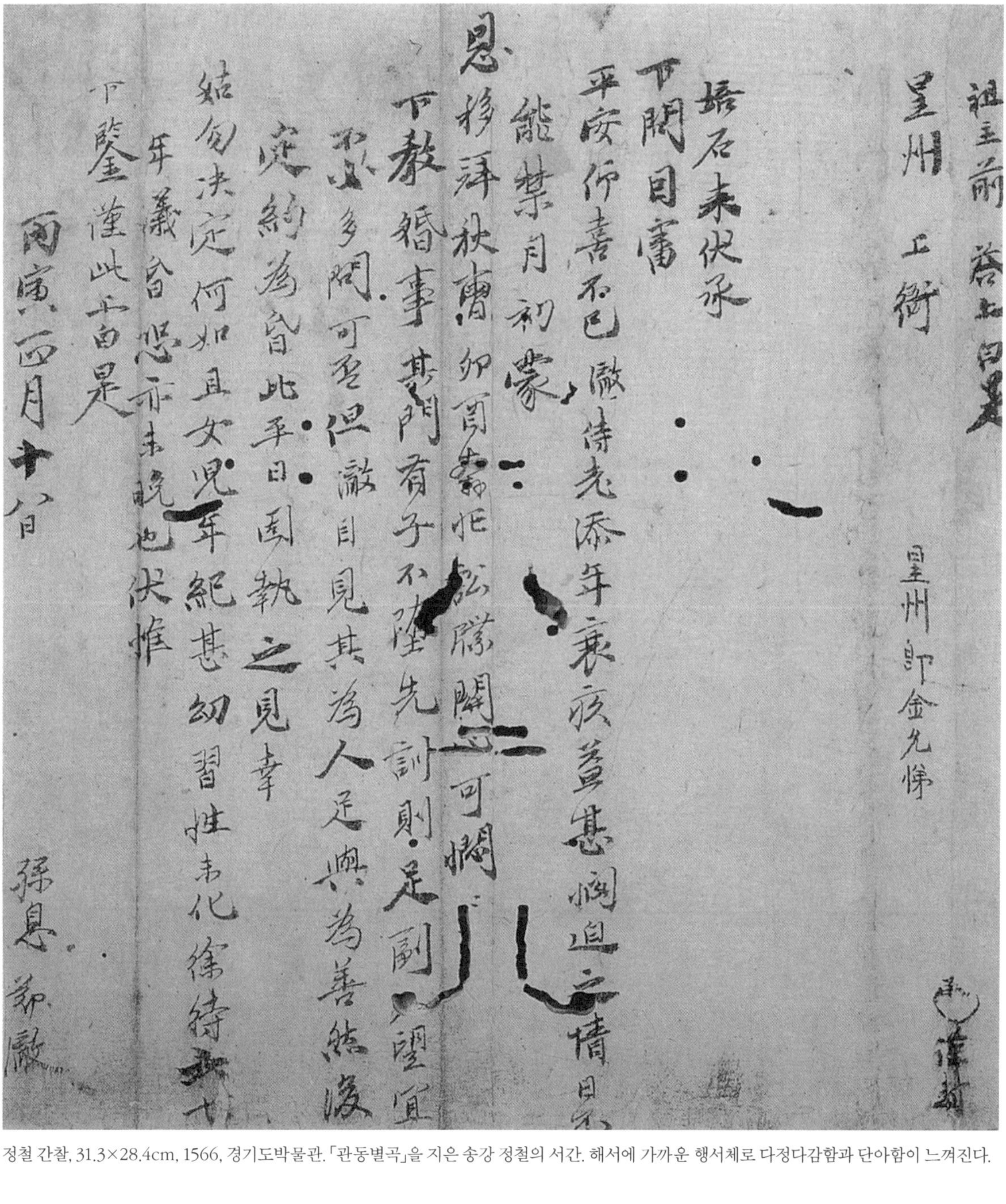

祖主前 答上□書

星州 上衙

星州 郎金九憚

嶠石未伏承
下問目富
平安行喜不已 僣侍老添年兼疾 蓋甚惆怛之情日□
能禁月初蒙
恩移拜秋曹 如罰書怛玆隔闊尤可憫
下教婚事其門有子不隆先訓則足副望宜
忞多問可畏但僣目見其爲人足興爲善綜後
定約爲旨此平日固執之見幸
結句決定何如且女兒年紀甚幼習性未化徐待數
年議合愍亦未晚也伏惟
下鑒謹此□白是
丙寅四月十日
孫息 鄭澈

정철 간찰, 31.3×28.4cm, 1566, 경기도박물관.「관동별곡」을 지은 송강 정철의 서간. 해서에 가까운 행서체로 다정다감함과 단아함이 느껴진다.

議政府領議政 文敬公 申恺 先生 七十六歲 眞

정철의 4대손인 정호의 영정. 그는 노론의 선봉이 되어 격심한 당쟁의 소용돌이 속에서도 뛰어난 업적을 남겼다.

노론의 성리학적 가치관에 입각한 대의명분론이 흔들리고 있었다. 대내적으로는 서인·남인, 노론·소론이 뒤엉켜 극심한 당쟁이 일어나 체제에 대한 불신과 개혁에 대한 요구가 거셌다. 이러한 시대 상황에서 하곡은 기존 성리학에 대한 회의를 품고 새로운 학문·사상으로 촉수를 뻗쳤다.

또 이를 가속화시킨 것은 그의 개인적인 신상과도 관련 있다. 하곡은 스물네 살에 과거 전시에 낙방하자 과거를 포기하고 학문에만 전념하면서 다양한 서적을 접할 수 있었다. 이 과정에서 양명학을 접하는데, 이때 양명학적 사유 방법이 주자학을 보완하고 대신할 수 있을 것이라 생각하게 된 듯하다.

그러나 하곡의 양명학 수용을 그의 가계와 연관지어 설명하려는 이들도 있다. 그의 첫 아내인 파평윤씨의 외조부는 최래길이며, 최래길의 동생은 초기 양명학자로 알려진 최명길이다. 또 최명길의 손자 최석정崔錫鼎과 하곡은 박세채朴世采에게 동문수학한 사이로 이들로부터 학문적인 영향을 받았다는 것이다. 우리나라에 들어온 양명학은 서경덕·성혼 계열과 이이 계열로 나뉘는 등 기호지방 학자들이 많은 관심을 가졌다. 그런데 하곡은 기호지방에서 성장했고, 첫 부인의 큰할아버지 윤황에게 성혼成渾의 딸이 출가하여 성혼과는 학맥이 연결된다. 이러한 관계를 정리해 보면 298쪽의 표와 같다.

하곡은 서른네 살에 양명학에 대한 호의를 공개적으로 표명했다. 「임술유고」에서 '오직 양씨(양명)만이 주자·정자 이후에 성인의 참됨을 얻었기에 일찍부터 몸을 바쳐 잠심潛心해보았으나 아직 강講하지 못한 것이 한스럽다'며 양명학이 학문의 정통임을 천명하고 있다. 또 「의상박남계서」에서는 '심성의 취지에 대해서는 아마도 왕양명의 학설이 바뀔 수 없는 것이 아닌가 합니다'라며 왕양명의 심성설에 대한 분명한 지지를 나타냈다.

그러면 하곡의 생애를 거주지를 중심으로 3기로 나누어 살펴보자.

첫째 시기는 하곡이 태어나서 서울에서 살았던 40세까지(인조 27년[1649]~숙종 14년[1688])이며, 둘째 시기는 하곡이 안산으로 이주하여 살았던 41세부터 60세까지(숙종 15년[1689]~숙종 34년[1708])이고, 셋째 시기는 하곡이 강화로 옮겨와 살

『지천집』, 25.6×18.2cm, 국립중앙도서관. 초기 양명학자로 알려진 지천遲川 최명길의 시時·소차疏箚·계사啓辭·잡저雜著 등을 모은 문집이다. 그는 하곡의 학맥이 가닿는 곳이라 할 수 있다.

앗던 61세부터 88세까지(숙종 35년[1709]~영조 12년[1736])로 나눌 수 있다.

1기인 하곡의 서울 생활은 명문가에서 태어나 집권층과 밀접한 관계 속에 성장했으나 가정적으로 불행한 시기였다. 다섯 살 때 아버지가, 열여섯에는 큰아버지 정창징, 사촌형 정제현과 할아버지가 사망했으며, 스물세 살 때는 열일곱에 결혼했던 부인 윤씨와 사별하여 정신적으로 어려움을 겪었다. 이러한 가정적인 불행 속에서 스물넷이 되는 해에는 과거에 실패하자 결국 이를 포기하고 가사를 동생에게 맡긴 채 학문 연구에 전념했다.

하곡이 벼슬과 처음 인연을 맺게 된 것은 서른두 살인 숙종 6년(1680) 남인이 축출당한 '경신대출척庚申大黜陟'으로 서인 정권이 들어서면서부터이다. 영의정 김수항金壽恒의 천거로 사포서 별제(종6품)에 임명되었고, 2년 뒤에는 종부시 주부(종6품)로 발령받았지만 취임하지 않았다.

하곡은 서른여섯에 공조 좌랑(정6품)에 임명되었으나 취임하지 않다가 마흔인 숙종 14년(1688) 평택현감에 임명되어 관직에 처음으로 나아갔다. 그러나 이 관직 생활도 기사환국으로 1년을 못 채우고 안산으로 은퇴했다. 하곡이 벼슬에서 물러난 것은 남인이 집권하면서 김수항 등 서인들이 축출·유배되고 이이·성혼의 위패가 문묘에서 거두어지는 등 급변하는 정치 상황에 실망해서였을 것이다.

하곡의 2기 안산 생활은 양명학에 몰두하면서 마음의 안정을 찾았으나 가정적으로는 불행한 시기였다. 하곡이 안산으로 낙향한 것은 선대의 선영이 있고 그의 부친을 이곳에 장사지냈기 때문일 것이다. 첫 부인 윤씨도 이곳에 장사지냈다가 천안으로 이장했다.

하곡은 안산에서 양명학 연구에 박차를 가하며 스승인 박세채·윤증은 물론이고 친우 최석정 등 소론계 학자들과 학문적인 교류를 하면서 양명학에 대한 이론을 정리해나갔다. 이 시기에도 숙종 22년에 서연관, 경기도사, 삭녕군수, 사도시 주부, 사헌부 장령, 사헌부 집의 등 거의 매년 벼슬이 내려졌다. 안산 생활에서는 학문적으로 많은 성과를 이뤘으나, 그의 주변에 불행한 일들이 겹쳐 그를 외롭게 했다. 마흔여섯에 모친을, 그 이듬해에는 스승 박세채를, 1년 후에는 또다시 평생

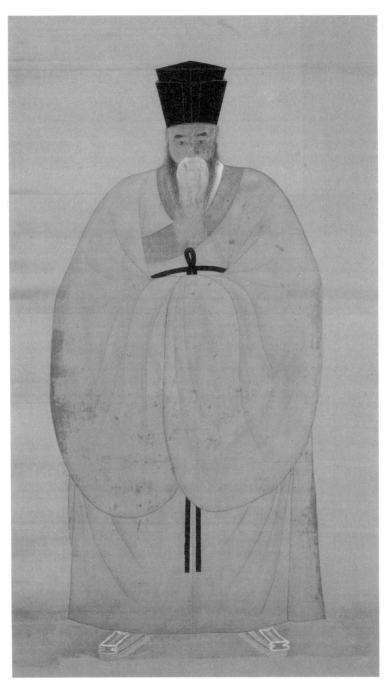

「박세채 초상」, 작자 미상, 비단에 채색, 179×103.3cm, 17세기 말경, 경기도박물관. 하곡의 스승이었던 박세채의 초상.

지기요 동반자인 민이승閔以升을, 쉰에는 동생인 정제태鄭齊泰를, 쉰둘에는 둘째 부인 서씨를, 예순에는 친구인 박심朴鐔을, 예순하나에는 장손을 잃는 슬픔을 맛보았다. 이러한 불행 속에 그를 더욱 힘들게 한 것은 노소론 간의 당쟁이 격화되면서 소론계가 조정에서 퇴출되는 상황이 계속된 것이었고, 그리하여 하곡은 안산보다 더욱 궁벽한 강화로 옮겨가 세상을 등지고 은거했다.

하곡 생애에서 3기인 강화 생활은 강화학江華學의 뿌리를 내린 시기라 하겠다. 하곡이 강화와 인연을 맺게 된 것은 숙종 6년에 할아버지 정유성을 강화 진강산鎭江山에 장사지내면서 비롯된 듯하다. 그 후 숙종 17년에 아버지의 묘를 안산 추곡에서 진강산으로 옮기면서 강화와의 인연이 깊어졌다. 하곡은 61세 때인 숙종 35년(1709) 8월에 선영이 있는 강화 하곡霞谷으로 은둔하였다. 하곡이 이주한 곳은 지금의 양도면 하일리霞逸里로 진강산(441미터)을 뒤에 두고 앞에는 서해에 접해 있는 경관이 빼어난 곳이다. 세상을 등지고 숨어 사는 은둔의 마을이라 하여 하일리라 이름했다고 한다. 이곳에는 하곡이 살던 집터인 하곡서당 터와 정제두 숭모비가 세워진 하우고개가 있다. 이 하우고개霞遇峴는 하일리에서 삼흥리로 왕래하던 높은 고개로, 고개 남쪽 골에 하곡이 살았다. 이에 자주 오가던 고개라 하여 하곡현霞谷峴이라 부르다가 지금은 비슷한 의미의 하우고개라 부르고 있다. 하곡은 생을 마감한 88세까지 이곳에 머무르며 주변 여건의 어려움을 이겨나가면서 활발한 저술활동을 했고, 강화로 이주한 손서 이광명 등 그를 찾는 후학들에게 학문을 전수하면서 강화학의 학맥을 이루었다. 하곡은 60대에 『심경집의心經集義』『정문유훈程門遺訓』을 편찬하고 『정성서定性書』를 주해했으며, 70대에 『심경집의』『경학집록經學集錄』과 『경학집요經學輯要』를 수정하였고, 『중용설中庸說』을 저술했다. 또한 82세에 『천원설天元說』을 저술하는 등 학문에 대한 왕성한 집념을 보였다.

『강화지도』, 종이에 채색, 139×205.7cm, 18세기 전반, 고려대박물관. 하곡은 강화도에서 강화학파를 이어 일제강점기까지 그 치후의 장렬
한 모습을 남겼다.

강화에 양명학의 뿌리를 내리다

하곡이 강화에 은둔했던 때는 노·소론의 당쟁이 치열했던 시기인데, 하곡은 국왕의 신임을 잃지 않고 여러 차례 관직을 제수받았다. 즉 60대에는 호조참의, 강원도 관찰사, 회양도호부사를, 70대에는 동지중추부사, 한성부 좌윤, 사헌부 대사헌, 이조참판을, 80대에는 의정부 우참찬, 의정부 우찬성, 세자 이사 등의 벼슬이 내려졌지만 관직에 머문 시기는 극히 짧았다. 그러나 하곡은 역대 국왕들의 특별한 지우를 받아 자주 조정에 나아가 경연 강의와 정국 추이에 대한 자문에 응하기도 하고 상소를 통해 경세론을 피력하기도 했다. 이러한 것이 가능했던 것은 하곡의 뛰어난 경륜과 인품이 주변에 널리 알려져 국왕을 비롯한 많은 사람들로부터 존경을 받았고, 또한 하곡의 양명학에 대한 학문적인 견해가 외부에 별로 노출되지 않았기 때문일 것이다. 하곡이 양명학의 신봉자라는 것을 문제삼는 탄핵 상소가 올라왔지만 그에 대해 깊은 신뢰를 보였던 영조는 오히려 이를 무시하고 그를 자주 불러 자문을 구했다.

영조와 하곡의 관계는, 영조 5년(1729) 이인좌의 난 때 이를 처음 고변한 최규서가 하곡과 친구이고 병란 중 하곡이 그와 함께 도성에 머물면서 영조를 도와 정국을 안정시키는 데 많은 공을 세웠던 데서 시작됐다. 또 이 병란을 토벌하는 데 공을 세운 이보혁은 그의 제자이면서 아들 정후일과 사돈관계였기 때문에 소론계 중 그의 후손들이 큰 화를 면할 수 있었다.

하곡은 강화도에 터를 잡으면서 그의 자손들과 이곳에서 사제관계를 맺고 손녀사위가 된 이광명, 신대우와 그 두 집안사람들에게 양명학을 전수함으로써 강화에 이른바 강화학파라는 학문적인 뿌리를 내리게 했다. 하곡은 강화에서 학문활동에 전념하다가 영조 12년(1736) 88세로 생을 마감해 부친의 묘 옆에 잠들었다.

하곡이 강화도에서 양명학을 천명할 때 그의 자손과 이광서李匡師, 이광려李匡呂, 손녀사위 이광명李匡明, 또 다른 손서 신대우申大羽 등의 종형제와 심육沈錥, 윤순尹淳, 이진병李震炳 등이 모여들어 하나의 학파가 이루어졌고 이는 200년간 계속되었다. 하곡은 당시의 학자들이 주자학을 한다지만 사실은 그것으로써 영달하는 데 이용하고 파당을 짓는 데 이용할 뿐이라고 비판했다. 저서『존언存言』에서 "오늘날에 와서 주희를 말하는 이는 주희를 배우는 것이 아니라 바로 주희에 기탁하는 것이고, 주희에 기탁한 것이 아니라 주희를 부회附會하는 것으로 자기 생각을 성취하는 데 주희를 끼고 위엄을 짓고 그 사계私計를 이루고 있다"라고 일침을 가했다. 이처럼 하곡은 주자학자들의 학문이 본연의 뜻이 아닌 영달과 공리로 흐르는 데 대한 반성을 촉구하였다. 역사학에 있어서는 이종휘가 양지사관良知史觀에 입각하여 역사를 파악했다. 그들은 왕수인의 양지학·심학을 기초로 하여 사학史學과 정음正音·서예·시문을 발전시켰는데, 그것은 양지·정서·의지를 통일한 것이었고, 참된 것을 구하고 헛된 것을 버리는 양지학이지만, 정치관으로 나타날 때에는 '진眞'과 '가假'라는 논리에 의거하여 노당老黨의 가식적인 대의를 배격했다. 그들은 모든 학문에서 양지를 상징화하고 이미 비인간화된 사회에 도전하면서 실학파와 제휴했는데, 그중에서도 북학파는 양명학을 받아들인 자취가 뚜렷하다. 그들의 학문 경향은 대체로 다음과 같다.

첫째, 주체적인 양지사관은 이종휘로부터 이광사의 큰아들인 이긍익李肯翊의『연려실기술燃藜室記述』과 이광명의 아들 이충익李忠翊의『군자지과君子之過』와 이면백李勉伯의『감서憨書』『해동돈사海東惇史』, 그의 아들 이시원李是遠의『국조문헌國祖文獻』과 그것을 토대로 한 이건창의『당의통략黨議通略』등의 업적이 빛난다. 신채호는 이종휘의 사관에 대해 "노예 사상으로부터 주체적인 사관을 수립하였다"고 평했다.

둘째, 우리나라의 언어인 정음의 연구 또한 주체성을 드러낸 것인데, 이광사의 정음 연구를 이영익과 이충익이 이어받고 정동우와 유희가 더욱 발전시켰다.

셋째, 백하白下의 서예는 이광사에 이르러 원교체로 창조되고, 이긍익·이충익과 특히 정문승의 서화는 산수화에 뛰어나『근역서화징槿域書畵徵』에 소개되어 있다.

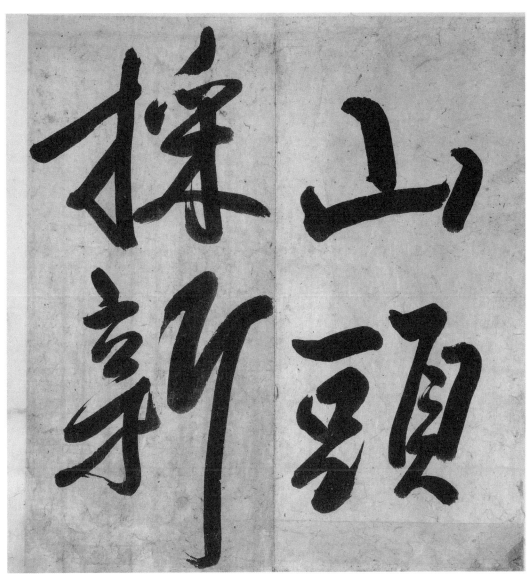

강화학파의 양명학 추구는 이광사의 원교체 창조로까지 이어졌다. 이광사의 글씨, 32.3×27.7cm, 경남대박물관 데라우치문고.

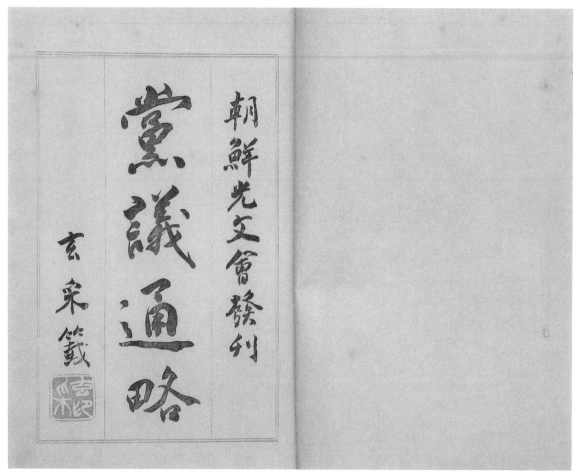

『당의통략』, 이건창. 영재 이건창이 조선왕조 당쟁사를 정리한 것으로, 선조 때 김효원과 심의겸을 중심으로 한 동서 분당으로부터 영조의 탕평책에 이르기까지의 당쟁사가 생생하게 담겨 있다.

넷째, 이광려, 이충익, 이건창은 모두 이지李贄로부터 영향받은 공안파公安派의 성령문학性靈文學을 근간으로 하고 있다. 신대우가 『이참봉문집서李參奉文集書』에서 이광려의 글은 성령을 발휘했다고 평하고, 이충익이 『이참봉집서』에서 문장됨이 선배의 형식을 따르지 않고 시세時勢에 구애되지 않았다고 한 것도 바로 공안파 문장론의 기본이었다. 이충익은 『답한생서答韓生書』에서 성령문학에 관해 말하고 있다. 그는 또 글은 반드시 혜식慧識을 주로 해야 한다고 주장했다. 이러한 혜식은 양지의 다른 표현이라 할 수 있다.

다섯째, 강화의 양명학은 실학과 제휴하였다. 이상학李象學은 정약용을 연구했고, 신작申綽은 정약용과 교우했으며, 정문승은 농서에, 정후일은 수학 연구에 조예가 깊었다. 이들은 양지를 상징화하여 문학·언어 연구·서예·시화뿐 아니라 실학에서 그것을 구체화하였다.

이건창의 사촌동생 이건방은 그의 「원론原論」에서 "그 참된 것을 구하고자 하면 반드시 먼저 무엇이 거짓인지 알아야 한다. 어떻게 그 가심假心을 아는가? 그가 성현의 도에 합당하지 못함을 아는 것이다. 무엇으로 그것이 성현의 도에 합당하지 않음을 아는가? 사람의 정精에 합당하지 않기 때문이다"라고 하여 양지의 발휘인 일진무가一眞無假를 말하였는데, 이충익도 「가설假說」에서 이미 진가론眞假論을 전개했다. 이것은 강화학파에서 나타난 일관된 논리였다. 그리고 이건방은 송시열에 대해 '주희의 권위를 빙자하여 오늘 한 사람을 죽이고서 이것을 대의라 하고, 내일 또 한 사람을 죽이고서 이것을 대의라고 하는 것은 도리어 주희의 죄인이요, 춘추春秋의 죄인이라'며 공격했다.

강화학파는 임진왜란과 정유재란에서 무력함을 자각한 지식인들이 주자학에 비해 실용적인 실학과 함께 역동적인 양명학을 추구하면서 형성되었다. 특히 진眞과 가假의 분별이 강조되어 가도학假道學, 가대의假大義, 가인假人 등으로 현실을 개념화하면서 거짓假을 배격했다. 이러한 강화학은 만주와 연해주 일대에서 독립운동을 펼친 이건승, 이상설 등을 거쳐 일제강점기부터 국학의 진흥에 큰 기여를 한 위당 정인보, 위당의 애제자로서 최근까지 강화학 최후의 모습을 전해준 민

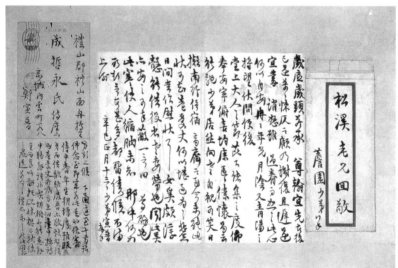

천은사시권, 이건방, 종이에 먹, 20×1394.4cm, 1927, 순천대박물관. 이건방은 한말 학자이자 항일 우국지사로서 양명학의 학통을 이어갔다.(위)

서간, 정인보, 20세기, 국립민속박물관. 강화학파의 맥을 이었던 근대의 정인보의 서간.(아래)

영규 전 연세대 교수로 이어졌다.

정제두의 묘

———

강화읍에서 마니산으로 가는 길에 하우고개가 있다. 이 고개를 넘어 내려가다보면 왼쪽으로 두 개의 묘가 있다. 하곡의 아버지 정상징의 묘와 그 아들 정제두의 묘다. 하곡의 묘소는 정남서향으로 부친의 묘소 뒤편에 있다. 봉분 앞에는 묘표, 문인석, 망주석, 석상 등이 갖추어져 있으며, 잘 정비되어 있다.

상석 왼쪽 앞에 세워진 묘표의 앞면에는 '조선의정부우찬성겸세자이사성균관좨주시문강공정선생제두지묘朝鮮議政府右贊成兼世子貳師成均館祭酒諡文康公鄭先生齊斗之墓'라고 새겨져 있고, 뒷면에는 '조선고우찬성문강공정선생신도표朝鮮故右贊成文康公鄭先生神道表'라고 기록되어 있다. 이 묘표는 1803년(순조 3)에 세워졌는데, 신대우申大羽가 비문을 짓고 서영보徐榮輔가 글씨를 썼다.

묘역 반대편 하우고개 넘어 길가에는 새로 세운 숭모비가 있다. 강화에 사는 뜻있는 분들이 힘을 모아 세운 비로, 그 내용은 다음과 같다.

조선 고故 우찬성 문강공文康公 정선생 신도표

영종英宗(영조) 12년(1736) 8월 임신일에 의정부 우찬성 성균좨주 문강공文康公 하곡霞谷 정선생이 돌아가시니 춘추는 88세이셨다. 그해 10월 모갑某甲에 강화부 하현의 언덕, 사시던 집 뒤에 장사하였다. 나라에서 내린 부의賻儀는 대신大臣의 장례葬禮에 견주어 같이 하였다. 문인門人인 태학사 윤순尹淳이 제문을 지어 선생에게 제祭를 올렸다. 그 제문에 이르기를, "이 마음을 간직하여 만 가지 이치를 정미롭게 하였고 이 마음을 실實하게 하여 만 가지 일에 응했던 것은 선생의 학문이 명

정제두의 묘와 숭모비.

통明通하시고 연색淵塞(깊고 충실함)하시어 마침내 탄태坦泰(너그럽고 큼)하고 안이安履(편안함에 오르다)하심에 이르렀기 때문이다. 그러나 처신하실 때에는 말없이 이를 성취하셨고 그 본연本然의 천성天性을 즐기셨으며, 변박辯駁과 영화英華를 가지고 남에게 빛내려 하지 아니하셨다. 세상에 나아가실 때에는 예로써 행하시고 세신世臣의 절의를 공손히 하셨으며, 도덕과 빈사賓師의 지위를 가지고서도 그 몸을 높이지 아니하셨다. 비록 외양의 것에 치무馳騖(매몰된)한 자가 선생을 의혹하고 높은 것을 좋아하는 자가 선생을 의심하였다 하더라도 선생은 스스로를 믿으시고 후회하지 않으셨을뿐더러 남이 알아주기를 원하지 아니하셨으니, 공자와 안자를 두고 '나의 스승이라고 생각한다'고 하였던 것이다. 또 이르건대, 당우唐虞(요순)의 구법九法이 막혀 어둡고 조종祖宗의 육전六典이 황폐하여 땅에 떨어졌다 해도 선생이 계실 적에는 멀게는 도가 합하였고 가깝게는 말로 기술하셨으니 용행用行하면 다스림이 있을 것 같았건만 선생이 돌아가신 뒤로는 한갓 세상이 쇠퇴하고 운수가 막히는가 하면 학문은 끊어져서 이어지지 못함을 보겠도다. 아! 슬프도다! 선생을 백세百世 뒤에 증거할 것이 여기에 있지 않겠는가! 여기에 있지 않겠는가?"라고 하였다.

선생의 휘는 제두齊斗요, 자는 사앙士仰인데, 영남 영일현 사람이시다. 고려 때에 시중侍中인 문충공 정몽주는 그의 11대조이며, 증조는 정근鄭謹이며 승문박사요, 할아버지는 정유성인데 우의정 충정공이며, 아버지는 정상징이며 성균 진사이셨다.

선생은 우리 인조 27년(1644)에 태어나 숙종·경종·영종을 섬기셨고, 장헌세자가 탄강하시자 보양관輔養官과 이사貳師의 임명을 받으셨다. 그 속백束帛(나라의 큰일에 쓰던 비단)의 높은 예와 임금께 아뢰던 좋은 계책은 국사國史와 묘비에도 실려 있거니와 선생의 도량은 박옥璞玉처럼 혼후渾厚하여 화和하면서도 남들과 어울리지 아니하셨던 것이다. 혼잡한 세상을 순박하게 돌려놓을 수 없었던 까닭에 선생은 훌륭한 재주를 품고서도 한가하게 지내셨던 것이다. 과감하게 세상을 잊는다는 것은 교훈이 아니었던 까닭에 선생은 때때로 조정에 드나드셨던 것이다. 뜻을 돈독히 하여 힘써 행하고 널리 배워서 들은 것이 많다는 것과 육예六藝(예禮·악樂·사

射·어御·서書·수數)에서부터 뭇 성인들의 법과 백가百家의 여러 유파의 책이라든가 또는 역대 주하柱下(도서관)의 장서와 『국조상위國朝象緯』의 법전이나 무릇 서적에 기록된 것은 두루 모르는 것이 없었다. 그 지식은 마치 바다가 깊고 산이 쌓인 듯 했으니 아무리 자용資用해도 다함이 없었고, 그 요점은 또한 『이아爾雅』에 요약했던 것이다. 예禮는 「선진先進」(『논어』)을 따랐으며, 제도는 시왕時王(『경국대전』)과 같이 하셨다. 그리고 경위經緯는 족히 만물을 열 수 있었고 재보財寶는 족히 시대를 바르게 할 수 있었던 것이다. 이때에 여러 공들은 의義를 품고 입을 모아 선생을 교대로 천거하였으니 벼슬은 내·외관을 합하여 무려 서른한 차례에 이르렀다. 그렇지만 선생은 모두 끝내 나아가지를 않았으며 나아가셨다 해도 역시 오래 있지 아니하셨던 것이다. 그러나 나라에 큰 의혹이나 큰 정사가 있을 때에는 일찍이 참여하시지 않은 적이 없었고 큰일이 있다는 소문만 들으셔도 나아가시지 않은 때가 없었던 것이다. 그러나 나아갈 때에도 영화스러운 것은 가까이하시지 아니하였으며 물러날 적에도 역시 명예를 가까이 아니하셨다. 그리고 꼭 주장하시는 것도 없고 꼭 아니하시는 것도 없었으며 오직 의義만을 따랐을 뿐이다. 저술하기를 기뻐하지 아니하셨는가 하면 생도들도 맞이하지 아니하였던 것이다. 갑을이 싸우는데에 있으면서도 홀로 탁월하게 서서 같이 다투는 일이 없으셨으니, 이른바 귀하게 할 수도 없고 천하게 할 수도 없으며 친근하게 할 수도 없고 멀게 할 수도 없다는 것은 선생이 간직하셨던 것이다.

부인 파평윤씨坡平尹氏는 일찍이 졸거하였으나 두 자녀를 두었으니, 아드님 정후일鄭厚一은 부평부사였고 따님은 성천부사 이징성李徵成에게 출가하였다. 둘째 부인 남양서씨南陽徐氏 역시 선생에 앞서 졸거하였다. 두 부인은 모두 호서지방 천안군天安郡에 장사하였고 선생과는 합장하지 아니하였다. 선생이 돌아가신 지 68년에 증손 성술인鄭述仁이 석물을 세우고 신도神道를 표하고자 하여 신대우에게 서문을 쓰고 이어서 명銘을 쓰게 하였다. 명은 다음과 같다

6부六部가 분족分族하니 정씨鄭氏도 하나의 씨족이 되었도다.

그 조상인 정습명은 고려 때에 충절로 나타났고

덕망이 드러난 시중侍中(포은 정몽주)이 해동海東의 유종儒宗이 되었으니

풍성한 근원은 물줄기를 부러워하지 않았도다.

선생의 태어나심은 드물게 있는 기운에다 아름다운 덕을 겸하셨도다.

총명하시고 명철하시되 온화하시고 돈독하셨도다.

공부는 신독愼獨에 말미암고 도학은 함장含章에 간직하셨도다.

회통會通에 잠심潛心하셨고 경전經傳에 묵묵히 합하셨도다.

요순도 사람들과 같고 공자와 안자도 나의 스승이란 것이었다.

경쟁하지 않고 자득한 역량이 있으셨는지라 사람들이 나를 몰라본다고 신경 쓰지 않으셨다.

탁월한 저 밝은 바는 쌓였던 빛이 반드시 비춰질지어다.

이에 훌륭하신 행적을 표表하여 길이 후세에 빛낼진저!

후학後學 통정대부 승정원좌부승지 겸 경연참찬관 평주平州 신대우가 찬하다.

가선대부 경기관찰사 겸 규장각검교직각 달성達城 서영보徐榮輔가 글씨를 쓰다.

지금 임금 3년(순조 3), 1803년 8월에 세우다.

〈정제두의 친인척 관계도〉

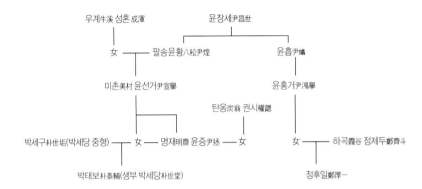

참조: 유명종, 『한국의 양명학』, 1983, 100쪽

정제두의 행력

	왕력	서기	간지	연호	연령	나이	기사
인조	27	1649	기축	순치順治	6	1	6월 27일 서울 반석방에서 태어나다
효종	4	1653	계사	순치	10	5	부친상을 당하다. 안산 추곡에 장사 지내다
효종	9	1658	무술	순치	15	10	교관 이상익李尙翼에게 글을 배우다
현종	5	1664	갑진	순치	3	16	•봄에 관례를 행하다 •11월에 조부인 정유성이 졸하다
현종	6	1665	을사	강희康熙	4	17	겨울에 최명길의 외종손녀이자 윤홍거의 딸 파평윤씨와 혼인하다
현종	9	1668	무신	강희	7	20	겨울에 별시 초시에 성기책聲氣策으로 합격하다
현종	12	1671	신해	강희	10	23	•2월에 아들 정후일鄭厚─이 태어나다 •11월에 부인 윤씨의 상을 당하다
현종	13	1672	임자	강희	11	24	별시에 합격했으나 전시에 낙방하다. 이때까지 외삼촌 이성령李星齡에게 과문을 익혔으나 동생 정제태鄭齊泰가 급제하자 과업을 그만두고 남계 박세채의 문하에 다니며 경학에 몰두하다. 경사와 백가의 서적을 두루 섭렵하여 음양성력의 수와 병농의약兵農醫藥, 감여복서堪輿卜筮, 패관소설 등 전고에 이르기까지 모두 통달하다
현종	15	1674	갑인	강희	13	26	서한주徐漢柱의 딸 남양서씨南陽徐氏와 혼인하다
숙종	3	1677	정사	강희	16	29	관동 강릉부를 유람하다
숙종	6	1680	경신	강희	19	32	여름에 김수항의 천거를 받아 사포서 별제에 제수되었으나 나아가지 않다
숙종	8	1682	임술	강희	21	34	•12월에 종부사 주부에 제수되었으나 나아가지 않다 •「의상박남계서擬上朴南溪書」를 짓고 양명학에 대한 입장을 밝히다
숙종	10	1684	갑자	강희	23	36	3월에 공조 좌랑에 제수되었으나 병으로 체직되다
숙종	12	1686	병인	강희	25	38	아들 정후일이 이단상李端相의 딸과 혼인하다
숙종	14	1688	무진	강희	27	40	•겨울에 모친을 모시고 동생 정제태鄭齊泰의 임소인 장성으로 가다 •12월에 평택 현감에 제수되다
숙종	15	1689	기사	강희	28	41	이이, 성혼이 문묘에서 축출되자 벼슬을 그만두고 떠나 안산 추곡에 집을 짓고 살다
숙종	20	1694	갑술	강희	33	46	•1월에 모친상을 당하다 •동생이 관서로 유배되다
숙종	21	1695	을해	강희	34	47	남계 박세채 선생을 곡하다
숙종	22	1696	병자	강희	35	48	6월에 서연관에 뽑혔으나 신임申銋의 소척을 받자 상소하여 사직하다
숙종	24	1698	무인	강희	37	50	•동생인 광주 부윤 정제태를 곡하다 •경기 도사에 제수되었으나 나가지 않다 •11월에 세자익위사 익찬에 제수되었으나 상소하여 사직하다
숙종	26	1700	경진	강희	39	52	•1월에 부인 서씨의 상을 당하다 •삭령 군수에 제수되었으나 사직하다 •10월에 여주로 가다
숙종	28	1702	임오	강희	41	54	12월에 사도시 주부에 제수되었으나 사직하다
숙종	29	1703	계미	강희	42	55	1월에 조부인 충정공忠貞公의 연시례延諡禮를 행하다
숙종	31	1705	을유	강희	44	57	2월에 종부시 주부에 제수되다
숙종	32	1706	병술	강희	45	58	윤지완의 천거로 장령에 제수되었으나 상소하여 체직되다
숙종	33	1707	정해	강희	46	59	사복시 정에 제수되었으나 상소하여 체직되다
숙종	34	1708	무자	강희	47	60	•지우인 지포 박심을 곡하다 •장령, 집의에 제수되었으나 상소하여 사직하다
숙종	35	1709	기축	강희	48	61	•7월에 서종태의 천거로 세자익위사 익위에 제수되다 •8월에 강화 하곡으로 들어가 은둔하다 •10월에 호조 참의에 제수되었으나 상소하여 사직하다
숙종	36	1710	경인	강희	49	62	9월에 강원 감사에 제수되었으나 병으로 체직되다

	왕력	서기	간지	연호	연령	나이	기사
숙종	37	1711	신묘	강희	50	63	• 7월에 회양 부사에 제수되어 부임하다 • 9월에 금강산을 유람하다 • 10월에 집으로 돌아오다 • 『심경집의心經集義』를 편찬하다
숙종	40	1714	갑오	강희	53	66	명도선생의 요어要語를 뽑고 문목問目으로 나누어 『정문유훈程門遺訓』3편을 편찬하고 정성서定性書의 주해를 짓다
숙종	42	1716	병신	강희	55	68	명곡明谷 최석정崔錫鼎을 곡하다
숙종	43	1717	정유	강희	56	69	3월에 상이 온양에 행차하니 잠실 강교에 나가 영송하다
숙종	44	1718	무술	강희	57	70	2월에 단의빈端懿嬪이 졸하자 복제服制에 대해 헌의하다
숙종	45	1719	기해	강희	58	71	• 2월에 가선대부로 오르다 • 8월에 동지중추부사에 제수되다 • 11월에 한성 좌윤에 제수되었으나 상소하여 사직하다
숙종	46	1720	경자	강희	59	72	• 입경入京하여 숙종이 승하하자 군신연거복群臣燕居服에 대해 헌의獻議하다 • 『중용설』을 짓다
경종	1	1721	신축	강희	60	73	『경학집요經學集要』를 찬술하다
경종	2	1722	임인	강희	61	74	• 3월에 대사헌에 제수되다 • 7월에 세제시강원 찬선에 제수되다 • 9월에 이조 참판에 제수되다
경종	4	1724	갑진	옹정雍正	2	76	• 명릉지문明陵誌文의 일로 수의收議하였으나 대답하지 않다 • 6월에 사관을 보내 소명이 내렸으나 상소하여 사양하다 • 7월에 성균관 좨주에 제수되다 • 8월에 경종이 승하하자 분곡奔哭하고 복제服制와 의절儀節에 대해 헌의하다 • 9월에 영조 즉위 후 계속 소명을 내렸으나 사양하고 나가지 않다
영조	2	1726	병오	옹정	4	78	세자의 빈사賓師로서 육롱·왕王의 양명학을 한다는 이유로 지평 이정박의 비난을 받다
영조	3	1727	정미	옹정	5	79	• 7월에 이조 참판에 제수되다 • 8월에 세자시강원 찬선에 제수되었으나 상소하여 고사하다 • 10월에 대사헌에 제수되자 상소하여 고사하다 • 『경학집의經學集義』와 『경학집록經學集錄』을 수정하다
영조	4	1728	무신	옹정	6	80	• 1월에 자헌대부資憲大夫에 오르다 • 우참찬에 제수되다 • 무신란이 발생하자 상경하여 입대하다. 이후 몇 차례 세자의 서연에 참석하다 • 9월에 안산으로 성묘하러 가다 • 효장세자가 죽자 입궐하여 상례에 대해 헌의하다 • 11월에 대사헌에 제수되다
영조	5	1729	기유	옹정	7	81	화폐의 편부에 대해 헌의하다
영조	6	1730	경술	옹정	8	82	• 연좌율緣坐律에 관해 아뢰다 • 역변이 일어나자 상소하여 위문하다 • 『집경서集經書』가 완성되다 • 역법에 관한 『천원설天元說』을 짓다 • 이후 상上이 해마다 계속해서 약물藥物과 식물食物을 하사하고 존문存問하다
영조	7	1731	신해	옹정	9	83	장릉의 천장遷葬에 대해 헌의하다
영조	10	1734	갑인	옹정	12	86	• 지우인 간재 최규서를 곡하다 • 3월에 지중추부사에 제수되다 • 우찬성이 되다
영조	11	1735	을묘	옹정	13	87	원자보양관元子輔養官에 제수되어 원자 삼견례를 행하다
영조	12	1736	병진	건륭乾隆	1	88	• 1월에 세자의 책례를 마치고 이사貳師를 더하여 숭록崇祿으로 자급이 오르다 • 상소하여 겸직 등을 모두 해면解免 해주기를 청하였으나 허락받지 못하다 • 8월 11일 정침正寢에서 졸하다 • 상이 제수祭需를 하사하고 예관을 보내 사제賜祭하다 • 강화 선영에 장사 지내다
영조	18	1742	임술	건륭	7	–	『문강文康』으로 시호를 내리다

참조: 『하곡집』, 한국고전번역원 해제

9장

조선 3대 논쟁, 호락논쟁의 중심에 서다

― 예안이씨 외암 가문 임선빈

금북정맥 자락에 터 잡은 마을

───────

외암 민속마을은 설화산 자락 남서쪽에 자리하고 있다. 설화산雪華山은 김정호의 『대동여지도』에 설아산雪峨山, 이중환의 『택리지』에 설라산雪羅山, 『증보문헌비고』에 서달산西達山이라 기록되어 있으며, 봉우리가 다섯 개라 오봉산이라고도 불린다. 높이 441미터 되는 붓끝 같은 봉우리가 솟아 있어서 그 기세가 매우 영특하고 장관인 까닭에 설화산이 비치는 곳에는 인물이 많이 난다고 전해왔다. 설화산의 동북쪽에는 고려 말에 최영 장군이 살다가 사위인 맹사성이 계승했다고 전하는 맹씨행단이 있으며, 남서쪽에는 외암민속마을이 있다.

외암민속마을의 주산인 설화산은 금북정맥에서 갈라져나온 작은 갈래 중 하나다. 죽산의 칠현산에서 한남정맥과 갈라진 금북정맥의 본줄기는 안성의 청룡산에서 서남으로 흘러 직산의 성거산─망일치─월조산─연기의 의랑치─천안과 공주의 차령─쌍령─광덕산(갈현)─각흘치─송악─납운치─차유령(차동고개)으로 이어지는데, 바로 이 본줄기의 갈현에서 북쪽으로 뻗은 맥이 광덕산을 만들고 다시 떨어져서 설화산이 되어 온양 동쪽에 이른 것이다.

조선후기의 인문지리학자인 이중환은 『택리지』에서 '차령에서 서쪽으로 뻗은

맥이 북쪽으로 떨어져서 광덕산을 만들고 다시 떨어져서 설라산이 되어 온양 동쪽에 위치하였다. 민중포전閩中莆田의 호공산壺公山이 중천에 빼어나서 우뚝한 홀笏과 같은 형상인데, 이 산이 그와 흡사하다. 이 산을 동남쪽에 있는 길방吉方이라 하는 것은, 아산·온양 등 여러 마을에서 높은 벼슬을 지낸 사람과 문학을 공부한 선비가 많이 나왔기 때문이다'라고 하였다.

외암마을이 길러낸 대학자 외암 이간도 47세(1723년)에 지은 「외암기」에서 온양군이 번성한 까닭을 온천과 산천의 지세에서 찾으면서, 특히 산천의 영이함에서 기인한다고 했다. 외암 주변의 산수는 「외암기」 등에 묘사된 대로 긴밀한 국면을 이루고 있으니, 서쪽으로 개천의 흐르는 곳을 막아선 월라산이 비록 낮다고는 하지만, 마을 서쪽 동구의 중첩한 소나무 숲이 허한 부분을 보완하고 있으며, 마을 남서쪽으로는 속칭 '바람동산'이라 부르는 작은 구릉이 다가서서 트인 곳이 없다. 외암 이간은 외암 주변의 산수를 오산五山과 오수五水로 나누어 극찬했고, 외암오산巍巖五山과 외암오수巍巖五水라는 7언절구로 된 10편의 시를 남겼다. 오산은 마을의 주산인 설화산雪華을 비롯하여 광덕廣德·송악松岳·월라月羅·면잠眠蠶이고, 오수는 용추龍湫·인곡獜谷·반계磐溪·역천驛川·온정溫井이다.

이 가운데 마을의 주산인 설아雪華산, 마을 앞을 흐르는 내의 상류에 위치한 용추龍湫, 마을 입구의 반계磐溪 등에 대한 시를 읊어본다.

우뚝하게 높이 솟아 하늘에 들어가고   亭亭奇拔入雲霄

옥을 깎은 듯 굽히지 않는 기상 하늘에 가득하다   玉立精神滿廓寥

뛰어나고 아름다우니 뾰족한 봉우리 드러남을 근심치 마오   絕特休憂圭角露

천지가 흔들려도 움직이기 어려우니   乾坤震盪定難搖

우뚝우뚝 기이한 바위는 호랑이가 모퉁이를 등지고 있는 듯   立立奇巖虎負隅

물에 이는 만 섬의 물방울은 물결 위를 달리는 듯   跳珠萬斛走顚崖

천체의 운행이 못 위에 비침은 일상의 일이니   天行淵匝尋常事

신룡이 있는지 없는지는 묻지를 마오 　　　　　　　　莫問神鱗定有無

천봉이 에워싸고 백천이 돌아드는 곳 　　　　　　　　千峯環衛百泉回
온 골짜기에 상마가 십 리에 펼쳐져 있네 　　　　　　一壑桑麻十里開
일대의 운연과 수석을 다스리니 　　　　　　　　　　管轄雲烟兼水石
조화옹이 이곳에서 홀로 만들어낸 것인가 　　　　　　化翁於此獨開胎

　용추龍湫는 송악면 강당리의 안쪽, 멱시 아래 냇가에 있는 못이다. 옛날에 용이 올랐다 하는데, 산이 높고 골이 깊어 경치가 매우 아름답다. 바위에 '산고무이동침화양山高武夷洞沈華陽' 여덟 자를 새겼는데, 일본인들이 동침화양의 글자를 거꾸로 따서 양화담陽華潭이라 하여 널리 알렸다. 용추의 바위 이곳저곳에 과거 외암리 출신 선비들의 이름이 새겨져 있는 것으로 보아 외암리의 선비들이 자주 찾았던 듯하다. 이간의 「외암기」에도 석문용추石門龍湫라는 표현이 나온다. 반계磐溪라는 이름은 외암마을 입구에 있는 바위인 반석磐石과 관련이 깊다. 반석이 역천 내 바닥에 깔려 있고 마을 쪽으로 외암동천巍岩洞天과 동화수석東華水石이라는 석각이 있다.

　마을의 행정 편제를 확인할 수 있는 면리제가 본격적으로 실시된 것은 조선후기의 일인데, 당시의 온양군은 읍내면, 군내면, 동상면, 동하면, 일북면, 이북면, 서면, 남상면, 남하면 등 모두 9개의 면과 140개의 리로 구성되어 있었다. 이 가운데 외암리가 속해 있던 남하면은 『호구총수』에 의하면 마곡리, 침곡리, 궁평리, 회화리, 오미리, 복룡리, 상역리, 하역리, 외암리, 열승리, 구산리, 발산리, 신대리, 월라산리의 14개 리로 이루어져 있었고, 원호 331호, 인구 1705구(남 648, 여 1057)였다. 『온양군읍지』 방리조에서는 마곡리, 침곡리, 궁평리, 회화정리, 오미리, 복구미리, 상역리, 하역리, 외암리, 열승정리, 구산리, 발산리, 신대리, 월라산리로 표기되어 있다.

　『호구총수』와 『온양군읍지』의 마을 이름 가운데 회화리-회화정리, 복룡리-

외암마을.

복구미리, 열승리−열승정리 등 그 이름를 표기하는 데 부분적인 차이가 있기는 하지만, 마을의 수나 마을명에는 변함이 없다.

조선후기 온양군 남하면의 리명과 호구수

마을 명	거리	편호	인구수(남·여)
마곡리	남 20리	37	124(43·81)
침곡리	남 18리	19	108(40·68)
궁평리	남 15리	28	135(39·96)
회화정리(회화리)	남 13리	15	77(19·58)
오미리	남 13리	11	68(17·51)
복구미리(복룡리)	남 11리	20	138(31·107)
상역리	남 10리	61	285(88·197)
하역리	남 10리	77	286(83·203)
외암리	남 10리	22	106(37·69)
열승정리(열승리)	남 13리	5	82(29·53)
구산리	남 10리	5	61(27· 34)
발산리	남 10리	5	39(11·28)
신대리	남 5리	3	□□(□□·33)
월라산리	남 7리	29	147(59·88)

*『온양군지』참조. ( )의 마을명은 『호구총수』의 명칭임.

온양군 읍치邑治(관문)로부터 남쪽으로 10리 떨어진 외암리는 편호 22호에 인구수 106구(남 37구, 여 69구)였고, 남쪽으로 13리 거리에 있던 열승정리는 편호 5호, 인구수 82구(남 29구, 여 53구)였으며, 남쪽으로 10리쯤 떨어진 구산리는 편호 5호, 인구수 61구(남 27구, 여 34구)였다. 편호수가 5호였던 열승정리는 오늘날 마을의 자취가 사라져버렸다.

1912년 조선총독부가 편찬한 『지방행정구역명칭일람』에는 온양군이 9면 164 동리로 정리되어 있어 동리수가 많이 증가하고 있다. 남하면의 경우도 구산리, 석우리, 궁평리, 역촌, 월라리, 방산리, 외암리, 복구리, 침곡리, 월굴리, 회화리, 마곡리, 평촌, 신평리, 강당리, 곽곡리, 사곡리, 오미리의 18개 동리나 된다. 조선후기의 마을과 비교해보면, 상역리와 하역리가 상하의 구분 없이 역촌으로 합쳐졌고, 열승리가 사라진 반면 석우리, 월굴리, 평촌, 강당리, 곽곡리, 사곡리 등이 새로운 마을명으로 나타나고 있다. 그러니까 20세기 초에는 이미 열승정리가 사라진 마을이 되었다.

현재 외암리가 속해 있는 송악면은 1914년에 온양군 남상면과 남하면이 합쳐져 13개 리로 개편된 것이다. 이 당시 송악면의 면 소재지는 역촌리였으며, 외암리는 종전의 남하면 구산리와 외암리가 합쳐진 것이다.

예안이씨가 뿌리를 내린 외암마을

———

설화산 남서쪽 자락에 자리잡고 있는 이 마을은 언제부터, 왜 '외암'이라고 불렸을까? 10여 년 전까지는 외암리에 관한 여러 글에서 외암 이간이 살았기 때문에 그의 호로부터 마을 이름이 생겼다고 설명해왔다. 그러나 개인의 호에서 마을 이름이 유래했다는 이런 해석은 설득력이 약하다. 필자는 2002년 『아산 외암민속마을 종합정비계획』 연구보고서에서 외암마을의 유래를 다른 관점에서 설명한 적이 있다. 즉 1723년(경종 3) 11월에 외암 이간이 쓴 「외암기」에 따르면, 이미 이전부터 '외암'이 마을 이름으로 쓰이고 있었음을 확인할 수 있다. 따라서 이간의 호 외암에서 마을 이름 외암이 유래한 것이 아니라, 마을명 외암을 따라 이간의 호가 지어진 것임을 밝혔다. 또한 '외암'이라는 마을 이름은 외암리의 서쪽에 있는 역말(송악면 소재지인 역촌리)과 관련이 있을 것으로 추정했다. 역말에는 조선초기부터 이미 시흥도의 중심역인 시흥역이 있었다. 15세기 전반기의 자료인 『세종실록지리지』에 시흥時興역이 기록되어 있으며, 예전에는 이곳이 이흥理興이라 불렸다고 한다. 『동국여지승람』에 의하면, 이 역은 온양 고을 치소로부터 남쪽으로 8리 떨어져 있었다. 시흥역에는 역승이 부임하여 아산-온양-신창-예산-덕산으로 이어지는 역로와 신창-면천-당진으로 이어지는 역로를 관할했다. 당시 외암마을은 이 시흥역의 말을

외암 종손댁.

거두어 먹이던 곳이라서 '오양골'이라 불렀으며, 이 '오야'에서 '외암'이라는 마을 이름이 생겨난 것으로 추정해볼 수 있다.

한편 '외암'이라는 이름은 일찍이 16세기 자료인 『신증동국여지승람』에서 확인할 수 있다. 『신증동국여지승람』 불우조에 의하면, 외암隈菴·현우사玄雨寺·중암中菴이 모두 화산에 있다고 하여 사찰로서의 '외암'이란 명칭이 보이고 있다. 산천조에 의하면 화산華山은 군 남쪽 11리에 위치한다고 했다. 또한 조선후기의 면리 편제에 의하면 외암리가 속해 있던 남하南下면은 온양군의 고을 치소로부터 남쪽으로 처음은 5리, 끝은 15리라고 했다. 따라서 화산은 설화산을 가리키는 것이며, 『신증동국여지승람』의 외암隈菴은 오늘날의 외암마을과 관련이 있는 것으로 유추해볼 수 있다.

외암마을의 한자 표기도 여럿이다. 오늘날 외암마을의 한자는 '外岩'인데, 조선후기의 『호구총수』에는 '巍巖', 『온양군읍지』에는 '嵬岩' 등으로 표기되어 있다. 外岩이라는 표기는 1912년에 조선총독부에서 편찬한 『지방행정구역명칭일람』에서 처음 확인된다.

이 외암리에는 언제부터 마을이 이루어졌으며, 마을 역사는 어떻게 흘러왔을까? 구전되는 이야기로는 이미 500여 년 전에 강씨姜氏와 목씨睦氏 등이 정착하여 마을을 이루고 있었다고 한다. 그러나 이러한 내용이 문헌을 통해 구체적으로 확인된 것은 아니다. 다만 조선초기 온양군의 토성으로 강康씨가 있었던 점으로 미루어 구전되는 '姜'씨는 '康'씨일 가능성을 배제하기 어렵다.

오늘날 외암마을에는 주로 예안이씨들이 살고 있다. 그러나 예안이씨의 족보와 이간의 「외암기」에 따르면, 예안이씨 이전의 외암마을 주인은 평택진씨였다. 지금도 참봉 진한평陳漢平의 묘가 외암마을 남쪽으로 500미터쯤 떨어진 구릉의 골말에 있어 과거 이 마을의 주인이었음을 알려주고 있다. 또한 묘소의 남쪽으로 직선거리 150미터 정도 떨어진 곳에는 옛적에 그 위용을 뽐냈을 집터와 연못의 흔적이 남아 있는데, 이곳이 진참봉의 집터와 관련 있을 것으로 여겨진다. 영암군수댁에 걸려 있는 「열승정기」 현판의 추기에 이사종이 세웠던 정자 열승정이 곡촌谷村에 있다고 했는데, 이 곡촌 즉 골말은 바로 집터와 연못의 흔적이 남아 있는 곳이다. 오늘날에도 5000분의 1 지형도에는 이곳이 열승쟁이로 적혀 있다. 지금은 열승쟁이에 단 한 채의 집도 남아 있지 않지만, 18세기에 편찬된 조선후기『온양군읍지』에만 해도 열승정리에 편호 5호가 기록되어 있다. 그러니까 열승쟁이는 조선후기까지만 해도 작은 마을로 남아 있었지만 20세기 초에 들어 이미 사라졌다고 할 수 있다. 그러나 언제부터 평택진씨가 외암마을에 살았는지는 분명하지 않다.

　오늘날 외암마을에 터를 잡은 주민의 절반은 예안이씨인데, 이들이 외암마을에 입향한 것은 평택진씨 참봉 진한평의 사위인 이사종李嗣宗(?~1589)으로 인한 것이다. 예안이씨는 이도李棹를 시조로 하는 전의이씨에서 갈라져 나온 분파로 10세손인 익瀷이 보문각 제학을 지냈으며, 예안으로 적을 옮긴 연유는 알 수 없다. 한편 족보를 통해 예안이씨의 선대 묘소를 추적해보면, 외암에 오기 전에는 수원에 살았으며 그 이전에는 한양에 터전이 있었던 것으로 추측된다. 예안이씨 7세손인 이연에게는 아들이 셋 있었는데, 첫째 이사권은 손자대에 후사가 끊겼으며 둘째인 이사종 계열만 번창하고 있는데, 이 이사종부터 예안이씨의 온양파가 시작되고 있다.

즉 예안이씨는 이사종이 평택진씨의 사위가 되면서 외암마을에 입향하게 되었다. 당시 진한평은 아들은 없고 딸만 세 명 있었는데, 예안이씨 이사종이 진한평의 장녀와 혼인하면서 마을에 들어와 살게 되었다고 한다. 진한평은 많은 재산을 보유하고 있었고, 이사종은 이 재산을 물려받으면서 외암마을에 터를 잡게 된 것이다. 마을에 구전되는 이야기가 진참봉의 재산 규모를 짐작케 한다. 즉 진참봉이 담배를 심었는데 관에서 조사를 나오자 이를 숨기려고 모두 놋그릇으로 덮을 정도로 부자였다고 한다. 진참봉이 살았던 16세기에 조선후기에나 있었던 담배가 등장하는 것으로 보아 후대에 윤색된 부분이 없지 않겠지만, 그럼에도 이러한 구전을 통해 진참봉의 재산 규모가 대단했음은 짐작할 수 있다. 진참봉의 묘소는 오늘날까지도 예안이씨가 의령남씨·파평윤씨와 함께 외손봉사를 하고 있는데, 제사 비용을 충당하기 위해 마련되어 있는 토지(위토位土)가 12마지기나 된다.

필자가 2002년 보고서에서 밝히기 전까지 외암마을의 예안이씨 입향조는 조선 명종 때 장사랑을 지낸 이연李埏이라고 알려져왔다. 마을 입구에 세워져 있는 안내판에도 그렇게 쓰여 있었다. 그러나 실제로는 그렇지 않음을 밝혔다. 이간의 「외암기」에 의하면, 예안이씨가 온양에 머물러 산 지 이미 5세대가 되었다고 했는데, 바로 이사종이 이간의 5대조이고 이연은 6대조이다. 또한 「외암기」에서는 선조 별제부군(이사종)이 그의 돌아가신 아버지 참봉공(이연)의 묘를 송악의 외록에 정하면서, 별업을 외암에 축조하여 열승정閱勝亭이라 하고 서울에서 물러나 다시는 벼슬에 나아가지 않았다고 했다.

앞서 말했듯이 이 열승정이 지금은 남아 있지 않지만 조선후기에는 읍지에도 기록되어 있을 만큼 널리 알려져 있었다. 위치에 대해 읍지에서는 군의 남쪽 7리 지점으로 화산의 남쪽이라고 기록되어 있는데, 그 터는 최립이 쓴 「열승정기」의 추기에 곡촌谷村(골말)이라고 적혀 있는 것으로 보아, 진참봉 묘소가 있는 구릉의 남쪽 골짜기였던 것으로 추정된다. 따라서 예안이씨의 외암마을 입향조는 이연의 묘소가 송악에 있다 하더라도 이연이 아닌 그 아들 이사종이었다. 입향 동기도 이사종이 이미 외암리에 살고 있던 참봉 진한평의 사위가 되면서 이루어진 것으로 보아야 할 것이다. 예안이씨 족보에도 예안이씨 온양파가 이사종으로부터 시작되는 것으로 기록되어 있다.

열승정의 기문을 쓴 최립崔岦(1539~1612, 본관은 통천通川, 자는 입지立之, 호는 간이簡易·동고東臯)은 1555년(명종 10)에 이사종의 사위가 되었으며, 이때부터 온양의 시골집을 드나들었다고 한다. 1555년은 최립이 열일곱 살로 생원시와 진사시에 모두 합격한 해이다. 사마방목에는 엄시하嚴侍下로 기록되어 있으니 당시 최립의 어머니는 이미 돌아가셨고 아버지만 살아 있었다. 기문에서 열승정이 세워진 시기는 바로 최립의 부친이 세상을 등져 상중에 있었던 일이라고 하니, 16세기 중엽의 일이었다. 최립은 1561년(명종 16)에 23세로 문과 식년시에서 장원급제했다.

외암마을은 한때 파평윤씨, 의령남씨, 평산신씨가 이웃해 살면서 한 마을을 이루었다. 외암기에 의하면 이들은 대대로 높은 벼슬자리를 지낸 집안으로 이 골짜기에 서로 이웃하며 살고 있었는데, 모두 이씨의 외손이니 이씨가 외암의 주인이라고 하였다. 파평윤씨 윤근尹根은 이사종의 장자인 이륜李崙의 사위였으며, 의령남씨 남벌南橃(1561~1646)의 둘째 부인인 예안이씨는 이사종의 아들(셋째)로서 외암 이간의 고조부인 첨지 이단李崙(1544~1623)의 딸이었다. 남벌의 족증손族曾孫인 약천藥泉 남구만南九萬(1629~1711)이 지은 남벌의 묘표에 의하면, 남벌은 86세에 온양의 설애산雪厓山 아래에 있는 외암동巍巖洞 집에서 별세하여 태안에 있는 금굴산金堀山 선영 아래에 장사지냈다고 한다. 또한 묘지명에 의하면 남벌은 인조반정 이후 삭탈관직을 당했으며, 온양군의 설애산 아래에 집을 짓고 일생을 마칠 계책을 세웠는데, 묘지명 중에 '설애산은 호서에서 빼어난데 공의 집이 있는 곳이요雪厓之岨 秀出湖墟 維公所廬'라는 구절이 있다. 남벌의 부친인 남언진南彦縝(1531~1607)의 호 또한 설애雪厓인 것으로 보아 설화산 근처에 살았을 것이다. 그러나 예안이씨의 외암 입향조인 이사종의 5세손 외암 이간의 시대에 이르면, 예안이씨가 외암마을의 주인임을 자처하게 된 것이다. 마을 이름을 자신의 호로 사용한 것만 보아도 당시의 사정을 짐작할 수 있다.

호락 논쟁의 중심에 선 외암과 뛰어난 인재들

─────

조선후기 외암마을에서는 많은 인물들이 배출되었다. 그 가운데 외암 이간이 가장 널리 알려져 있다. 예안이씨 외암리 입향조인 이사종부터 외암 이간까지의 가계는 이연(6대조)−이사종(5대조)−이단(고조)−이진문(증조부)−이박(조부)−이태형(부)−이간(본인)으로 이어진다. 이를 간단히 정리해보면 다음과 같다.

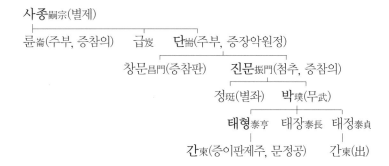

외암 이간(1677~1737)은 외암마을 입향조 이사종의 6세손이다. 1677년(숙종 3) 6월 23일에 외암리에서 태어났으며, 20세(1696년)에 파평윤씨 윤헌尹憲의 딸과 혼인했다. 기호학맥의 적통을 이은 권상하 문하의 팔학사八學士 중 한 사람이다.

1710년(숙종 36) 34세에 이만성이 학행으로 조정에 천거하여 장릉참봉에 제수되었지만 취임하지 않았으며, 1715년(숙종 41, 39세)에는 다시 천거되어 세자시강원 자의가 되었다. 이때 조정에서는 그의 나이가 젊은데도 벼슬이 뛰어오름을 논란하는 사람이 많았다. 1717년 종부시 주부에 제수되고, 1725년(영조 1, 49세) 회덕현감·경연관을 거쳐 충청도도사 겸 해운관·익위사익위를 제수받았지만 모두 물리쳤다.

외암은 관직생활보다 조선후기의 인물성동이 논쟁人物性同異論爭에서 인물성동론人物性同論을 주장한 그의 학문으로서 더욱 주목할 만하다. 조선조 성리학은 중기를 고비로 사단칠정에 대한 퇴계 이황의 이기호발설과 이이의 기발이승일도설의 대립으로 그 뒤 치열한 논변이 벌어졌는데, 후기로 접어들면서 한동안 잠잠했던 사단칠정 논변이 주기적인 율곡 이이 계통의 기호학파 안에서 주리와 주기의 논변으로 옮겨감으로써 성리학의 불꽃이 재연되었으니, 이것이 인물성동이 논쟁이다. 본격적인 논쟁은 권상하의 문하 8학사 중에서 인물성동론을 주장한 외암과 인물성이론人物性異論을 주장한 남당 한원진 사이에서 이뤄졌다. 외암이 충청도 온양 외암리에서 태어났듯이, 남당은 충청도 결성 남당리대하축제로 유명한 현재의 홍성군 결성면 남당리에서 태어났다. 그런데 후에 남당의 지지자는 호서湖西에 많았으므로 인물성이론을, '호론湖論'(외암)의 지지자들은 서울에 많았으므로 인물성동론을 '낙론洛論'이라고 일컫게 되었다. 이 호락 논쟁湖洛論爭은 사단칠정론, 예론과 함께 조선 성리학계 3대 논쟁의 하나로 일컬어진다.

외암의 인물성동론을 낙론이라고 하다보니, 많은 사람들 심지어는 국학 분야를 공부하는 학자들까지도 외암이 한양 사람이라고 생각한다. 그러나 『숙종실록』에서도 '호서사인湖西士人 이간'이라는 표현이 보이듯이, 외암은 온양 향리에서 주로 지낸 인물이다. 31세 되던 숙종 33년에 그는 권선재를 세워 후학들에게 강론하기도 했다. 영조 3년 51세로 졸하였는데, 정조는 이조참판과 성균관 좨주를 증직했으며, 순조는 이조판서를 추증했다. 마을에는 외암의 뜻과 학문적 유업을 기리는 사당이 있고, 이곳에서는 매년 외암의 기일인 음력 3월 14일에 불천위제를 모신다. 외암 선생의 제사는 조선왕조에서 영원히 신주를 모시고 사당에서 제사를 지내라고 인정한 불천위 제사이다. 묘소는 처음에는 유곡에 안장했는데, 1691년 윤 3월에 외암리 북쪽 산기슭 을좌乙坐로 천장했다. 오늘날에도 외암마을의 서쪽으로 100여 미터 떨어신 구릉에 서향으로 위치해 있으며, 묘소 주위에는 소나무가 울창하게 잘 가꾸어져 있다.

외암리에서는 외암 이간 외에도 많은 선비들이 배출되었다. 예부터 외암리는 삼다三多의 마을이라 했는데, 그 첫째가 석다石多요, 둘째가 언다言多요, 셋째가 반

외암 묘소.

다班多라고 한다. 양반이 많은 마을이라 일컬어지듯이 외암리에서는 조선후기에 과거 급제자들이 상당수 배출되었다. 조선시대『사마방목』을 통해 확인되는 외암 출신 생원·진사들은 외암의 부친인 이태형李泰亨(1684: 이하 합격 시기), 이간의 아들인 이관병李觀炳(1735), 이이병李頤炳(1738)과 이하주李夏胄(1744), 이의현李宜鉉(1798), 이광현李光鉉(1798), 이장현李章鉉(1810), 이원효李源孝(1822), 이장렬李璋烈(1885), 이중렬李重烈(1891), 이용대李用大(1894) 등 모두 11명에 달한다.

　이외에도 이간의 아들인 이사병李師炳(1714~1782)과 손자 이건주李建胄(1747~1819)가 학행으로 천거되었다. 특히 이건주의 천거 사실은『정조실록』기사에서도 확인된다. 이건주는 1796년(정조 20)에 충청도 관찰사 이정운이 국왕의 분부에 응하여 천거한 세 사람에 포함되어 있었는데, 당시 정조는 호서에서 특별히 추천한 온양의 유학 이건주를 불러 만나본 후에 인사담당 부서인 이조로 하여금

317

특별히 벼슬에 등용하라고 지시했다. 또한 이건주가 죽은 지 3년이 지난 1822년(순조 22)에는 선비들의 상언으로 예조에서 고 광흥수 이건주의 효행에 정려할 것을 청해 그대로 이루어졌다.

문과 급제자로는 이성렬과 이정렬을 들 수 있다. 이성렬李聖烈(1865~?)은 1888년에 문과에 급제하여 응교·직각승지·대사성·참찬까지 지냈으며, 독립운동에 관여했고, 뜻을 이루지 못하자 음독자살했다.

이정렬李貞烈(1868~1950)은 1891년 과거에 급제했으며 이조참판에까지 이르렀고, 고종황제로부터 '퇴호거사退湖居士'라는 호를 받았다. 원래 충북 보은군 외속리면에서 태어났지만 열 살 되던 해에 외암 이간의 5세손인 가선대부 이상달李相達에게 양자로 들어가 대를 이었다. 그는 어려서부터 독서를 열심히 해서 주위 사람들의 칭찬이 자자했다. 특히 이정렬의 할머니가 명성황후의 이모였는데, 명성황후는 이정렬을 매우 아껴 필묵과 첩지를 내리기도 했다. 그는 열일곱 살에 명성황후에게 당시 일본에서 한반도에 대한 음모가 꾸며지고 있음을 지적하기도 했다. 스물넷이 되어서는 과거에 급제하고 관직의 길로 들어서 이조참판에까지 이르렀다. 그러나 서른네 살 되던 해에 일본이 강제로 통상조약과 사법권 이양을 요구하자 통분을 이기지 못하고 고종황제에게 상소를 올려 당시의 책임이 외부대신에게 있으므로 그를 탄핵시킬 것을 주장했다.

이정렬은 일제의 침략을 저지해야 한다는 상소를 스무 차례 넘게 올렸지만 아무런 효과가 없자 마침내 최후의 방식을 택했다. 그것은 임금이 참석하는 아침 조회에 등불을 들고 말을 거꾸로 탄 채 출근하는 것이었다. 이런 행위는 국왕에 대한 엄청난 불경이었다. 물론 수위가 입구에서 저지했지만 이를 뿌리치고 조회 장소까지 들어갔다. 죽음을 무릅쓴 행동이었다. 나라가 지금 그믐 밤중처럼 깜깜한 상황이라서 등불을 들었고, 말을 거꾸로 탄 이유는 주변의 호위병들이 칼을 내리칠 때 이를 피하지 않기 위해서였다. 정면으로 보고 들어가면 자기도 모르게 칼을 피할 수 있지만, 뒤로 들어가면 볼 수 없으므로 뒤통수 쪽으로 내리치는 칼을 받고 그 자리에서 죽을 수 있다는 생각에서였다. 황성신문에서는 사흘간 잇달아 이정렬의

참판댁과 그곳에 걸린 '퇴호거사' 편액.

강직함을 가리켜 '조선에도 봉황이 울었으니 아침 햇볕이 내리쬐일 것이다'라며 높이 기렸다.

그러나 자신의 뜻이 조정에 받아들여지지 않자, 그는 나라를 팔아먹는 조정의 신하가 될 수 없다며 관직을 포기하고 낙향했다. 영왕이 '일심사군一心事君'과 '퇴호거사退湖居士'의 4자를 써주고 나서 복직을 강력히 요청하고, 고종 역시 비서승 이우규에게 이정렬은 의로운 신하로 국가가 위기에 처해 있을 때 진실로 보필할 자이니 속히 복직시키라고 전교했지만 끝내 물러나 고향으로 돌아왔다. 이후 조정으로부터 여러 차례 복직 명령이 있었지만 끝내 받아들이지 않았다. 관직에서 물러나 송악으로 낙향한 그해 11월 칠은계를 조직하여 충남 일대의 항일운동에 영향을 미쳤다. 지금도 '참판댁'으로 불리는 퇴호 이정렬이 살던 집에는 그의 유품들이 남아 있다.

예학이 깃든 고택과 정려

———

외암마을은 기와집과 초가집이 조화를 이루고 있는데, 특히 기와집의 경우에는 참판댁, 병사댁, 감찰댁, 교수댁, 참봉댁, 국사댁, 영암댁, 신창댁, 양성댁 등의 택호로 불리기도 한다. 이들 택호는 모두 예안이씨와 관련이 있는데, 몇몇 택호의 유래는 다음과 같다.

영암군수댁(건재고택)

영암군수를 지낸 이상익李相翼(1848~1897)이 살던 집이라서 붙은 택호이다. 이상익은 외암 이간의 6세 직손이다. 후손들에 따르면 외암 이간이 태어난 곳도 바로 이 집터였다고 한다. 영암군수댁은 건재고택이라 불리며 문화재로 등록되어 있는데, 건재健齋는 이상익의 아들인 이욱렬李郁烈(1874~1960)의 호이다. 사실 현재의

건재고택.

가옥이 완성된 것은 건재당 때라고 한다. 영암군수댁에는 외암집 목판 외에도 많은 옛 전적과 고문서, 간찰 등의 유물이 남아 있었으며, 추사 김정희 글씨의 주련柱聯이 걸려 있다. 외암마을 곳곳에 추사 선생의 묵향이 배어 있는데, 이는 추사의 두 번째 아내가 외암의 증손인 이병현李秉鉉의 딸로, 추사가 살던 예산 신암 용궁에서 외암까지의 거리는 25킬로미터 정도밖에 되지 않아 추사 선생이 외암리에 자주 들렀다고 한다.

참판댁

이조참판을 지낸 퇴호 이정렬이 살던 집이라 참판댁이라 불리게 되었다. 이정렬은 할머니가 명성황후의 이모이기에 명성황후로부터 각별한 은총을 받았다. 참판댁은 이정렬이 고종황제로부터 하사받아 지은 집으로, 고종이 이정렬에게 하사한 '퇴호거사退湖居士'라는 사호를 영왕이 9세 때 쓴 현판이 남아 있다.

송화댁

송화군수를 지낸 이장현李章鉉(1779~1841)으로 인해 붙은 택호이다. 이장현은 호가 초은憔隱이며, 순조 10년 식년시에서 진사가 되었다. 음직으로 벼슬에 나아가 현감까지 지냈다. 문집이 있었다고 하는데, 지금 전해지는지의 여부는 확인되지 않는다.

이외에도 이사종의 13세손인 이용구李用龜(1854~?)가 경학으로 추천을 받아 성균관 교수를 지냈다고 하여 붙은 교수댁, 홍경래난을 진압한 병사兵使 이용현李容鉉(1783~1865)으로부터 유래한 병사댁, 이사종의 12세손인 이중렬과 그의 아들 이용후李用厚(1886~1955) 부자가 잠봉 벼슬을 지낸 연유로 얻은 잠봉댁 등이 있다.

외암마을에는 조선조의 예학정신이 아직도 살아 숨 쉬고 있다. 후손인 이득선 씨가 그 주인공이다. 이득선씨는 1970년 겨울에 아버지가 돌아가시자 3년 시묘를 교과서대로 실천한 인물이다. 당시 31세였던 그는 한양대학교 토목과 조교를 하고 있다가 서울생활을 완전히 청산하고 고향에 내려와 3년 시묘라는 고행길에 들어간 것이다. 3년 동안 머리와 수염을 깎지 않았을 뿐만 아니라 신발은 짚신, 머리에는 굴건, 옷은 제복을 입고 생활했다. 허리에 매는 허리띠는 왕골, 볏짚, 마 껍질을 꼬아서 만들었는데 그 무게가 무려 5근이나 되었다고 한다. 집에서 묘소까지는 산길로 3킬로미터, 걸어서 50분 거리였다. 묘소 옆에는 원두막을 지어놓고 종일 이곳에서 생활하였다. 겨울에 눈이 쌓일 때에는 아무리 춥더라도 묘소를 양손으로만 치웠다. 집안에 내려오던 가풍을 몸소 실천한 것이었다.

예학의 정신은 타인에 대한 배려로부터 시작된다. 이득선씨가 살고 있는 참판댁에는 사랑채 부엌 옆에 가로 90센티미터, 세로 70센티미터의 아주 작은 마루가 설치되어 있다. 그 용도는 거지에 대한 배려였다. 요즈음에는 농촌에서 구걸하는 거지를 보기 힘들지만, 1960~70년대까지만 해도 하루 평균 서너 명의 거지들

송화댁.

323

이 아침밥을 먹을 무렵 구걸하러 왔다. 다른 집에서는 거지들이 찾아오면 으레 바가지 하나에 밥과 국, 깍두기 등을 섞어서 주었고, 거지들은 문간에 서서 그 바가지의 비빔밥을 허겁지겁 먹곤 했다. 그러나 참판댁에서는 구걸하는 거지에게도 밥한 그릇, 국 한 그릇, 김치 한 그릇을 놋그릇에 각각 담고 이 그릇들을 다시 소반에 차려서 사랑채 부엌 옆의 마루에 놓았다. 사랑채 부엌 아궁이에서는 항상 손님 방에 불을 때고 여물을 끓이므로 온기가 남아 있었다. 거지들에게도 따뜻한 마루에 앉아 편하게 식사를 할 수 있도록 배려하는 것이 이 집안의 전통이었다. 비록 거지이지만 그들도 인간인데 최소한의 품위를 지키면서 식사를 할 수 있도록 해주는 것이 예의라고 보았던 것이다. 그러한 배려를 감지한 거지들도 고마움의 표시로 식사를 마치면 그릇을 깨끗하게 닦아서 부엌에다 내려놓고 갔다. 다른 집에서는 고래고래 소리를 지르며 소란을 피우던 거지들도 이 집에 와서는 점잖게 행동했다고 한다.

외암마을의 입구 다리를 건너기 전 왼쪽에 열녀 안동권씨 정려가 있다. 흔히 볼 수 있듯이 정려는 정·측면 1칸으로 맞배지붕의 익공식 건물이며, 정려 건물 안에는 명정 현판과 정려기가 걸려 있다. 열녀 안동권씨는 진사를 지낸 권연權淵의 딸로 13세의 어린 나이에 예안이씨 집안의 이용덕李用德에게 시집을 왔다. 이용덕은 예안이씨 20세손으로 외암의 후손이며, 이정렬의 아들이었다. 그런데 불행하게도 시집온 다음 해에 남편이 열다섯 살의 나이로 요절하였다. 그렇지만 안동권씨는 청상과부의 길을 마다하지 않고 늙으신 시어머니를 봉양했다. 이와 함께 변변치 못한 제물이지만 먼저 돌아간 남편에게 올리는 데 정성을 다하였으며, 집안의 화목을 이끌어나가는 데 흐트러짐이 없었다. 이러한 길을 평생 걸으면서 나이 86세가 되어 조카인 이홍선을 아들로 삼았으나 불행히도 세상을 떠나 이홍선의 동생인 이득선의 아들을 손자로 삼아 가문을 일으켰다. 이러한 사실들은 마을 사람들에게 귀감이 되었으며, 문중의 노력과 함께 마을 사람들의 추천으로 아산의 향교는 물론이고, 군수가 문교부와 문공부에 특별히 천거해 표창을 받았다. 이로 인해 예안이씨 문중에서는 안동권씨의 열행을 후세에 알리고자 1978년에 조선시대 방식으로 정려를 세우게 되었다.

아산 외암마을은 1988년에 전통건조물보존지역으로 지정되었고, 2000년 1월 중요민속자료 제236호로 지정되었으며, 현재 유네스코 세계유산으로 등재하기 위한 준비를 하고 있다.

10장

비범한 주자학자로서 의병운동의 선봉이 되다

―벽진이씨 화서 가문 권오영

비범한 주자학자로서의 삶

———

이항로는 1792년(정조 16) 2월 13일 묘시卯時에 경기도 양근군 벽계리(지금의 양평군 서종면 노문리)에서 태어나 1868년(고종 5) 3월 18일 유시酉時에 77세로 세상을 등졌다. 본관은 벽진碧珍이고, 초명은 광로光老였지만 철종의 아버지 전계대원군의 이름인 광壙과 발음이 같아 항로로 고쳤다. 자는 이술而述이고, 호는 청화산青華山 서쪽에 살았다고 해서 화서華西라고 했다. 아버지는 우록헌友鹿軒 회장晦章이고 어머니는 전의이씨全義李氏로 의집義集에게서 났다. 비범한 인물에게 흔히 그러하듯 이항로의 죽음에 관한 이야기도 평범치 않다. 그가 세상을 떠날 때 큰 별이 동남쪽에 떨어졌는데, 붉은빛이 하늘에 뻗쳐 땅을 밝게 비추다가 사라졌으며 이어서 지진이 일어났다고 한다. 이해 윤4월에 사림장士林葬으로 벽계의 남쪽 정보鼎寶의 서산 손좌巽坐 건향乾向 언덕에 장사지냈다.

특출한 자질을 타고난 이항로는 어려서부터 학문에 힘써 학자로서 큰 인물이 되어 많은 제자를 길러냈다. 특히 그의 문하에 드나들었던 제자와 후학들은 위정척사운동과 의병운동을 이끌어 민족 독립운동에 커다란 흔적을 남겼다.

이항로는 1840년에 천거로 휘경원 참봉에 임명됐지만 이를 물리쳤고, 그 뒤

1864년 장원서 별제, 전라도 도사, 사헌부 지평, 장령에 임명되었다. 또 1868년에는 승정원 동부승지에 특별 임명되어 「사동부승지겸진소회辭同副承旨兼陳所懷」라는 유명한 소를 올렸다. 또한 공조참판, 도총부부총관, 동지의금부사를 지냈으며, 시호는 문경文敬이다.

이항로는 세 살 때 천자문을 배우고, 여섯 살 때 『십구사략十九史略』을 읽었으며 「천황지황변天皇地皇辨」을 지었다. 어린 시절 아버지의 사랑방에는 친구분들이 찾아와 학문 담론을 벌이곤 했다. 이항로가 아홉 살 때 남기제南紀濟가 찾아와 담론을 하던 중 "천지 사이에는 오직 하나의 기氣가 있다"고 말하자, 옆에서 듣던 이항로는 "장자長者께서 한결같이 힘껏 이 설을 주장하시면 장자의 문하에 반드시 길에서 남을 구타할 사람이 있을 테니 어떻게 금지시키겠습니까?"라고 말했다. 이때부터 이미 이항로는 "천지 사이에 만사는 오직 하나의 이理일 뿐이다"라는 생각을 품었고, 여기서 그의 주리론主理論이 싹트고 있었다. 집안을 꾸려나가는 데 있어서도 이항로는 법도를 보였다. 매일 동틀 무렵 조상의 사당에 나아가 절하고 방으로 돌아와 부인과 공경의 예揖를 취하며 함께 앉아 가족들의 인사를 받았다. 이때 하루 동안 할 일을 명해 한 사람도 게으름을 피우지 못하게 했다. 또한 그는 봉제사와 접빈객을 잘하였고, 옛 친구를 정답게 대했으며 어질고 덕 있는 이에 대해서는 예를 갖춰 대했다. 이항로는 일찍이 "치가治家에 세 가지 법이 있는데 근면, 검소, 저축일 뿐이다"라고 하였다.

선비들은 이항로의 집을 즐겨 찾았다. 그리하여 하루에 열 번이나 밥을 지어一日十爨 손을 대접하기도 했다. 어린 시절 어느 날 책장수가 아버지 이회장이 밭 갈던 곳을 지나갔는데, 이회장은 그가 갖고 있던 책과 밭 갈던 소를 바꾸어 아들이 공부할 책을 마련해줄 만큼 교육열이 높았다.

이항로는 1806년 열다섯 살 때 관례를 하고 이해에 고령박씨高靈朴氏 박최환朴最煥의 딸과 혼례를 치렀다. 이듬해 그는 당시 학문으로 이름 높았던 서울의 임로任魯를 찾아갔고, 스물한 살이 되던 1812년에는 지평(오늘날 양평군 리평면 지역)의 이우신李友信을 찾아가 학문에 대해 논했다. 특히 이우신은 이항로의 학문적 성취를

「화서선생유상」, 비단에 채색, 1854, 문화 유씨 종중. 화서 영정으로 문인 유기일이 1854년에 그려진 원영을 모사한 것으로 전해진다. 여기에 화서는 스스로 제를 붙였다.

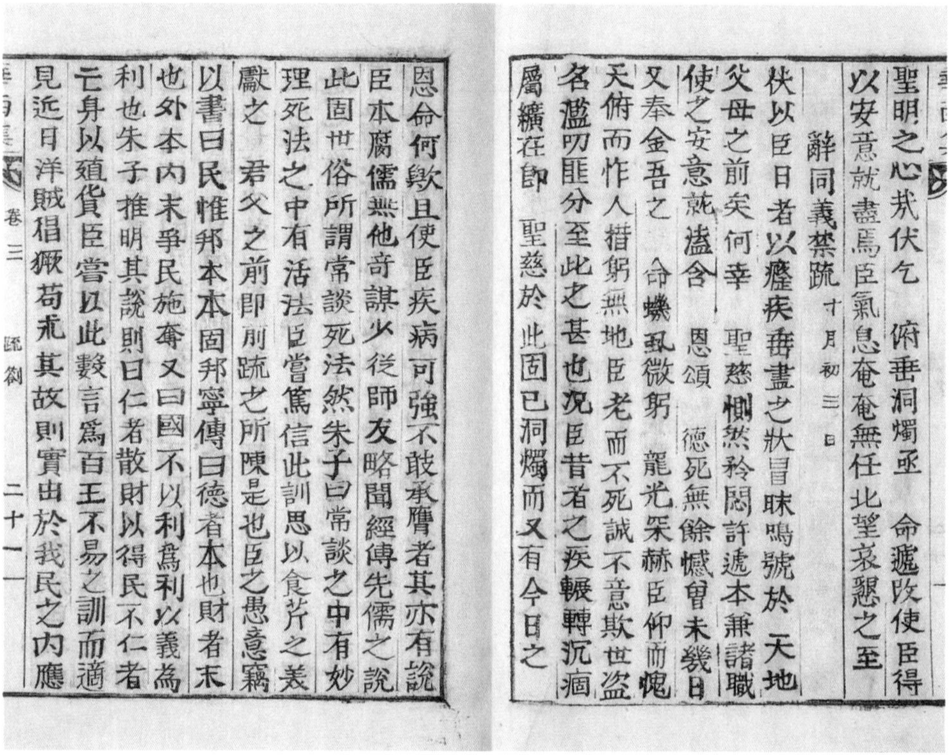

聖明之心 茶伏乞 俯垂洞燭丞 命遞改使臣得
以安意就 盡焉臣氣息奄奄無任此聖衷懇之至

辭同義禁疏 十月初三日

伏以臣日者以瘴疾垂盡之狀冒昧鳴號於 天地
父母之前矣 何幸 聖慈惻然矜悶許遞本兼諸職
使之安意就 溢含 恩頌 德死無餘憾曾未幾日
又奉金吾之 命蟻瓜微躬 寵光笨赫臣仰而愧
天俯而怍人措躬無地臣老而不死誠不意欺世盜
名濫叨匪分至此之甚也死況臣昔者之疾輾轉沉痼
屬纊在即 聖慈於此固已洞燭而又有今日之

恩命何歟且使臣疾病可強不敢承膺者其亦有說
臣本腐儒無他奇謀少從師友略聞經傳先儒之說
此固世俗所謂常談死法然朱子曰常談之中有妙
理死法之中有活法臣嘗篤信此訓思以食芹之義
獻之 君父之前即削疏之所陳是也臣之愚意竊
以書曰民惟邦本本固邦寧傳曰德者本也財者末
也外本內末爭民施奪又曰國不以利爲利以義爲
利也朱子推明其說則曰仁者散財以得民不仁者
亡身以殖貨臣嘗以此數言爲百王不易之訓而適
見近日洋賊倡獗苟充其故則實出於我民之內應

華西集 卷三 疏劄 二十一

『화서집華西集』, 이항로, 1899, 국립중앙도서관. 19세기 중반에 형성된 위정척사 사상은 성리학에 근본을 두고 서양 및 일본의 새로운 문화를 받아들이는 데 비판적이었다. 특히 위정척사운동은 척화론의 형태를 띠고 나타났는데, 척화론자의 대표 주자가 바로 이항로였다.

인정하고 외우畏友라 부르면서, 조상을 받드는 것도 중요하지만 고사高士와 담론할 기회를 갖게 되어 기쁘다며 제사 때 쓰려고 준비해두었던 황랍촉黃蠟燭을 켜고 밤새도록 토론을 벌였다.

이항로는 벽계리의 청화정사靑華精舍에서 강학을 했다. 그리고 때로 쌍계사·고달사 등 사찰을 옮겨다니며 사서삼경과『주자대전朱子大全』등 성리학 연구에 정진했다. 이항로의 문하에는 1831년 임규직任圭直이 처음 입문했다. 그 뒤 1836년 가을에 춘천 가정柯亭에 살던 유영오柳榮五가 그 자손들을 이항로 문하에 입학시키면서 학파를 이루기 시작했다. 유중교柳重敎는 다섯 살 때부터 이항로의 가르침을 받았으며 그의 집안 자제들이 화서학파의 핵심 세력을 이루었다.

이항로의 학문과 덕망이 세상에 알려지면서 인재들이 속속 모여들었다. 1841년에는 김평묵, 1846년에는 최익현이 제자가 되었다. 김평묵은 이항로가 죽자 그의 학통을 이어 이론과 실천 어느 하나 놓치지 않은 학자로 살았다. 최익현은 1846년 열세 살의 나이로 이항로의 문하에 들어왔는데, 이항로는 최익현의 인품과 자질이 빼어난 것을 알고는 '면암勉庵'이란 호를 내리고 대자 편액을 써주었다. 1847년에는 양헌수가, 1855년에는 유인석이 이항로의 문하에 입문했다.

이항로는 1850년(철종 1) 1월부터 강학을 위해「여숙강규閭塾講規」를 만들었다. 그는 노인이든 어린이든, 귀한 이든 천한 이든 강의를 성심껏 듣겠다는 사람에겐 입학을 허락했다. 그의 강의는 한 구절의 허투나 가식 없이 아주 명쾌했다. 특히 의리義理의 핵심을 말할 때면 사물을 가지고 비유해 지식이 조금 모자란 이도 쉽게 이해할 수 있었다. 그의 밑에서 자라난 제자들은 개항 시기 위정척사운동의 중심에 선 인물이 되었다.

이항로는 19세기 중반 외세의 침략을 정확히 감지하고 이를 물리치기 위한 이론을 세우려고 이학理學과 사학史學을 연구했다. 그는 주자학을 집대성할 뜻을 세우면서 중화와 오랑캐를 구별하는 춘추사관春秋史觀에 입각해 역사서 편찬을 계획했다.

이항로는 1835년 문인 임규직任圭直에게 보낸 시에서 술작述作의 뜻을 나타냈다.

勉菴崔先生七十四歳像 毛冠本

乙巳孟春上澣定山郡守時蔡石芝圖寫

「최익현 초상」, 채용신, 51.5×41.5cm, 보물 제1510호, 1905, 국립중앙박물관. 최익현은 이항로의 문하에서 성리학을 배우고 철종 6년 명경과에 급제해 관직생활을 시작했다. 그러나 대원군을 비판하다 제주도 유배길에 올랐고, 이후 관직을 그만둔 채 위정척사의 길을 택해 의병운동을 펼쳤다. 그러던 중 체포되어 쓰시마 섬에 유배된 후 단식하다가 사망했다.

주서는 우리나라 선비의 설을 모으고 싶고　　　　　　　朱書擬輯東儒說

역사서에는 원나라 황제를 깎아버리리　　　　　　　　　青史行刪北帝編

　이항로는『주자대전』에 대한 종합적인 연구 주석과 더불어, 원나라는 정통이 아닌 참통僭統이며, 진주眞主가 아닌 위주僞主라는 관점에서 역사서를 써나갔다. 즉 그는 송시열이 편찬한『주자대전차의朱子大全箚疑』를 이어받아『주자대전차의집보朱子大全箚疑輯補』(70책)라는 방대한 주석서를 완성해냈다. 또한 그는 1846년에 맏아들 이준에게『주자대전차의집보』에서 번다한 것을 버리고 요점을 모은 후 자신의 안설按說을 덧보태『주자대전집차朱子大全集箚』를 편찬하게 했다. 한편 이항로는 1852년 제자 유중교에게는 중화와 오랑캐를 구별하는 이념이 강하게 스민『송원화동사합편강목宋元華東史合編綱目』(60권)을 편찬하게 해 중화를 높이는 의리정신을 나타냈다. 이 책은 1863년 김평묵이 마무리지었다.

　이항로의 촉수는 위정척사운동의 이론을 정립하는 데 지속적으로 뻗쳤다. 1857년(철종 8)에는 김평묵이 청해 서양을 배척하는 이론을 세우는 데 착수했다. 그렇게 해서 나온 것이 1863년(철종 14) 1월의『벽사록변闢邪錄辨』이다. 1867년(고종 4) 76세가 되던 해에는 김평묵이 스승 이항로의 글 중 정수만을 뽑아내『화서아언華西雅言』(12권 3책)을 편찬했다. 그 뒤『화서아언』은 1874년 김평묵·유중교·양헌수 등에 의해 세상에 나왔다. 이 책은 위정척사 사상과 운동에 영향을 끼쳤음은 물론이고, 이항로 학파의 서사書社에서 주요 교재로 쓰였다. 이러한 학맥을 이었던 학자들은 개항 시기 일본과 서양의 침략을 뚜렷이 인식하고 이를 물리치는 데 온힘을 쏟아부었다. 이항로의 문집은 1899년 여름 이근원·유중악이 충주 병산의 홍승의洪承義 서재에서 활자로 인쇄해 발간했다.

『벽진이씨세보』, 35.5×24cm, 1864. 1864년 갑자보로 총 17권 분량이다.

19세기 주리론의 중심에 서다

이항로는 둘째 아들이 그린 자신의 화상畫像에 스스로 제를 붙였다.

도리는 구할수록 더욱 멀고	道理愈求愈邈
병은 다스릴수록 더욱 깊어가네	疾病愈治愈痼
소장 시절에 힘을 다하지 못했음이 개탄스러우나	慨莫竭力於少壯
쇠모년엔 마음을 저버리지 않기를 맹세하도다	矢不負心於衰暮

남계래는 이항로를 "천민왕좌天民王佐"라 했고, 유조柳疇는 이항로의 심설心說을 읽고 "좌해천강활리옹左海天降活理翁"이라며 기렸다. 또한 김평묵은 1873년 8월 이항로의 행장을 지었고, 최익현은 1898년 이항로의 신도비명을 썼다. 신도비명에 최익현은 명을 붙였다.

하늘이 우리나라를 돌보시어	天眷我東
정도로써 번창하게 했네	正道以昌
율곡의 경과 우암의 직은	潭敬巴直
실은 주자를 이어받았네	實纘紫陽
진실하도다 선생께서는	允矣先生
몇 세대를 뛰어넘어 태어나셨네	間世而作
뛰어나신 호걸스런 자품으로	挺豪傑姿
성현의 학문을 체득하였네	躬聖賢學
경을 주로 하여 이를 밝혔고	主敬明理
도로써 물을 다스리시어	以道宰物
체와 용이 서로 포용하고	體用相涵

현과 미가 오직 하나였네	顯微惟一
마음에는 도와 기가 있으니	心有道器
비유하면 장수와 졸도 같고	譬如帥役
기에서 이와 욕이 나누어지니	幾分理欲
비유하면 아들과 도적 같도다	譬如子賊
존과 비가 제자리에 바로 서고	尊卑正位
천명과 토벌이 어긋나지 않았네	命討靡忒
이러한 법도가 아니었다면	有不斯程
천지는 변역이 되었으리라	天地變易
지가 미치고 인으로 지켜	知及仁守
투철하고도 두루 관통하였네	透徹融貫
누가 순우곤 같은 변사인가	誰髠其口
내가 아니면 상대하기가 어렵겠구나	莫我能難
동강을 지키며 배회하면서	婆娑東崗
알아주지 않는 것을 후회하지 않았네	不悔不知
미관에 임명되자 사양하시고	一命而傴
숨어 지내시니 더욱 덕이 쌓였네	其遯益肥
근심하는 바가 있었으니	所憂則有
자나 깨나 백성 생각이었지	寤寐斯民
주관이 비록 옛 제도이지만	周官雖古
오늘날 새롭게 시행할 수 있으니	謂今可新
정전설을 제기하고	田制之說
여족도를 그렸다네	閭族之圖
찬란하게 윤색을 하여	玲瓏潤色
정사에 조치를 취하였었지	可以措諸
우리 임금께서 등극하신 처음에	際上初服

천거되어 나라의 은총을 입었다네　　薦被龍光

나타난 용이 밭에 있었으니　　見龍在田

조야에서 눈을 비비고 바라보았지　　朝野拭望

궁전 뜰에서 옷차림을 바르게 하고　　攝齊文石

하신 말씀은 뜻이 깊었도다　　旨哉維言

백성들은 모두 두 손 모아 기원하고　　民皆手攢

적은 듣고 간담이 서늘하였지　　賊聞膽寒

병으로 사직하고 고향으로 돌아와서　　謝疾東還

그 뒤론 입을 다물고 생활하였네　　其囊遂括

한가로이 사시다가 아름답게 돌아가시니　　寬樂令終

해처럼 빛나고 옥처럼 깨끗하네　　日光玉潔

다행스럽게 이 도가 보존이 되어　　幸玆道存

백세 후 성인을 기다릴 수 있도다　　百世可俟

성리의 근원과 결말은　　性理源委

학문의 주된 요지였다네　　學問主旨

사설을 막는 일과 존화양이는　　閑息尊攘

대의가 수십 가지라네　　大義數十

그 책은 집에 가득하고　　其書滿家

끼친 빛은 찬란하구나　　遺光燁燁

공자 맹자의 도를 전수하고　　尼輿傳授

주자 송자의 학을 넓혔다네　　朱宋張皇

시대는 더욱 어려웠으니　　時則尤難

그 공로를 어찌 잊으리오　　功何可忘

천민이요 왕좌의 재주로서　　天民王佐

식자들이 공론으로 기렸도다　　有識公譽

후세에 현인이 태어난다면　　後賢有作

「화양전도」『화양구곡도』, 이형부, 종이에 담채, 1809, 송준호 소장. 주자 성리학의 영향을 짙게 받은 조선의 성리학자들은 주자의 무이 구곡을 좇아 '구곡도'를 널리 퍼뜨렸는데, '화양구곡도' 역시 그중 하나다. 이 그림을 통해 송시열(송자)이 추구한 성리학의 단면을 엿볼 수 있는데, 이항로에 대해 그의 학인늘은 주자와 송자의 학문을 이어받았다고 평했다.

　　이항로는 그의 삶에서 성리학 탐구라는 끈을 놓지 않았다. 주리론主理論의 입장에 섰던 그는 서양을 배척하는 이론을 가다듬었다. 그에 따르면 이理와 기氣는 결코 대등한 것이 아닌데, 즉 이는 높고 기는 낮으며, 이는 명령하는 것이고 기는 명령을 받는 것이며, 이는 주인이고 기는 객客이 되는 것이다. 이가 주인이 되고 기가 부림을 받으면 만사가 다스려져 천하가 편안해질 테지만, 기가 주가 되고 이가 부차적으로 된다면 만사가 어지러워져 천하가 위태롭게 된다고 보았다. 당대는 이항로가 진단하기에, 천하에 기가 만연한 때였다. 그렇기에 그는 주리론 처방을 내놓을 수밖에 없었던 것이다.

　　이항로는 1846년 7월에 「인심도심설人心道心說」을 지었다. 이것은 그의 학문에서 큰 비중을 차지한다. 그는 심心의 존存·망亡·득得·실失, 인人의 현賢·부否·사邪·정正, 가국천하家國天下의 치治·란亂·안安·위危가 모두 인심도심에서 판단된다고 했다. 그는 모든 것을 도리道理 중심으로 이해했다. 그렇기에 "천지 사이에는 다만 하나의 도리가 있을 뿐이다"라고 하였다.

　　그런 와중 19세기 중엽에 이르러 기호의 이항로 학파와 홍직필 학파는 명덕明德을 둘러싸고 논쟁을 펼쳤다. 즉 명덕을 주리主理로 볼 것인가 주기主氣로 볼 것인가의 논쟁은 1849년(헌종 15) 홍직필이 이항로 학파의 최홍석에게 명덕주리설을 비판하는 1만여 자나 되는 편지를 보내면서 본격화되었다. 이때 심설 논쟁에 뛰어든 인물은 이항로 학파에서는 김평묵, 홍직필 학파에서는 조병덕이었다.

　　홍직필은 육구연陸九淵이 '심즉리心卽理'를 주장했고 왕수인王守仁이 양지良知를 천리天理라 했는데, 이것은 모두 심心을 성性으로 기氣를 이理로 인식한 것으로 보았다. 그러므로 이항로 학파가 명덕을 심心으로 보면서도 이理라고 이해한 것은 육陸·왕王의 설과 별 차이가 없다는 것이다. 일반적으로 이이李珥의 학통을 이어 심心을 기氣라고 이해하던 기호학계에서 이항로의 명덕주리설에 대한 홍직필의 이러한 비판은 당연한 것이었다.

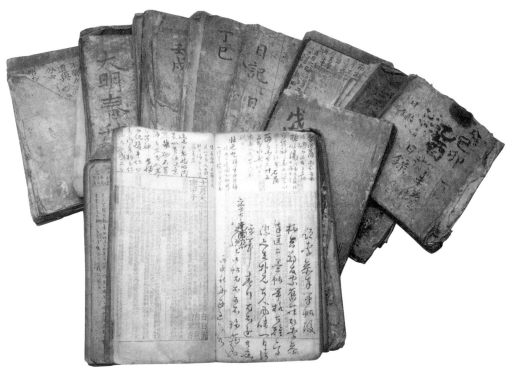

『화서선생일기』, 1812~1863. 이항로가 21~73세까지 쓴 일기로, 총 46권에 달한다. 화서는 7~10책 분량의 10년 치 일기를 하나의 책으로 묶었는데, 임신일기(1812~1821), 임오일기(1822~1831), 임진일기(1832~1841), 정사일기(1857~1863) 등이 있으며, 그 외의 일기들은 낱권으로 전해진다.

이항로 학파는 명덕을 주리 혹은 주기로 볼 것이냐에 따라 국가의 치란治亂과 존망存亡이 달려 있다고 보았다. 따라서 도심道心을 주로 하고 형기形氣가 명命을 따라야만 난亂을 다스려 치治의 근본으로 삼을 수 있다고 했다. 심心의 명목은 기氣이지만 심의 본체는 이理인데, 군자가 마음을 다스리는 요점은 이를 밝히는 데 있지 기를 밝히려는 것은 아님을 분명히 했다. 이항로는 초년에는 이이의 설을 지지해 심을 오직 기氣로 보기도 했지만, 심은 이理로 볼 수도 있다는 송시열의 말에 의거해 심을 이로 이해하려 했다. 이항로는 "심은 능히 성을 다하나心能盡性, 성은 심을 검속하는 것을 알지 못한다性不知檢其心"는 말과 "심은 성정을 통섭하지만心統性情, 성정은 심을 통섭하지 못한다性情不得統心"는 말이 정해진 이치라고 하면서, 만약 심이 다만 기일 뿐이라면 기가 항상 이를 통섭하게 되고 이는 모든 변화의 핵심이 되지 못한다고 했다. 따라서 그는 심을 이로 이해해야 한다고 보았다.

그렇다면 이항로는 왜 주리론을 주장했던 것일까? 이는 시대 상황과 맞물려 있는데, 당시 학계에 주기론이 일세를 풍미했던 까닭에 사회가 혼란에 빠진다고 여겼던 것이다. 이항로는 심을 이로 보는 육구연이나 왕수인을 만나면 '심시기心是氣'를 주장하겠다고 했다. 이것은 이항로의 주리론이 매우 상황주의적인 경향을 띰을 보여준다. 즉 '사학邪學'이 만연하던 가운데 이 '사학'의 이른바 천주天主는 기氣로써 말할 수 있으며 유교에서의 상제는 이理로써 말할 수 있는 것이므로, 이러한 상황에서 기를 폄하하고 이를 밝히려 했던 것이다. 이항로의 주리론은 이렇게 기호의 주기설에 대해 대척점에 서서 천주교 세력을 비판하려 했던 것으로, 기존의 주리론과 이름이 같다 해도 그 역사적 성격은 다른 색채를 띠었다.

그런데 명덕을 주리로 볼지 주기로 볼지의 문제는 19세기 재야 유림의 현실 인식에 상당한 차이를 가져온 듯하다. 이理는 순수한 선善 그 자체이고 악이 없으며 절대 진리인 반면, 기氣는 선일 수도 있고 불선일 수도 있는 것이다. 따라서 명덕, 즉 마음의 본체를 순수한 선으로 보아 절대 진리로 인식하는 이항로 학파에서는 그들이 생각하여 마음에 정의로운 일이라고 판단되면 곧바로 행동으로 옮길 수 있는 이론적 토대가 되었던 것이다.

"나라를 위태롭게 하지 않을 것이다"

———

19세기 위정척사운동의 정신적인 지주였던 이항로는 일찍이 1835년에 「우탄憂歎」이라는 시를 지어 서양이 세를 뻗어나가는 데 깊은 우려를 나타냈다.

오막살이집은 크기가 말만 한데	弊屋寬如斗
어찌 만 휘나 되는 근심만 쌓였나	安儲萬斛憂
천지의 봄은 고요하기만 한데	乾坤春寂寂
밤에 부는 비바람은 쓸쓸하구나	風雨夜悠悠
흑수의 물결은 파란이 많이 일고	黑水波瀾闊
서양의 도깨비는 그윽이 숨어 있네	西洋鬼魅幽
동쪽 바다 오히려 얕지 않으니	東溟猶未淺
우리의 도가 어찌 길게 끊어지겠는가	吾道詎長休

이 발언은 곧바로 이항로 학파가 펼친 위정척사운동의 연원이 되었다. 그는 서양 세력이 숨어서 은밀히 움직이고 있다고 경고했다.

이항로는 1836년 「양교지화洋教之禍」를 저술했다. 여기서 그는 서양이 경제적·문화적으로 나라를 침범하고 있음을 예리하게 꿰뚫었다. 특히 서양이 그 술術을 전파하는 것은 조선의 어리석은 백성을 속이고 미혹시켜 이들을 내응 세력으로 키운 뒤 자신들의 욕망을 마음대로 발휘하려 함이라고 보았다.

이항로는 1850년(철종 1) 「강학규정講學規程」을 지었는데, 그 강계講戒에서 이렇게 말했다.

"북쪽 오랑캐清는 의관을 헐어버렸고, 서양 귀신은 심술心術을 좀먹고 있으니 마땅히 몸을 빼내어 서서 마음을 밝히고 눈을 부릅떠 성현의 가르침과 부조父祖의 업을 떨어뜨리지 않는 것이 유자儒者의 위로 통하고 아래로 통하는 법문이다."

이항로는 1866년 병인양요 때 민심을 하나로 묶어 외적을 물리칠 것을 주장했다. 민심은 한번 흩어지면 다시 모을 수 없고, 한번 나뉘면 다시 합할 수 없는 것이기 때문이다. 그리고 재화와 여색女色을 도적질하는 자는 목을 베고, 군부君父를 버리는 자 또한 그 목숨을 앗을 것을 주장했다. 그는 군사시설인 보堡를 설치해 일보一堡에서 적의 침입을 받으면 중보衆堡에서 달려와 구제해야 한다고 했다.

1866년 9월 이항로는 소를 올리기 위해 서울에 들어갔는데, 둘째 아들 이박과 제자 김평묵·유중교가 따랐다. 그는 9월 12일 천주교를 이단과 사설邪說로 규정하고 서양을 물리칠 것을 극력 주장했다. 당시의 국론을 서양을 물리치자는 쪽인 국변인國邊人의 설과 서양과 화친하자는 쪽인 적변인敵邊人의 설로 파악했던 그는 국변인과 입장을 같이했다. 그는 주전론主戰論을 내세우며 서울을 지키면서 전쟁을 하자는 주장(전수설戰守說−상경常經)과 도성을 떠나 다른 지역에서 실력을 기르자는 주장(거빈설去邠說−달권達權)으로 나누고, 당시 현실로는 전쟁을 하자는 주장이 떳떳한 도道요, 도성을 떠나 다른 지역에서 실력을 기르자는 주장은 임기응변의 도라고 보았다. 그리하여 지금은 성인이 아니면 임기응변의 도를 지키기 어렵다면서 전쟁설을 주장해 국론을 통일시키고자 했다.

이러한 이항로의 전수설은 곧 국론으로 정해져 흥선대원군의 해외통상 반대 정책으로 나타났다. 특히 이러한 유림들의 위정척사운동은 흥선대원군의 척사정책과 맞물려 있어 조야朝野의 갈등 없이 공론으로 조성될 수 있었다. 이에 1866년 9월 14일 흥선대원군은 만약 강화를 허락한다면 나라를 팔아먹는 것이요, 교역을 허락한다면 나라를 망하게 하는 것이며, 적이 서울에 육박해오는 것을 보고 도망간다면 나라를 위태롭게 하는 것이라는 3개조를 의정부에 보내 외세를 물리치고 나라를 보호하겠다는 결의를 널리 알렸다.

그런데 이항로의 상소에서 무엇보다 주목할 것은 조선이 역사적으로 결코 약한 민족이 아님을 강조한 사실이다. 그는 우선 고구려의 을지문덕이 수 양제의 백

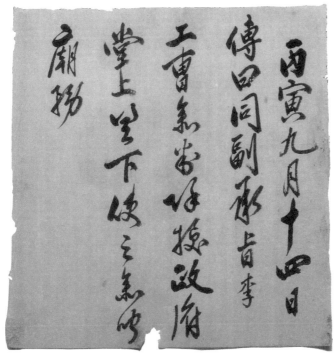

패초문서牌招文書, 32×34cm, 1866, 양평친환경농업박물관. 1866년 9월 병인양요가
일어났을 때 승정원 동부승지인 이항로를 공조참판에 제수하니 속히 입궐해 유지를
받들라는 문서이다.

청채백자 해태 연적, 19세기. 화서가 휴대하면서 사용
했던 연적으로, 해태연적은 시시비비를 가려주는 의미
를 띠었다.

만대군을 물리쳐 수나라의 국력이 쇠했고, 당 태종이 안시성 싸움에서 고구려에 대패했음을 예로 들었다. 또한 고려 말에 홍건적의 무리 20여만 명이 고려 송도에 쳐들어왔지만 태조 이성계와 정세운이 일거에 10만을 무찌르고 적장 관선생關先生의 목을 베었다고 했다. 그런 까닭에 이항로는 조선의 국왕과 신하가 단결하면 외적을 막아낼 수 있다고 한 것이다.

이항로는 자신의 정치적 견해를 국왕 고종에게 건의하였다. 그는 외적이 침입하게 된 연유와 선후책을 명백히 해 민심을 진작시킬 것, 홍문관·사헌부·사간원 외에도 언로를 넓혀 여론을 들을 것, 장수를 선발해 장비를 갖추고 인재를 등용할 것, 전국 각 도에 명망 있는 군소사軍召使를 파견해 충의와 기절이 있는 이들을 모아 군대를 편성하고 관군에 협력하게 할 것, 국왕 스스로 정치 및 사생활에서 모범을 보일 것 등을 주장했다.

특히 이항로는 경복궁을 중건하는 토목공사를 중지해야 한다고 강력히 주장했다. 그는 '양적洋賊'이 미친 듯이 날뛰는 것은 조선 백성들이 이들과 몰래 통하는 데 있다고 보았다. 이러한 백성의 내응內應은 민심의 원망과 이반에서 연유하고, 민심의 원망과 이반은 항산恒産(일정한 재산이나 생업)의 고갈에서 연유하며, 항산의 고갈은 가렴주구가 그치지 않음에서, 가렴주구가 그치지 않음은 토목공사를 크게 실시하는 데서 연유한다고 했다. 가렴주구와 토목공사에 시달리는 백성들이 군졸이 되어 전쟁에 나갈 리는 없었다. 그렇기에 이항로는 이런 일을 계속한다면 같은 배를 탄 사람도 모두 적국이고 궁궐 담장 안도 적의 땅이 될 테니, 어찌 '양적'만이 근심거리가 되겠는가 하고 반문했다.

이항로는 외국에서 물건을 무분별하게 들여오는 새로운 풍속에 대해서도 비판의 날을 댔다. 그는 이른바 외국에서 들어온 물건이 일일이 짚을 수 없을 만큼 종류가 많은데, 그중 서양 물건이 가장 많으며 그것들은 기이하고 음란한 기계로서 일상생활에 아무런 도움을 주지 못한다고 보았다. 더욱이 서양의 물건들은 손으로 만들어내는 공산품으로서 하루의 계획만으로도 풍족한 것임에 반해, 우리의 재화는 토지에서 생산되는 농산물로서 1년의 계획으로도 부족한 현실인데, 부족한 것

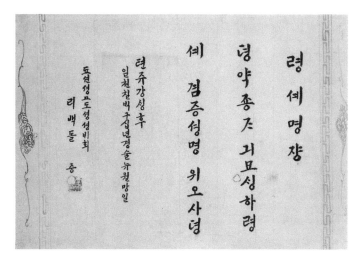

「영세명장」, 32.2×47.6cm, 1790, 숭실대 한국기독교박물관. 1790년 한국 최초의 신부 이승훈이 정약종에게 수여한 영세명장이다.

『예수성탄미상지성경』, 21.6×14.3cm, 숭실대 기독교박물관. 17세기 서학 서적과 천주교 신앙이 들어오고 19세기에는 민중 속으로 널리 퍼져갔다. 그러나 이항로는 이를 이단과 사설로 규정하고 강력히 물리칠 것을 주장했다.

을미의병 당시 의병들이 사용했던 조총, 운강기념관.
이항로의 위정척사 사상은 을미의병 등 반외세운동에 커다란 영향을 미쳤다.

자명종, 18세기, 고려대박물관.
천리경, 18세기, 숭실대박물관.
이항로와 그 제자들은 개항 전후에 서양의 물건들이 들어오는 것에 대해 굉장히 부정적인 입장에서 비판했다.

「한일통상조약체결기념연회도」, 안중식, 35.5×53.9cm, 1883, 숭실대 기독교박물관. 1883년 한일통상조약을 체결하면서 관계자들이 연 연회장면을 도화서 화원 안중식이 그린 것이다. 이항로와 그 제자들은 개항 전후에 해외통상 반대 정책을 폈다.

으로 남아도는 것을 교역한다면 조선의 경제가 곤궁함을 면치 못할 것이라고 지적했다.

이항로는 위정척사라는 대의에서는 흥선대원군과 노선을 같이했지만, 경복궁 중건 등 토목공사나 만동묘 훼철에 있어서는 대척점에 섰다. 흥선대원군은 공조참판에 임명된 이항로에게 사람을 보내 토목공사와 만동묘 문제를 언급하지 말라며 경계했지만, 이항로는 소신을 굽히지 않았다.

김평묵과 유중교·최익현은 이항로의 위정척사 이념과 운동을 이어받아 개항 이후 맹렬한 운동을 펼쳐나갔다. 최익현은 1876년 개항 당시 「지부복궐소持斧伏闕疏」를 올려 왜양倭洋일체론을 주장했고, 김평묵과 유중교의 학통을 이은 유인석과 홍재구·유기일 등 50명은 연명으로 소를 올려 위정척사운동을 이끌었다. 유인석 등이 올린 연명유소는 원래 유중교의 문하에서 제기되었지만, 김평묵이 직접 유소의 초안을 잡고 상소를 허락함으로써 행동으로 드러났다. 연명유소들은 왜倭와 양洋이 일체라는 것을 표방해 척왜가 곧 척양임을 주장했다. 그 뒤 김평묵·유중교·유인석이 이끄는 화서학파는 1881년 신사척사운동과 을미의병 등 반외세 민족운동을 주도해 민족독립운동에 큰 획을 그었다.

화서 집안의 역사문화 유적

이항로 생가

이항로의 고택은 경기도 양평군 서종면 노문리 536-6에 있으며, 경기도 유형문화재 제105호로 지정되었다. '노문정사蘆門精舍'라 불리는 집이다. 원래 이항로의 아버지 우록헌友鹿軒 이회장이 지었던 것으로, '청화정사靑華精舍'라 불렸었다. 이항로가 평소 머물던 방의 이름은 '분설와噴雪窩'였다. 특히 이 고택이 벽계구곡의 제5곡에 위치한다는 사실은 주목할 만하다. 그것은 주희의 무이정사武夷精舍가 무이

경기 양평군 서종면 노문리 벽계마을에 자리한 이항로 생가. 그의 아버지가 지은 집으로 이항로는 이곳에서
태어나서 일생을 보내며 양헌수 · 김평묵 · 유중교 · 최익현 등 수많은 제자들을 길러냈다.

구곡 중 제5곡에 위치하고 있는 것과 마찬가지 이유이다. 이곳에서 이항로의 제자들은 학문을 닦아 위정척사운동의 중심을 이루어나갔다. 따라서 이 고택은 이항로 학파가 이끈 위정척사운동의 정신적인 요람이라 할 수 있다. 고택 앞에 최익현이 지은 신도비명이 있다. 그리고 송공호가 지은 「화서이선생유허비명華西李先生遺墟碑銘」도 있다.

노산사蘆山祠

노산사는 주희, 송시열, 이항로의 화상과 위패를 모신 사우로 경기도 양평군 서종면 노문리에 있다. 경기도 기념물 제43호로 지정되었다. 1954년 경기도 유림들이 사우를 세우고, 1985년 양평군에서 이를 고쳐 지었다. 1847년 정미년 여름에 이항로는 노산정사 동쪽 산기슭에 작은 대를 만들고 제월대霽月臺라 불렀다. 그 동쪽의 명옥정鳴玉亭에서 그는 아침저녁으로 산책하며 제자들에게 학문과 예절을 강습했다. 제월대 바위에는 "막견미운莫遣微雲, 점철연광點綴練光. 극허극명極虛極明, 이배태양以配太陽 정미丁未"가 작은 글씨로 쓰여 있다. "조각구름 보내어 흰 달빛을 흐리게 하지 말고, 지극히 비우고 지극히 밝게 하여 태양과 짝을 하라"는 내용이다. 시인은 구름 낀 달빛을 시적으로 아름답게 표현할 수도 있겠지만, 도학자에겐 비 개인 뒤 구름 한 점 없는 달빛이 더 좋은 것이다. 왜냐하면 도학자는 인욕에 흐려지지 않는, 비어 있고 밝은 마음을 늘 지향하기 때문이다. 따라서 이 대의 이름과 명銘에서 이항로의 광풍제월光風霽月 같은 기상과, 모든 이가 마음을 비우고 밝아지기를 바란 도학자의 깊은 내면세계를 상상할 수 있다. 사당 앞에는 송공호가 지은 「노산사묘정비명蘆山祠廟庭碑銘」이 세워져 있다. 노산사 현판 글씨는 김충현이 썼다.

벽계구곡

경기도 양평군 서종면 노문리에 자리한 벽계구곡蘗溪九曲은 산수가 너무나 수려하다. 벽계구곡은 제1곡은 외수입리外水入里, 2곡은 내수입리소內水入里沼, 3곡은

노산사 터. 이항로 생전에는 주희와 송시열의 위패 및 영정을 모셔놓았다가 이항로 사후 그의 영정도 이곳에
함께 모셔졌다. 그러나 한국전쟁 당시 불에 타 없어졌고 현재의 작은 사당은 1954년 유림들이 이항로의 덕행
과 학실을 기리기 위해 그곳에 새로 세운 것이다.

벽계구곡. 흐르던 물이 이곳에선 조용히 머물러 고여 있으며, 느티나무가 주변을 둘러싸 온통 그늘로 덮여 있다. 벽계동의 제1경이라 불리는 곳으로 이항로가 암각한 쇄취암을 볼 수 있다.

정자터, 4곡은 용소龍沼, 5곡은 자라소鼈沼, 6곡은 분설담噴雪潭, 7곡은 속사천續
斜川, 8곡은 살땅, 9곡은 일주암一柱巖이라 한다. 1곡 근처에는 매화산梅華山이 있는
데 진달래가 만발하는 봄철의 경치가 매우 좋다. 그런데 1곡에서 4곡 사이는 전의
이씨全義李氏들이 터를 잡고 세거해왔다. 이제신, 이명준, 이행건, 이덕수의 산소와
유적이 이곳에 있다. 이제신의 후손들이 모여 사는 마을 건너에는 바위에 '수회구
곡水回九曲'이라는 각자가 보인다. 벽계구곡의 4곡까지와 달리 5곡부터는 물소리가
들린다. 5곡 입구의 바위에는 '쇄취암鎖翠巖'이라는 글씨가 새겨져 있다. 원래 쇄취
암은 산과 이어져 있었으나 흙을 파내고 길을 내 바위가 분명하게 드러났다. 주희
의「무이도가」의 일곡에 나오는 "만학천암쇄취연萬壑千巖鎖翠煙"에서 따온 것이다.

노산팔경

'물길 80리, 산길 50리'라 불리는 벽계의 계곡은 풍광이 너무나도 아름답다.
벽계의 주변 경치 중 빼어난 여덟 곳을 '노산팔경蘆山八景'이라 하는데, 1경은 제월대
의 명월明月, 2경은 명옥정鳴玉亭의 청풍淸風, 3경은 묘고봉妙高峰의 비연飛鳶, 4경은
오소鼇沼의 약어躍魚, 5경은 분설담噴雪潭의 기암奇巖, 6경은 태극정太極亭의 산수山
水, 7경은 석문石門의 절벽, 8경은 일주암一柱巖의 화석花石을 말한다.

벽계의 주위 암석에는 '제월대霽月臺' '명옥정鳴玉亭' '낙지암樂志巖' '분설담噴雪潭'
'쇄취암鎖翠巖' '석문石門' '애내성중만고심欸乃聲中萬古心' 등의 글씨가 새겨져 있다. 특히
'애내성중만고심'이란 글귀는 의미심장한데, 즉 이항로의 학문이 주희 이학의 정맥
을 이었음을 뜻한다. 이 글귀가 쓰인 바위가 바로 애내암欸乃巖이다. 여기서 시내를
따라 조금 올라가면 '분설담噴雪潭'이라는 글씨가 전서로 새겨져 있다. 분설噴雪이란
용어의 연원을 따져보자면 주희의 시에 "분설비한류噴雪飛寒流"라는 구절이 보이는
데, 이항로는 자기가 생활하던 방을 '분설와'라고 했다. 이밖에 '휘수대揮手臺' '오자
정五自亭' 등도 보인다.

358

노산팔경 중 제1경의 제월대.

1장 오직 한 임금만 모셔 양반의 전범이 되다

『고려사』, 『태조실록』, 『태종실록』, 『세종실록』, 『성종실록』, 『연산군일기』, 『중종실록』, 『숙종실록』, 『영조실록』, 『승정원일기』

정습명, 『형양실기』

정몽주, 『포은집』

장유, 『계곡집』

송시열, 『송자대전』

이재, 『도암집』

윤봉구, 『병계집』

남유용, 『뇌연집』

『충렬서원원장안』

『영일정씨족보』(1981)

『죽산박씨족보』(장서각 k2-1788)

「건륭원년(1736) 유월일예조입안」

김상기, 「정몽주」, 『조선명인전』, 문호사, 1965

김학수, 「18세기 포은가문 계후繼後의 사회적 의미」, 『2009년 포은학회 국제학술회의논문집』, 2009

용인군, 『용인군지』, 1990

이성무·정만조·이영춘·최봉영, 「조선시대 근기지방의 문적·유물·유적 조사연구-용인·광주·시흥을 중심으로」, 『조선시대사학보』 10, 1999

정만조, 「조선시대 용인지역 사족의 동향」, 『한국학논총』 19, 국민대학교 한국학연구소, 1997

2장 훈구파의 핵심 가문이 사림으로 전향한 까닭은?

『국역 동고유고國譯 東皐遺稿』上, 水原大東皐研究所, 1986

『광주이씨세보廣州李氏世譜』(庚戌譜)

광주이씨대종회, 『국역 광이세적國譯 廣李世蹟』, 2005

이광수, 『새 시대를 이끌어간 정치인』, 수원대출판부, 1993

이종원 편저, 『여명黎明』, 광주이씨대종회, 2007

3장 조선 성리학의 뿌리를 내리다

『을미의병일기乙未義兵日記』, 이긍연, 1895~1896

『진성이씨족보眞城李氏族譜』, 1600

『진성이씨세보眞城李氏世譜』, 1912

김문택, 「16~17세기 안동의 진성이씨 문중연구」, 한국학중앙연구원 박사학위 논문, 2005

김종석, 『청년을 위한 퇴계평전』, 한국국학진흥원, 2006

김희곤·권대웅 편, 『한말의병일기』, 국가보훈처, 2003

송지향 편저, 『안동향토지』상·하, 대성문화사, 1983

안동대학교 안동문화연구소, 『터를 안고 仁을 펴다』, 예문서원, 2005

4장 예학의 근간, 호서 사림의 주축이 되다

『가례家禮』, 『가례집람家禮輯覽』, 『의례문해疑禮問解』, 『사계·신독재선생전서沙溪·愼獨齋先生全書』, 『경
　　국대전經國大典』, 『예기유-편禮記類編』, 『광산김씨대동보光山金氏大同譜』

고영진, 「16세기 말 四禮書의 성립과 禮學의 발달」, 『한국문화』12, 1991

노인숙, 「沙溪禮學考-家禮輯覽과 喪禮備要를 중심으로-」, 『사계사상연구』, 사계·신독재양선
　　생기념사업회, 1991

이영춘, 「우암 송시열의 존주사상」, 『청계사학』2, 1985

_____, 「사계 예학과 국가전례」, 『사계사상연구』, 사계·신독재기념사업회, 1991

_____, 「호서 사족사회에서의 광산금씨 문벌」, 『중원문화논총』1, 1997

_____, 「『의례문해』에 나타난 사계의 예학 사상」, 『조선시대의 사회와 사상』, 조선사회연구회,
　　1998

한기범, 「사계 김장생과 신독재 김집의 예학사상연구」, 충남대학교대학원 박사학위논문, 1991

5장 17세기 근기남인의 중심 세력을 형성하다

연안이씨 편, 『존경록尊敬錄』

_____, 『연안이씨족보延安李氏族譜』

이경석, 『백헌집白軒集』

이관징, 『근곡공치정연보芹谷公致政年譜』

이광준, 『학동집鶴洞集』

이만부, 『식산집息山集』

이민성, 『경정집敬亭集』

이옥, 『박천집博泉集』

이창정, 『화음만고華陰晚稿』

정경세, 『우복집愚伏集』

김학수, 「17세기 영남학파 연구」, 한국학중앙연구원 한국학대학원 박사학위논문, 2008

우인수, 『朝鮮後期 山林勢力研究』, 一潮閣, 2002

이성무·정만조 외, 『조선후기 당쟁의 종합적 검토』, 한국정신문화연구원, 1992

이영춘, 『朝鮮後期 王位繼承 研究』, 집문당, 1998

한국정신문화연구원 편, 『한국간찰자료선집』5—尙州 延安李氏 息山宗宅篇, 2004

허권수, 『朝鮮後期 南人과 西人의 學問的 對立』, 법인문화사, 1993

6장 퇴계학에 맞서 남명학파의 맥을 잇다

하항, 『각재집』

하수일, 『송정집』

하홍도, 『겸재집』

이익, 『성호전서』

『진양하씨족보』

7장 조선 최고의 혼맥으로 기호남인의 학풍을 잇다

성봉현, 「17세기 명문—안동권씨 탄옹가」, 『문헌과 해석』11, 2000

김학수, 「유회당의 가계와 고문헌」, 『도산학보』11, 도산학술연구원, 2007

김영현, 「탄옹 권시의 가계와 생애」, 『도산학보』3, 도산학술연구원, 1994

『대전시 지정문화재 정밀조사 사업 보고서』, 2010, 대전광역시

8장 극심한 당쟁에서 강화 양명학의 새 길을 열다

정제두, 『하곡집霞谷集』

_____, 『국역 하곡집』, 민족문화추진회, 1977

금장태, 「하곡 정제두의 心學 經學」, 『종교학연구』, 1998

김교빈, 『하곡 정제두』, 예문서원, 2005

김준석, 「조선후기 탕평정치와 양명학정치사상-정제두의 양명학과 탕평정치론」, 『동방학지』,
　　2002

류승국, 「하곡철학의 양명학적 리해」, 『동양철학연구』, 근역서재, 1983

박연수, 『하곡 정제두의 사상』, 한국학술정보, 2007

유명종, 『한국의 양명학』, 동화출판공사, 1983

윤남한, 『조선시대의 양명학연구』, 1982

윤종영, 『강화학의 발자취를 찾아서』 상·하, 2004

이병도, 「양명학의 전래와 이해」, 『한국유학사』, 아세아문화사, 1978

이상호, 『양명우파와 정제두의 양명학』, 혜안, 2008

정인보, 「양명학연론陽明學演論」『정인보전집鄭寅普全集』 2, 연세대학교출판부, 1983

정재훈, 「하곡 정제두의 양명학 수용과 경세사상」, 『한국사론』 29, 서울대 국사학과

최재목, 「강화 양명학파 연구의 방향과 과제」, 『양명학』 12, 2004

9장 조선 3대 논쟁, 호락논쟁의 중심에 서다

이간, 『외암유고巍巖遺稿』, 한국문집총간 190

이왕기·임선빈·오석민, 『외암 민속마을』, 충청남도아산시, 2002

『아산 외암민속마을 종합정비계획』, 2002. 2, 아산시

외암 이간 저·외암사상연구소 편, 『역주 외암 이간의 철학과 삶』 I~IV, 온양문화원, 2008

김경수, 「退湖 이정열의 생애와 현실인식」, 『湖西史學』 46, 호서사학회, 2007

이연숙, 「양반마을의 門中儀禮와 宗族意識-아산시 송악면 외암리 禮安李氏의 사례」, 『사회와
　　역사』 75, 한국사회사학회, 2007

10장 비범한 주자학자로서 의병운동의 선봉이 되다

강대덕, 『華西 李恒老의 時代認識』, 신서원, 2001

권오영, 「金平默의 斥邪論과 聯名儒疏」, 『한국학보』 55, 1989

_____, 「화서 이항로의 위정척사이념과 그 전승양상」, 『화서학논총』 3, 화서학회, 2008

금장태, 『華西學派의 철학과 시대의식』, 태학사, 2001

김평묵, 『중암집重庵集』

박성순, 『조선후기 화서 이항로의 위정척사사상』, 경인문화사, 2003

오영섭, 『華西學派의 思想과 民族運動』, 국학자료원, 1999

유중교, 『성재집省齋集』

이항로, 『화서집華西集』

정재식, 『한국유교와 서구문명의 충돌』, 연세대출판부, 2004

최익현, 『면암집勉庵集』

지은이 소개

권오영 한국학중앙연구원 한국학대학원 인문학부 교수(한국사학 전공). 저서 『최한기의 학문과 사상 연구』, 『조선 후기 유림의 사상과 활동』, 논문 「새로 발굴된 자료를 통해본 혜강의 기학」, 「남한산성과 조선후기의 대명의리론」 외 다수.

김문택 서울역사박물관 학예연구사. 공저 『조선시대 광주이씨의 삶과 문학』, 논문 「숙종대 이 원정의 정치활동과 피화」, 「16~17세기 안동 진성이씨가 묘제 양상과 유학적 이념」 외 다수.

김학수 한국학중앙연구원 장서각 국학자료조사실장. 저서 『끝내 세상에 고개를 숙이지 않는 다』, 공저 『여헌 장현광의 학문 세계』, 『조선 양반의 일생』, 논문 「17세기 영남학파 연구」 「고문서를 통해 본 조선시대의 증시행정」 외 다수.

성봉현 한국학중앙연구원 전임연구원. 저서 『무인 기상 드높인 충의 가문 진주류씨』, 『회덕의 현 감』, 공저 『아산 유학의 여러 모습』, 논문 「일제시기 문집간행과 출판검열-송암집을 중 심으로」 외 다수.

이근호 한국학중앙연구원 장서각 전임연구원. 공저 『조선시대 경기북부지역 집성촌과 사족』 『정조의 비밀어찰, 정조가 그의 시대를 말하다』, 논문 「영조대 탕평파의 국정운영론 연 구」, 「17세기 경화사족의 인적관계망」 외 다수.

이기순 홍익대 역사교육과 교수. 저서 『인조효종대 정치사 연구』, 『한국인물사논저목록』, 논문 「최명길의 국정운영론」 외 다수.

이상필 경상대학교 한문학과 교수. 저서 『남명학파의 형성과 전개』, 『남명 조식』, 『선비가의 학문 과 지조』, 역서 『남명집』 외 다수.

이성무 한국역사문화연구원 원장, 학술원 회원. 저서『한국의 과거제도』『조선초기 양반연구』『조선의 사회와 사상』『조선양반사회연구』『한국역사의 이해 1~7』『조선왕조사』『조선시대 당쟁사』외 다수.

이영춘 국사편찬위원회 편사연구관.『조선후기 왕위계승 연구』『잠곡 김육 연구』『강정일당』『임윤지당』, 역서『봄의 노래−춘사선생 한시집』외 다수.

임선빈 한국학중앙연구원 장서각 전임연구원. 공저『조선은 지방을 어떻게 지배했는가』『근대이행기 지역엘리트 연구 1』, 논문「조선시대 '해미읍성'의 축성과 기능변천」「금강의 지명변천과 국가제의」외 다수.

한희숙 숙명여대 역사문화학과 교수. 공저『조선 여성의 일생』『조선시대의 중앙과 지방』『사회사로 보는 우리 역사의 7가지 풍경』, 논문「조선전기 이세좌의 생애와 갑자사화」「연산군대 폐비윤씨 추봉존숭 과정과 갑자사화」외 다수.

조선을 이끈 명문가 지도

ⓒ 이성무 외 2011

1판1쇄 2011년 6월 20일
1판3쇄 2012년 3월 7일

지은이 이성무 외
펴낸이 강성민
편집 이은혜 박민수 김신식
마케팅 최현수
온라인 마케팅 이상혁 장선아

펴낸곳 (주)글항아리ㅣ출판등록 2009년 1월 19일 제406-2009-000002호

주소 413-756 경기도 파주시 교하읍 문발리 파주출판도시 513-8
전자우편 bookpot@hanmail.net
전화번호 031-955-8891(마케팅) 031-955-8898(편집부)
팩스 031-955-2557

ISBN 978-89-93905-63-2 03900

글항아리는 (주)문학동네의 계열사입니다.

이 도서의 국립중앙도서관 출판시도서목록(CIP)은 e-CIP홈페이지(http://www.nl.go.kr/ecip)와
국가자료공동목록시스템(http://www.nl.go.kr/kolisnet)에서 이용하실 수 있습니다.(CIP제어번호 : CIP2011002219)